DÉCOUVERTE
DE GALATES, EPHÉSIENS, PHILIPPIENS, COLOSSIENS, & PHILÉMON

ETUDE BIBLIQUE ET JEU CONCOURS BIBLIQUE POUR LA JEUNESSE

Par Gene Sanford

Découverte de Galates, Ephésiens, Philippiens, Colossiens, & Philémon.
Étude Biblique et Concours pour la jeunesse

SOMMAIRE

GUIDE DE L'UTILISATEUR

La Découverte est plus productive dans un dispositif « Groupe Découverte ». Un Groupe Découverte est un groupe de jeunes engagés à grandir dans la Parole de Dieu, se rencontrant régulièrement pour un moment consacré à l'étude et au partage.

Le recours au Groupe Découverte est décrit de façon plus détaillée dans la section suivante du présent guide. Il se présente également comme un important manuel d'exercice d'étude de groupe pour des jeunes participants à des compétitions bibliques.

Voici quelques idées directrices pour contribuer à faciliter l'utilisation de votre Manuel A la découverte:

• Cette étude est divisée en 13 cours. Chaque cours destiné au Groupe d'étude est conçu pour durer approximativement 45 minutes. Cette étude biblique est supposé être une petite partie d'un plus grand ensemble de sessions qui inclue les partages de votre groupe de jeunes, les inspirations de vos moments d'étude personnel de la Parole (si vous utilisez un lecteur de la Bible) mais englobant également des évènements et des activités organisé toute une semaine durant qui s'achèverait par la prière. Une rencontre d'une heure ou d'une heure trente constituerait un moment adéquat pour intégrer tous ces éléments.

• Chaque session du Groupe d'étude couvre une portion spécifique et identifie également un verset clé destiné à être mémorisé par vous et les équipiers.

• Ce guide du conducteur vous donne également un plan complet pour les séances destinées à l'ensemble des séquences d'étude biblique pour vos réunions hebdomadaires. Chaque séquence contient des éléments suivants destinés à vous assister dans la préparation et dans la présentation.

Objectifs de la leçon et Perspective– Ces rubriques vous aideront à cerner et à comprendre les points essentiels du chapitre abordé.

Contexte biblique—cette longue partie vous procurera des informations complémentaires qui élargiront votre compréhension du passage qui sera discuté.

• Le temps d'étude du groupe est supposé avoir lieu au travers de la structure du temps activités. Après que vous soyez préparés vous-même en étudiant l'objectif, la perspective et l'arrière-plan Biblique du passage, lisez le support de la séquence du jour afin de développer une compréhension de ce que vous attendez comme réponses à venir du groupe pendant le temps d'étude. Assurez-vous que vous cernez exactement ce qui est supposé être dit au moment de chaque activité; rappelez-vous, également, que ses activités sont destinées à vous venir en aide. Sentez-vous libre de les ajuster à votre gré pour l'adapter à l'environnement de votre groupe, aux ressources, et/ou au créneau horaire.

• En ce qui concerne les activités du groupe, vous trouverez des instructions spécifiques soient qui commence par « Dites,... » ou qui sont imprimés en italiques. Ceci ne veut pas dire que vous devez citer aux compétiteurs chaque passage mot à mot. Nous avons mis à votre disposition sur intérieur uniquement comme un manuel qui vous permette d'y puiser ce que nous recommandons comme informations à l'égard de votre groupe.

• Chaque séquence vous fournit quatre activités, chacune a pour objectif de conduire vos apprentis compétiteurs bibliques à une rencontre avec la Parole à partir d'une certaine perspective. Ses activités ont pour devise: Abordez la Parole, Explorez la Parole et Vivez la Parole. Les activités organisées en séquences sont destinées à vous fournir des options solides d'enseignement sans toutefois mettre de côté votre créativité personnelle. Adaptez et retaillez les sessions afin de vous permettre d'aller à la rencontre à la fois des besoins et des personnalités de votre groupe.

• Les étudiants de la Parole sont encouragés à garder leur cahier de notes personnelles qui les accompagnera durant leurs lectures et leurs études tout au long des semaines qui suivront. Parlant chaque réunion de groupe d'études, il leur sera souvent demandé de réfléchir par écrit. Encourager chaque groupe de jeunes à avoir un bloc-notes qui servira de journal vous empêchera d'avoir à fournir à chaque séance des feuilles blanches.

Le point de départ de votre voyage initiatique au travers de ses livres de la Bible est la Parole elle-même. Parcourez donc entièrement ces livres avant de commencer vos études bibliques. Ensuite utilisez ce manuel du moniteur pour vous familiariser avec leurs contenus.

GUIDE POUR LES GROUPES DE DÉCOURVERTE

Un ministère efficace d'étude biblique en petits groupes pour la jeunesse d'une église locale devrait commencer avec un Groupe découverte. Le Groupe découverte est important pour les raisons suivantes:

• Le partage de l'acceptation du Seigneur

• L'enseignement par exemple

• Le tissage de liens personnels

• Le façonnage par la formation des disciples dans un mode de vie réel.

Il y a plusieurs manières de commencer un groupe découverte dans votre église locale. La meilleure manière est d'inviter tous vos jeunes à s'impliquer. Utiliser des affiches et des moyens publicitaires pour faire l'annonce de vos trois semaines à l'avance afin de faire passer le mot au sujet du groupe. Quant à et des personnes dont vous vous sentez qu'ils tireront un profit spécial de cette étude. Établissez un contact personnel avec ceux dont vous vous pensez qu'ils s'envoleront dans le groupe de compétitions bibliques de l'année suivante, tout en les encourageant à se joindre au groupe de découverte.

Une autre possibilité de constituer un groupe découverte est de recruter des jeunes qui sont solidement engagées à devenir ce que Dieu veut qu'ils soient. Cette jeunesse très motivée répondra très souvent plus rapidement présent à être formée que les jeunes chrétiens apprentis qui sont au début de leur phase de maturation spirituelle. Cette approche de la formation est biblique et s'avère appropriée pour le développement du leadership et l'entraînement; si vous n'en êtes pas convaincu, passer du temps à lire les Évangiles en faisant attention à l'approche que Jésus à opté dans la formation des 12 disciples.

Mais rappelez-vous, que chaque chrétien a besoin d'être formé et qu'il doit appartenir à une chaleureuse et accueillante association. Dans un tel groupe aimant animé par un esprit de camaraderie où les disciples partagent tout de même cœur, ils commenceront à saisir la vision de leur potentiel et commenceront à développer un goût pour aller chaque fois plus haut et plus loin.

Dans la plupart des églises, les jeunesses se regroupent en un seul petit groupe. Si vous avez besoin de plus d'un groupe, pensez cependant à constituer différents groupes en fonction des différents niveaux d'engagement spirituel.

Vous constituerez un groupe à former intensément et ensuite vous constituerez d'autre groupe concernant ceux qui ne sont pas encore prêts pour l'engagement total requit à ce stade. Au lieu de répartir arbitrairement les jeunes au sein de groupe, vous veillerez à mettre en place des conditions favorisant des liens pour renforcer le groupe. Ses conditions comprendront l'assiduité aux séances, la prise de notes, l'étude biblique, le souci de rendre des comptes, et bien d'autres aspects.

Tout groupe de découvertes devra faire preuve d'un certain niveau d'engagement. Le minimum visible d'un engagement est une participation régulière aux séances de groupe. Afin d'instaurer une confiance mutuelle au sein du groupe, les membres doivent apprendre à se connaître les uns les autres. Si un membre du groupe commence à venir sporadiquement, lui ou elle deviendra presque étranger au reste du groupe... du moins au stade d'un partage possible au sein du Groupe découverte.

La présence d'un élément peu intégré réduira immédiatement le niveau de confiance au sein du groupe, limitant l'ouverture des partages. Évidemment, quelques absences sont inévitables. Mais l'engagement requit ici concerne chaque membre du groupe qui doit faire de son implication une très haute priorité afin d'assurer une participation régulière aux activités du groupe. Une discussion au sujet de la priorité de l'implication de chacun peut s'avérer utile dans les premières semaines qui suivront la formation du groupe.

Quel est le meilleur moment pour réunir le groupe découverte? À nouveau, cela dépend de vos objectifs et de la personnalité de votre groupe. Certains jeunes peuvent s'engager à se réunir en soirées en semaines alors que d'autres trouveront plus appropriées de se réunir un après-midi en fin de semaine.

Combien de temps devra exister le Groupe découverte? Aussi longtemps que les jeunes enrôlés demeureront engagés. Certains groupes ont achevé le cycle annuel. Au terme des 13 semaines d'études tires du Cahier d'exercices Séries découvertes, ils ont travaillé chapitre par chapitre les autres livres de la Bible ou ont débuté un nouveau Cahier d'exercices Séries découvertes.

Il est généralement préférable de conduire le groupe sur 13 semaines. Après l'achèvement de l'étude il se pourrait que vous vous vouliez prendre part à un autre Groupe de découverte

Si c'est le cas, mettent à leur disposition un autre moniteur. Certains jeunes du groupe initial voudront certainement continue alors que d'autres seront intéressés par d'autres activités. Si vous ne pouvez plus continuer en tant que moniteur, assurez-vous qu'un autre adulte leader soit disponible pour prendre le relais.

Comment conduire l'étude biblique du Groupe de découverte? Le dirigeant d'un petit groupe est quelqu'un qui a la capacité de réunir facilement un groupe. Lui où elle fait évoluer le groupe, le remet sur les rails quand il commence à s'éloigner du sujet, encourage la participation dans les groupes de discussions et d'activités.

Dans le chapitre Etude biblique des séances du Groupe de découverte, le rôle du moniteur est d'aider les membres du groupe à découvrir par eux-mêmes les enseignements des écritures — et les applications pratiques de ces dernières dans leur vie — et par voie de conséquence encouragé ses membres du groupe à poursuivre en étant obéissants. Le rôle du leader du groupe n'est pas d'incarner l'autorité qui dicte aux membres du groupe ce que veut dire la portion de la Parole ni comment elle va s'appliquer à leur vie. Il ou elle doit résister à la tentation de faire des exposés magistraux. Ce guide du moniteur présente des suggestions spécifiques pour chaque séance afin d'aider le leader à servir de facilitateur efficace pour les études bibliques.

En même temps, si le moniteur du groupe de découvertes n'est pas un dictateur, il ou elle est cependant une autorité. Cette autorité, est en outre une autorité spirituelle qui découle de l'authenticité de sa vie de leader. Les jeunes suivent le leader non parce que le leader s'impose lui-même ou elle même mais à cause du type de personnes qu'il où qu'elle est.

Ne découragez pas si certaines semaines le groupe semble spécialement distrait ou si la cession est déroutée par la crise courante d'un jeune. Réalisez alors qu'en travaillant avec la jeunesse, vous aurez besoin d'être réaliste dans vos expectatives et que vous devrez être prêts à vous adapter. N'ayez toutefois pas peur d'intervenir pour remettre le groupe sur les rails quand le besoin se fait sentir. On peut très facilement être découragé quand on a le sentiment que le groupe ne fonctionne pas comme on le voudrait. Dans certains cas cela prend du temps de bâtir des relations.

Rappelez-vous que vous avez 13 semaines à passer ensemble ! Soyez patient(e) et permettez au Saint Esprit d'œuvrer.

Rappelez-vous également que vous ne pouvez exiger de vos étudiants que la mesure de votre dévouement. Si les étudiants sentent que le moniteur de leur groupe n'est pas totalement investi lors des temps d'études, ou qu'il semble préoccupé lors des réunions ou bien qu'il ne soit pas préparé comme il faut pour les discussions, alors ils seront enclins à commencer à refléter le même niveau d'engagement. Soyez certains de passer le temps nécessaire de préparation à l'avance pour vous assurer de la solidité de vos connaissances relatives au support des sessions. Vous n'avez pas besoin de connaitre toutes les questions, mais soyez prêt(e) à favoriser une discussion interactive et riche en informations.

Enfin, en tant que leader, faites en sorte que la prière pour votre groupe figure toujours dans les premiers points de la liste de vos priorités et demandez à Dieu de vous aider à être sur la même longueur d'ondes que Lui procure à mesure que vous les guidez.

1 AUCUN

AUTRE ÉVANGILE

PASSAGE A ÉTUDIER : Galates 1.1–2.21

VERSET CLÉ : « …nous aussi nous avons cru en Jésus Christ, afin d'être justifiés par la foi en Christ et non par les œuvres de la loi, parce que nulle chair ne sera justifiée par les œuvres de la loi. » (Galates 2:16b)

OBJETIFS D'ENSEIGNEMENT

Aider les étudiants à :
1. Comprendre que les évènements dans la vie de Paul l'ont qualifié pour être « l'apôtre des Gentils ».
2. Valoriser la position adoptée par Paul en faveur des croyants Gentils.
3. Se réjouir de ce que l'évangile est donné librement à tous ceux qui croient.

PERSPECTIVE

De nombreux jeunes lisent les pages des Écritures complètement en dehors de leur contexte, sans en comprendre le contexte historique, théologique ou littéraire. Ils abordent un livre comme l'Épître aux Galates comme s'il avait été écrit hier, au XXème siècle, dans leur contexte. Par conséquent, ils ne sont pas conscients de l'impact que les grandes controverses comme le problème de « la grâce opposée à la loi » ont eu sur leur héritage spirituel. La plupart des jeunes ignorent totalement que sans la position incroyablement courageuse et inspirée par l'Esprit que Paul a adoptée en faveur des Gentils, la plupart d'entre nous seraient des fidèles de religions autres que le christianisme. Sans une compréhension de ce contexte historique/théologique, le reste de l'Épître aux Galates (en fait, la plupart des écrits de Paul) n'aura aucun sens pour eux. Cette leçon a pour but de leur donner une idée de leur héritage spirituel.

CONTEXTE BIBLIQUE

Bien que l'on s'engage sur un chemin dangereux lorsque l'on commence à classer les livres de la Bible par ordre d'importance, on ne peut nier que l'épître aux Galates a eu un profond impact sur le christianisme. R. A. Cole a déclaré que « l'Épître aux Galates est de la dynamite spirituelle et il est donc pratiquement impossible de la manipuler sans risquer l'explosion ». En réalité, ce livre a eu un effet explosif tout au long de l'histoire de l'Église. Tenney a écrit que « le christianisme aurait pu être une simple secte juive de plus, et la pensée du monde occidental aurait pu être entièrement païenne, si l'Épître aux Galates n'avait jamais été écrite ». C'est principalement grâce à son étude de ce livre que Martin Luther a mis en route les événements qui ont abouti à la Réforme protestante. C'est un sermon sur les Galates qui a apporté la paix du cœur à John Wesley.

Si l'Épître aux Galates est un livre si puissant, c'est parce qu'il s'agit peut-être de la déclaration de Paul la plus solide sur le problème de la grâce contre la loi. Bien qu'il traite ce principe théologique fondamental dans tous ses écrits, l'apôtre semble être plus passionné dans cette lettre. Ce livre est aussi beaucoup plus qu'un simple document théologique. C'est une lettre, une lettre écrite par un fondateur d'église frustré à un district qui connaissait des problèmes et, de fait, à l'Église au sens large. C'est un instrument, ou peut-être mieux, une arme avec laquelle l'apôtre a combattu une hérésie qui aurait pu totalement étouffer l'Église chrétienne dans l'œuf avant même qu'elle ait la chance de se développer.

L'Épître aux Galates s'adresse aux « églises en Galatie » (v. 2). La Galatie était un territoire en Asie Mineure (aujourd'hui, la Turquie) que Paul avait visité lors de son premier voyage missionnaire décrit en Actes 13-14. À cette époque, il a gagné des convertis et établi des églises dans les villes d'Antioche, d'Icone, de Lystre et de Derbe.

Les deux premiers chapitres de l'Épître aux Galates forment l'introduction de la lettre. Pour une personne qui ne connaît pas bien les Galates (comme la plupart des étudiants), ces chapitres vont sembler étranges, comme si Paul commençait par le milieu au lieu du début. En fait, c'est bien le cas. Les Galates, eux, n'ont eu aucun mal à comprendre ces chapitres, parce qu'ils étaient eux-mêmes au milieu de la même situation : une féroce bataille sur l'autorité apostolique et la place des Gentils dans l'Église.

Un des problèmes que Paul a eu à rencontrer tout au long de son ministère était celui de l'autorité. Les 11 apôtres originaux étaient reconnus sans aucun doute comme les leaders de l'Église primitive ; avec Pierre en particulier assumant le rôle de principal leader. Le passage de Actes 1.12-26 rappelle que l'Église a élu un 12ème apôtre, Matthias, mais nous ne lisons rien sur lui dans les pages du Nouveau Testament.

Quand Paul est arrivé sur les lieux, il était clair qu'il allait jouer un rôle majeur dans l'établissement de l'Église, mais il n'était pas un apôtre, du moins pas comme les autres. Il n'avait pas cheminé avec le Sauveur. Il n'avait pas entendu les sermons du Sauveur et il n'était pas au courant de ses enseignements privés. Il n'était pas présent à l'arrestation de Jésus, à la crucifixion et à la résurrection.

Mais, à ce moment qui a changé sa vie sur la route de Damas, Paul a rencontré le Christ vivant. Et cet événement, pour Paul, équivalait à un appel à l'apostolat. Fréquemment dans ses écrits, Paul rappelle à ses lecteurs que c'est Dieu qui l'a appelé et non les hommes.

Cependant, étant donné que Paul avait un caractère plutôt tranché (comme la plupart des visionnaires et des pionniers), il avait de nombreux ennemis. Certains étaient des païens, certains étaient juifs et d'autres étaient chrétiens. Ses opposants chrétiens alimentaient le doute concernant son statut d'apôtre.

Il semble que c'est cette atmosphère qui régnait en Galatie. Une bonne portion de ces deux premiers chapitres vise à établir le droit apostolique de Paul de parler avec autorité. Son autorité apostolique était importante pour que son message soit reçu de manière plus authentique.

S'établir lui-même comme un apôtre est seulement un préalable nécessaire à la présentation de l'argument principal de Paul en Galates. Ceux qui dénigraient l'autorité de Paul le faisaient pour poursuivre une campagne qui a presque coûté sa vie à l'Église.

Ces personnes étaient des « Judaïsants », des Chrétiens qui exigeaient que les Gentils qui se convertissaient au christianisme deviennent juifs en subissant la circoncision et en continuant à obéir à la loi juive. En effet, cet acte faisait du christianisme une secte ou une branche du judaïsme.

L'argument de Paul tout au long de son ministère était le suivant : bien que le christianisme ait ses racines dans le judaïsme, le plan de Dieu est que l'Évangile soit répandu dans le monde. Paul considérait la circoncision et l'obéissance à la Loi comme étant des fardeaux inutiles placés sur les épaules des nouveaux Chrétiens (Actes 15.10). Il se battait pour le droit des Gentils à devenir chrétiens sans avoir à devenir d'abord juifs. Actes 15 et Galates 2 relatent en partie cette bataille.

Bien qu'une compréhension du problème de la « grâce opposée à la loi » soit nécessaire pour cette leçon, les aspects théologiques de cette discussion seront réservés à la prochaine leçon. L'objectif de cette leçon est de créer un contexte historique et d'aider vos étudiants à comprendre que l'Épître aux Galates est pertinente pour eux non seulement parce qu'ils sont chrétiens mais aussi parce qu'ils sont des chrétiens gentils.

(N.B. : Nous supposons bien entendu ici et dans les activités ci-dessous que vos étudiants sont, en effet, des Gentils. Même si vous avez dans votre classe des étudiants d'origine juive, ces activités seront tout de même utiles mais vous devrez faire des ajustements. De même, stipulez clairement que l'objectif de cette leçon n'est en aucun cas d'insulter ou de mépriser la race ou la religion juive mais plutôt d'expliquer ses différences avec le christianisme).

ABORDEZ LA PAROLE

Je suis un Gentil, tu es un Gentil!

Pour que le message de Galates soit pertinent et personnel aux yeux de vos jeunes, ils doivent comprendre le contexte historique du conflit entre Gentils et Judaïsants. Et pour que ce contexte leur semble pertinent et personnel, ils doivent tout d'abord être pleinement conscients qu'ils sont eux-mêmes des Gentils.

Demandez à vos étudiants de répondre aux questions suivantes sur une feuille de papier ou sur une copie du polycopié. Il est probable que tous vos étudiants obtiennent 20 points, c'est-à-dire un résultat faible. Demandez-leur si leurs faibles résultats indiquent qu'ils ne sont pas religieux, qu'ils ne croient pas en la Bible ou qu'ils ne respectent pas les lois de Dieu. Vous pouvez les « taquiner » pendant un moment, jusqu'à ce qu'ils expriment clairement qu'ils n'obéissent pas à ces lois parce qu'ils ne sont pas Juifs. (Vous pouvez aussi indiquer que les Juifs modernes eux-mêmes n'obéissent pas à toutes ces lois de manière littérale.)

Pour encore plus de clarté, demandez-leur de compléter la section 2 sur l'héritage national. Plusieurs d'entre eux voudront cocher plus d'une nationalité, ce n'est pas un problème. Plusieurs d'entre eux diront qu'ils sont originaires de nationalités autres que celles mentionnées sur la liste, ce n'est pas un problème. Certains d'entre eux peuvent même indiquer que l'on peut être à la fois juif et posséder également une des autres nationalités puisque le judaïsme transcende les barrières nationales. Cette remarque est valable mais elle n'entame en rien l'argument illustré.

Ensuite, demandez à vos étudiants de compléter la section 3 sur la religion. Vos étudiants cocheront probablement tous la case « chrétien ».

A ce moment là, familiarisez-les avec le mot « Gentil ». Expliquez-leur que le mot s'applique à toute personne qui n'est pas de race ou de religion juive. Expliquez que chaque personne dans la classe, en dépit de son origine ethnique, est un Gentil. (Encore une fois, nous supposons qu'ils sont tous des Gentils. Si vous avez des étudiants d'origine juive, faites les ajustements nécessaires.)

1. Comme vous le savez, les deux premiers tiers de votre Bible portent le nom d'Ancien Testament. L'Ancien Testament cite de nombreuses lois. Je vais en lire quelques unes. Levez la main si vous respectez (ou si un membre de votre famille respecte) ces lois ces lois « toujours », « parfois » ou « jamais ».

Toujours	Parfois	Jamais	
_____	_____	_____	Tu ne tueras point (Exode 20.13).
_____	_____	_____	Vous ne mangerez pas le porc (jambon, bacon et saucisse) (Lévitique 11.7).
_____	_____	_____	Les enfants rebelles devront être lapidés à mort (Deutéronome 21.21).
_____	_____	_____	Tu ne voleras point (Exode 20.15).
_____	_____	_____	Tu ne mangeras pas de homard (Lévitique 11.10).
_____	_____	_____	Tu mettras des franges aux quatre coins du vêtement dont tu te couvriras. (Deutéronome 22.12).

Attribuez-vous 10 points chaque fois que vous répondez « Toujours », 5 points pour « Parfois », et 0 points pour « Jamais ».

85—100	Très religieux
70—84	Plutôt religieux
55—69	Très peu religieux
0—54	Pas religieux du tout

2. Quelle est votre race/nationalité/origine ethnique ?

____	Caribéenne	____	Française
____	Allemande	____	Espagnole
____	Anglaise	____	Italienne
____	Africaine	____	Juive
____	Allemande	____	Asiatique
____	Grecque	____	Amérindienne
____	Slave	____	Latino-américaine
____	Nordique	____	Irlandaise
____	Autre _____		

3. Quelle est votre religion?

____	Juive	____	Bouddhiste
____	Musulmane	____	Chrétienne
____	Autre _____		

Terminez cette portion de la leçon en soulignant que quand le Nouveau Testament parle des Gentils, nous oublions souvent qu'il s'agit de nous. Ceci est particulièrement important alors que nous commençons notre étude de l'Épître aux Galates.

EXPLOREZ LA PAROLE

1. Présentation

Bienvenu dans le Livre des Galates ! Vous vous dîtes probablement : « Quelle affaire! N'est-ce pas un de ces livres mineurs qui n'ont pas grande valeur ? Après tout, ce livre n'est composé que de six chapitres ! Quelle peut en être l'importance ? »

Eh bien, voyons ce que certains auteurs et érudits de la Bible ont dit sur ce livre « mineur » :

• « L'Épître aux Galates est un livre dangereux » (Warren Wiersbe).

• « L'Épître aux Galates est de la dynamite spirituelle et il est donc presque impossible de la manipuler sans risquer l'explosion. » (R. A. Cole).

• « Le christianisme aurait pu être juste une secte juive de plus et la pensée du monde occidental aurait pu être entièrement païenne, si l'Épître aux Galates n'avait pas été écrite. » (Merrill C. Tenney)

« L'Épître aux Galates déclare avec une clarté étincelante le message central de la grâce dans le Nouveau Testament » (Donald Bastian).

« Humm . . . il doit y avoir quelque chose d'important dans ce petit livre! » Vous avez raison! C'est l'un des livres les plus importants du Nouveau Testament car, dans ce livre, Paul exprime certaines de ses plus fortes déclarations sur la grâce, sur la liberté par rapport à la loi et sur la liberté chrétienne. En effet, l'Épître aux Galates a été appelé la « Magna Carta de la liberté spirituelle » et la « Déclaration chrétienne d'indépendance ». C'est principalement son étude de ce livre qui a incité Martin Luther à lancer le processus qui a mené à la Réforme et au mouvement protestant.

Ce vieux dicton : « dans les petites boîtes, les bons onguents » convient très bien pour ce livre.

Il est puissant, mais il est court. Si court, en fait, que l'on peut le lire en à peu près une demi-heure. Pour étudier ce livre en profondeur, il convient de le lire entièrement plusieurs fois, au moins une fois par semaine et peut-être même une fois par jour. « Ennuyeux ? » Eh bien, peut-être les deux ou trois premières fois mais ensuite le texte commence vraiment à entrer dans votre esprit et chaque lecture devient comme la recherche d'un trésor caché. Vous serez surpris par ce qui ressort à chaque fois que vous lisez ces six chapitres.

Pendant que vous lisez, vous pouvez noter les signes suivants sur la marge de votre Bible :
• Inscrivez un ? à côté de toute section que vous ne comprenez pas.
• Inscrivez un ! à côté de toute section qui vous encourage ou qui vous inspire.
• Inscrivez une * à côté de toute section qui vous inspire une nouvelle idée.
• Lorsque vous reviendrez à ces sections plus tard dans votre étude, vous pourrez leur accorder une plus grande attention.

2. Aucun évangile (1.1-10)

En Actes 13 et 14, nous sommes informés du premier voyage missionnaire de Paul à travers l'Asie Mineure où il a prêché l'Évangile et établi de nouvelles églises. La plus grande partie de ce voyage a été consacrée à un territoire connu sous le nom de Galatie. En Actes 13.13 – 14.23 nous apprenons que Paul établit des églises dans les villes d'Antioche, Icone, Lystre et Derbe. À la fin de son voyage missionnaire, Paul a revisité chacune de ces églises naissantes, « fortifiant l'esprit des disciples, les exhortant à persévérer dans la foi ». Ensuite il fit « nommer des anciens dans chaque Église et, après avoir prié et jeûné, ils les recommandèrent au Seigneur » (Actes 14.22-23).

Au moment où il écrit la lettre, cependant, quelque chose ne va pas. Il avait enseigné aux nouveaux Chrétiens en Galatie de rester fidèles à la foi mais à présent l'apôtre est « stupéfait » de voir qu'ils « désertent » son message et se tournent vers « un évangile différent » (Ga. 1.6).

Paul est en colère et c'est le moins que l'on puisse dire. Et il fait comprendre à ses lecteurs d'entrée de jeu, dès le début de la lettre, qu'il faut régler cette affaire.

Si vous n'aviez encore jamais lu l'Épître aux Galates, les 10 premiers versets se présentent comme l'introduction d'une mystérieuse histoire : nous savons que quelque chose ne va pas mais nous ne savons pas ce que c'est.

Demandez à un étudiant de lire ces versets à voix haute, puis répondez ensemble aux questions suivantes :

1. Dans le verset 1, Paul semble faire beaucoup d'efforts pour s'imposer comme un apôtre, dont l'autorité est légitime. Comparez ce verset avec le verset 10. Avez-vous le sentiment que quelque chose de bizarre a peut-être eu lieu en Galatie ? Qu'est-ce qui a bien pu se produire ?

2. Si vous ne l'avez pas encore fait, lisez rapidement Actes 13.13-14.23 et plus particulièrement le passage de 13.38-39. Comment résumeriez-vous le message de Paul prêché en Galatie pendant son voyage missionnaire ?

3. Lisez Galates 1.7 attentivement. C'est un indice important. D'après vous, que s'est-il passé ?

3. Autobiographie spirituelle de Paul, 1ère partie (1.11-24)

Waouh! Cette dernière section était un vrai mystère, n'est-ce pas? Mais à présent, juste au moment où nous avons vraiment envie de trouver ce qui se passe en Galatie et qui bouleverse Paul, il semble prendre un étrange détour. Soudain, dans les versets suivants, Paul nous raconte l'histoire de sa vie !

Demandez à un étudiant de lire ces versets à haute voix puis répondez ensemble aux questions suivantes:

1. Comparez les versets 13-24 avec Actes 9. Un auteur a proposé ce titre pour Actes 9 : « C'est comme si le zèbre perdait ses rayures ! » En quoi cette remarque est-elle appropriée ?

2. Lisez les versets 1 et 10 encore une fois et mettez-les en parallèle avec les versets 11-12. Si vous lisez « entre les lignes », vous pouvez commencer à comprendre pourquoi Paul se lance soudain dans cette section autobiographique. Il est évident que Paul essaye de prouver quelque chose sur lui. D'après vous, qu'est-ce que Paul essaye de prouver ?

3. Paul semble se vanter au verset 24. Est-ce vraiment le cas ? À votre avis, où veut-il en venir ?

4. Autobiographie spirituelle de Paul, IIème partie (2.1-10)

Dans ces versets, Paul continue à résumer l'histoire que nous avons lue dans le Livre des Actes. À présent, il parle du Concile de Jérusalem décrit en Actes 15. Lors de ce Concile, les leaders de Jérusalem ont été confrontés à ce qui a probablement été le plus grand problème de l'Église du premier siècle : Les Gentils (les non Juifs) doivent-ils devenir juifs avant de devenir des chrétiens ? L'Église était divisée à ce sujet. Le « mot d'ordre » pour cette controverse était la « circoncision », un terme médical qui désigne un simple procédé chirurgical pratiqué sur les enfants mâles. Parce que ce procédé avait été originellement commandé par Dieu pour différencier les Hébreux de leurs voisins païens, il est devenu le symbole de l'appartenance à la race juive. Mais la controverse ne portait pas seulement sur cette pratique chirurgicale mineure. La pratique en elle-même représentait également toute la culture religieuse juive : toutes les lois, les rituels, les jours de fête, les sacrifices et d'autres éléments de la foi juive.

Demandez à un étudiant de lire les versets suivants à haute voix puis répondez ensemble aux questions :

1. Lisez Actes 15.1-35 et résumez ce qui s'est passé au Concile de Jérusalem.

2. Comparez Actes 15.1 et Galates 1.7-8 et 2.4. Les personnes dont parle Paul ont souvent été qualifiées de « judaïsants ». D'après vous, quel est leur principal objectif ?

3. En considérant que nous sommes tous des « Gentils » (si nous ne sommes pas membres de la race juive), d'après vous, qu'est-ce qui est véritablement important dans la conclusion du Concile de Jérusalem (Actes 15) ?

5. Autobiographie spirituelle de Paul, partie (2.11-21)

Dans cette section, Paul décrit un incident qui n'est pas relaté dans le Livre des Actes. Cet incident s'est apparemment produit quelques temps après le Concile de Jérusalem décrit en Actes 15. Lors de ce Concile, comme nous l'avons découvert, le leadership de l'Église a décidé qu'un croyant gentil (non juif) n'était pas obligé de se faire circoncire pour devenir chrétien. (Souvenez-vous que la « circoncision » ne renvoyait pas simplement à un procédé chirurgical mineur, elle était aussi le symbole de tout le code légal juif.)

Après la prise de décision, Pierre a dû être influencé par les judaïsants (v.12) car il commence à inciter les croyants gentils à se faire circoncire. Lors d'une rencontre face-à-face à Antioche, Paul traite Pierre d'hypocrite.

Demandez à un étudiant de lire les versets suivants à haute voix puis répondez ensemble aux questions :

1. Dans les versets 15, 16 et 21, Paul affirme avec force ce qui représente pour lui l'essence de l'Évangile. Reformulez ces versets avec vos propres mots.

2. Si ces versets captent l'essence de l'Évangile pour Paul, à votre avis quel est « l'autre évangile

» auquel Paul se réfère en 1.6-9 ?

3. Ces deux premiers chapitres ne sont qu'une introduction de la lettre de Paul aux Galates. En vous basant sur ce que vous avez étudié jusqu'ici, d'après vous, quel sera le thème du reste de la lettre ?

VIVEZ LA PAROLE

Justifiés par la foi

Entamez la conclusion de la leçon en demandant à un de vos étudiants de lire le verset clé du jour (Ga. 2.16b).

Encouragez vos étudiants à réfléchir sur la manière dont leur vie personnelle a été affectée par la détermination de Paul à partager le message de l'évangile avec les Gentils, en leur rappelant à nouveau qu'il appartiennent très probablement à cette catégorie. Orientez leurs réflexions vers ce que cela signifie véritablement pour chacun d'eux de comprendre la différence entre être justifié « par la loi » et être justifié « par la foi ».

Terminez par une prière pour remercier Dieu qui nous invite tous à entrer dans une relation avec lui. Priez que Dieu continue à bénir votre groupe d'étudiants dans les prochaines semaines.

FILS DE DIEU

PASSAGE A ÉTUDIER : Galates 3.1–4.31

VERSET CLÉ : « La foi étant venue, nous ne sommes plus sous ce pédagogue. » (Galates 3.25).

OBJECTIFS DE L'ENSEIGNEMENT

Aider les étudiants à :

1. Ccomprendre que c'est la foi qui est la condition préalable à la réception du don gratuit du salut de Dieu et non les actes.
2. Être reconnaissants du don de Dieu.
3. Placer leur confiance dans la grâce seule pour le salut.

PERSPECTIVE

Certes, les chrétiens d'aujourd'hui ne sont plus confrontés à ce problème qui divisait les Galates : devenir juif pour devenir chrétien. Nous ne sommes pas sous l'autorité des lois et des rituels de l'Ancien Testament. Toutefois, nous luttons avec nos propres obligations légales. De nombreux jeunes, en particulier ceux qui ont grandi dans l'église, cherchent à réaliser des actions pour gagner les faveurs de Dieu. Ils ont du mal à comprendre et à accepter le concept de la grâce. Cette leçon les aide à explorer la nature de leur dépendance par rapport aux actions et les aide à apprendre à faire confiance à la grâce de Dieu.

CONTEXTE BIBLIQUE

Après les remarques introductives dans les deux premiers chapitres de la lettre aux Galates, Paul avance vers le cœur de la lettre, la section sur la doctrine. Et il en parle avec force et passion : « O Galates, dépourvus de sens! Qui vous a fascinés ? » (3.1)

Dans les chapitres précédents, nous avons eu un bref aperçu historique du « problème des Gentils » auquel était confrontée l'Église du premier siècle. Grâce à l'œuvre guidée par l'Esprit et réalisée par Paul et ses collègues, l'Église se remplissait d'anciens païens convertis au christianisme. Quand nous nous rappelons que l'Église est née dans le (ou à partir du) judaïsme et que tous ses premiers leaders étaient des Juifs de race et de tradition religieuse, il est plus aisé pour nous de comprendre pourquoi cette affluence de Gentils était un problème. Certaines personnes parmi les leaders étaient convaincues que ces nouveaux croyants devaient devenir juifs en même temps que chrétiens, adhérant ainsi aux lois de l'Ancien Testament telles que la circoncision, les restrictions alimentaires et les jours de fêtes.

D'autres leaders cependant, et Paul en particulier, reconnaissaient déjà que le christianisme allait devenir une religion à la fois apparentée mais aussi totalement distincte du judaïsme. Ils considéraient le légalisme de l'Ancien Testament comme un joug de servitude imposé à ces nouveaux convertis (Actes 15.10).

Paul, le grand théologien du christianisme, reconnaissait aussi que la nouvelle alliance était une alliance fondée sur la grâce et non sur le mérite. L'ancienne alliance, bien qu'étant fondée sur la grâce, était devenue depuis bien longtemps un système « d'accumulation de points ». Sous l'ancienne alliance, la faveur de Dieu était gagnée par le respect des règles. Paul reconnaissait que la base de la nouvelle alliance était la foi en la faveur imméritée de Dieu.

Cet Évangile de la foi, de la grâce et du salut offert gratuitement était l'Évangile que Paul avait prêché aux églises en Galatie lors de son premier voyage missionnaire. C'est dans le contexte de cette prédication que les Galates avaient cru et qu'ils étaient devenus chrétiens.

Mais à présent, comme Paul le déclare au premier chapitre, « il y a des gens qui vous troublent, et qui veulent renverser l'Évangile de Christ » (1.7). Ces « gens » étaient les Judaïsants qui persuadaient les Galates de se soumettre à la circoncision et d'obéir aux lois rituelles juives de l'Ancien Testament.

Dans les chapitres 3 et 4, Paul utilise six types d'arguments pour prouver à ses lecteurs que la voie de la grâce est supérieure à celle de la loi.

1. L'argument de l'expérience (3.1-5). Paul rappelle aux Galates leur expérience du salut quand ils se sont convertis sous son ministère. « Est-ce par les œuvres de la loi que vous avez reçu l'Esprit ou par la prédication de la foi? » (v.2).

2. L'argument des Écritures (3.6-14). Paul fait ensuite appel aux Ecritures de l'Ancien Testament. Abraham, qui a été rendu juste aux yeux de Dieu avant que la Loi ne soit dictée à Moïse, a évidemment été justifié par la foi.

3. L'argument de la logique (3.15-25). L'argument suivant est typiquement un argument rabbinique, difficile à saisir pour nous. La clé pour le comprendre se trouve au verset 17 qui prouve que la voie de la grâce est supérieure à la voie de la loi parce qu'elle est plus ancienne. Mais pour parer aux arguments de ceux qui pourraient l'accuser de supprimer toute la loi, Paul montre que la loi occupait une place historique dans le plan du salut. Elle a servi de « pédagogue » (v. 24, Louis Segond) ou de « gardien » (Bible Semeur) jusqu'à ce que les croyants soient assez mûrs pour comprendre la grâce.

4. L'argument de la famille (3.26-4.7). Dans ces versets, Paul montre que ceux qui croient en Christ sont, par la foi, des enfants de Dieu et les héritiers du Royaume.

5. L'argument personnel (4.8-20). Ici, Paul révèle sa grande préoccupation pour les Galates. Dans des termes très émouvants et très personnels, l'apôtre supplie les Galates de rester fidèles au véritable Évangile qu'il leur a enseigné.

6. L'argument allégorique (4.21-31). Paul utilise l'histoire d'Agar et Sarah dans l'Ancien Testament comme une allégorie du conflit entre la loi et la grâce. La loi est comme Ismaël, fils de la femme esclave Agar; la grâce est comme Israël, fils de la femme libre Sarah.

Pour nous aujourd'hui, les codes légalistes de l'Ancien Testament ne sont plus un problème. Nous ne sommes pas tentés d'obéir aux restrictions alimentaires ou de célébrer les fêtes rituelles du Lévitique. Nous avons toutefois créé nos propres structures légalistes, dont nos enfants ont hérité. S'appuyer sur ces structures pour obtenir le salut est aussi mortel et pesant que de s'appuyer sur la loi de l'Ancien Testament. Dans cette leçon, nous allons explorer une partie de ce légalisme. Il sera peut-être difficile pour certains d'entre nous de séparer le respect des normes reconnues par un groupe particulier ou une culture particulière et la dépendance en ces normes pour obtenir le salut. Faites confiance au Saint-Esprit pour vous guider tout au long de cette leçon.

ABORDEZ LA PAROLE

Sauvé!

Cette activité vise à aider vos jeunes à commencer à réfléchir aux choses sur lesquelles ils s'appuient pour gagner leur salut. Expliquez qu'ils commencent avec 100 points et qu'ils perdent des points à chaque fois qu'une de ces déclarations s'applique à eux.

• Enlevez 90 points si vous avez tué quelqu'un.

• Enlevez 75 points si vous avez braqué une banque.

• Enlevez 50 points si vous avez battu une femme âgée.

• Enlevez 40 points si vous avez connu l'ivresse au cours de l'année écoulée.

• Enlevez 30 points si vous avez fumé une cigarette au cours de l'année écoulée.

• Enlevez 20 points pour toutes les fois où vous avez menti à vos parents le mois dernier.

• Enlevez 15 points pour toutes les fois où vous n'avez pas été à l'église ou à l'école du dimanche le mois dernier.

• Enlevez 5 points pour toutes les fois où vous avez oublié de faire vos dévotions le mois dernier.

• Enlevez 3 points pour toutes les fois où vous vous êtes mis en colère le mois dernier.

• Enlevez 1 point pour toutes les fois où vous avez eu une mauvaise attitude le mois dernier.

Après avoir lu aux étudiants toute la liste, expliquez-leur que le barème est le suivant :

100 points = salut

0 à 99 points = pas de salut

De toute évidence, personne dans votre groupe ne sera sauvé ! Et c'est bien de cela qu'il s'agit. Comme le dit Paul, « tous ceux qui s'attachent aux œuvres de la loi sont sous la malédiction » (Galates 3.10). En d'autres mots, si nous nous appuyons sur une structure légaliste pour notre salut, nous devons obéir à toutes les lois. Si nous désobéissons à une seule de ces lois, nous sommes condamnés.

Si vous préférez un exercice plus actif, demandez à vos étudiants de se lever. Puis changez l'énoncé des déclarations et dites : « Asseyez-vous si vous avez tué quelqu'un; asseyez-vous si vous avez déjà braqué une banque » et ainsi de suite. Pour les six dernières déclarations, supprimez l'expression « toutes les fois » et dites : « Asseyez-vous si vous avez oublié de faire vos dévotions ce mois-ci » et ainsi de suite. A la dernière déclaration, ils devraient être tous assis. Vous pouvez les taquiner en disant quelque chose comme : « Bien, tous ceux qui sont encore debout gagnent le droit d'aller au ciel. Les autres, vous aurez plus de chance dans une prochaine vie ! »

EXPLOREZ LA PAROLE

1. Galates dépourvus de sens ! (3.1-14)

Visiblement, Paul est très contrarié. Quelqu'un a « envoûté » les Galates ! Quelqu'un leur a dit que pour gagner la faveur de Dieu, ils doivent suivre les lois de l'Ancien Testament. Paul, dans certains de ses écrits les plus passionnés, a dû les persuader que le salut n'a rien à voir avec les bonnes actions. On ne gagne pas le salut ; c'est un don de Dieu.

Il avance ses deux premiers arguments dans ce passage. Aux versets 1 à 5, il utilise l'argument de l'expérience. Aux versets 6 à 14, il utilise l'argument des Écritures. Demandez aux étudiants de lire les 14 versets et de répondre ensuite aux questions suivantes :

1. Si vous pouviez résumer l'attitude de Paul en un mot, quel serait ce mot ?

2. Dans ce passage, Paul oppose deux éléments. Quels sont ces éléments ?

3. Aux versets 1-5 Paul leur rappelle leur expérience personnelle du salut. Où veut-il en venir ?

4. Aux versets 6-14 Paul cite six passages de l'Ancien Testament. Lisez Genèse 15.6, 12.3, Deutéronome 27.26, Habacuc 2.4, Lévitique 18.5 et Deutéronome 21.23. Identifiez ces citations des Écritures en Galates 3.6-14.

2. Pour éviter que certains en déduisent que selon Paul la loi est inutile, il continue en expliquant le sens de la loi dans l'histoire. Le verset 24 est la clé. Sa signification est plutôt implicite. L'expression qui qualifie la loi est traduite de différentes manières :
- « la loi a été comme un pédagogue pour nous » (Louis Segond)
- « la loi a été notre surveillant » (TOB)
- « la loi a été un précepteur » (Colombe)
- « la loi a été comme un gardien » (Semeur)

En vous basant sur ces différentes versions, exprimez l'argument de Paul.

3. Comment devient-on enfant de Dieu (v. 26) ?

2. S'en tenir a la promesse (3.15—4.7)

En 3.15-25, Paul avance un argument logique pour montrer la supériorité de la foi et de la grâce par rapport à la loi. Les choses se compliquent un peu, alors prenez votre temps. En 3.26-4.7 Paul utilise l'argument de la famille.

Demandez à un étudiant de lire les versets à haute voix puis répondez ensemble aux questions suivantes :

1. Aux versets 15-18 Paul indique que la voie de la grâce est plus ancienne que la voie de la loi. La clé pour comprendre cet argument se trouve au verset 17. Pouvez-vous reformuler ce verset avec vos propres mots ?

4. Comparez 4.1-3 et 3.23-24.

3. Le plaidoyer de l'apôtre (4.8-20)

A présent, Paul présente le plus intime de ses arguments, un argument personnel. Ici, l'apôtre met son cœur à nu. Il est sur les genoux, suppliant les Galates de renoncer à leur folie.

Demandez à un étudiant de lire ces versets à haute voix puis répondez ensemble aux questions suivantes :

1.Quel unique mot utiliseriez-vous pour décrire l'attitude de Paul dans ces versets?

2. Que veut dire Paul par « faibles et pauvres rudiments » (v. 9) ?

3. Au verset 17, de qui parle Paul quand il dit « le zèle qu'ils ont pour vous…ils veulent vous détacher de nous… » ?

4. Agar et Sarah (4.21-31)

A présent, Paul termine la section avec un argument allégorique. Il utilise une histoire de l'Ancien Testament comme une allégorie (une histoire symbolique) pour finir cette discussion théologique. Lisez ce passage puis posez les questions suivantes :

1. Lisez Genèse 16.1-16 et 21.1-21. Résumez ces passages de l'Ancien Testament.

2. Selon l'argumentation de Paul, que représentent ces deux femmes de l'Ancien Testament et leur fils?

3. Aux chapitres 3 et 4, Paul a utilisé six arguments pour différencier le salut par la grâce à travers la foi du salut obtenu par l'obéissance à la loi. Vous a-t-il convaincus ? D'après vous, a-t-il convaincu les Galates ?

Quand vos jeunes auront répondu à ces questions, vous aurez probablement besoin de passer un peu de temps à élargir leur compréhension avec l'aide du matériel extrait du contexte biblique ci-dessus. Assurez-vous qu'ils comprennent d'abord le conflit entre Paul et les Judaïsants sur la question de savoir si les Gentils doivent ou non suivre la loi juive. Puis, aidez-les à comprendre la différence entre le salut par le mérite (œuvres, respect de la loi, obéissance aux règles) et le salut par la grâce (un don gratuit, indépendant du mérite, activé par la foi). Enfin, expliquez-leur que le conflit entre la loi et la grâce est toujours d'actualité. Il ne s'agit plus de la circoncision et des rituels de l'Ancien Testament mais de toute structure légaliste, tout règlement ou tout système d'accumulation de points sur lesquels nous serions tentés de nous appuyer pour gagner la faveur de Dieu.

VIVEZ LA PAROLE

Il n'y a rien que vous puissiez faire

Demandez à vos étudiants de garder le silence pendant un moment; ils pourraient même fermer les yeux afin de se concentrer sur ce que vous allez dire. Puis lisez-leur le poème suivant :

« Il n'y a rien que vous puissiez faire, aucun acte de dévotion, aucun acte héroïque, aucun bienfait, aucun sacrifice, rienpour que Dieu ajoute la moindre once d'amour à l'amour qu'il vous porte en cet instant précis.

Il n'y a rien que vous puissiez faire, aucun crime haineux, aucun acte de violence, aucune attitude inconvenante, aucune pensée impure, rien pour que Dieu ôte la moindre once d'amour à l'amour qu'il vous porte en cet instant précis. »

Accordez aux étudiants quelques minutes de silence afin qu'ils s'imprègnent bien du sens du poème. La seule condition requise pour que

Dieu vous déclare justes, saints et purs devant lui est que vous croyiez et que vous acceptiez son don gratuit du salut.

Posez la question suivante : Sur quelles choses (actes, actions, attitudes, règles) vous êtes vous appuyés pour gagner l'acceptation de Dieu ? Ne leur permettez pas de répondre à haute voix. Ils devraient soit écrire leur réponse en privé, soit répondre dans leur cœur et garder la réponse pour eux-mêmes. Encouragez-les à prendre cette question au sérieux. Y a-t-il la moindre chose qu'ils fassent juste pour gagner l'acceptation de Dieu ?

Enfin, posez la question suivante : Pouvez-vous lui faire confiance pour vous accepter maintenant, vous aimer et vous sauver, sans l'intervention d'aucune de ces choses ? Si les circonstances s'y prêtent, vous pouvez ap-porter une conclusion à votre leçon dans un but d'évangélisation en expliquant la voie du salut à vos étudiants et en leur donnant la possibilité de répondre. Vous pourriez demander à votre pas-teur de participer à cette leçon afin qu'il dirige ces derniers instants.

Quelle que soit votre méthode, terminez la leçon avec une prière d'action de grâce pour le don libre et gratuit de Dieu.

3 VIVEZ

PAR L'ESPRIT !

PASSAGE A ÉTUDIER : Galates 5.1—6.18

VERSET CLÉ : « Si nous vivons par l'Esprit, marchons aussi selon l'Esprit. » (Galates 5.25).

OBJETIFS DE L'ENSEIGNEMENT

Aider les étudiants à:

1. Comprendre que les bonnes actions réalisées en réponse au salut sont des indications de la croissance spirituelle.
2. Désirer exprimer leur gratitude et leur engagement envers Dieu en témoignant de la loi de l'amour et du fruit de l'Esprit.
3. Commencer à utiliser la loi de l'amour et le fruit de l'Esprit comme des instruments de mesure de la vie spirituelle.

PERSPECTIVE

D'accord! Paul a bien fait valoir son argument. A ce stade, nous avons supprimé de nos vies toutes les règles, lois et structures légalistes. Que faisons-nous maintenant ? Devons-nous vivre sans aucun type d'orientation ? Est-ce chacun pour soi ?

Les jeunes doivent comprendre que le salut par la grâce et non par le mérite n'annule pas les normes de conduite ni les bénéfices des bonnes actions. Cette leçon les aidera à rechercher un équilibre entre le légalisme et l'anarchie et à trouver la bonne place pour les bonnes actions dans leurs vies.

CONTEXTE BIBLIQUE

Alors que Paul évolue vers le chapitre 4, on a l'impression qu'il sait qu'il a bien réussi son argumentation. Sa confiance n'est pas vraiment basée sur son pouvoir de persuasion mais sur le leadership du Saint-Esprit et sur la réceptivité des Galates face à la vérité.

Les chapitres 5 et 6 sont élaborés sur le ton suivant : « Maintenant que nous sommes d'accord sur cette affaire doctrinale, voyons comment elle s'applique dans le quotidien. »

En 5.15, Paul encourage les Galates à célébrer leur liberté en Christ et à être sur leurs gardes face à tout empiètement supplémentaire potentiel. Il résume aussi la loi de l'Ancien Testament en un commandement : « tu aimeras ton prochain comme toi-même (5.14; comparez avec Matthieu 22.35-40).

Dans ces versets, Paul introduit aussi l'idée qu'il développera en 5.16-6.10. Cette idée s'explique peut-être mieux par l'ancienne illustration de la vérité représentée comme le chemin étroit entre deux fossés. Le premier fossé, le légalisme et le salut-par-les-œuvres, est le thème des quatre premiers chapitres de la lettre. Mais il y a aussi un fossé de l'autre côté, le fossé de l'antinomisme et de l'anarchie. Ce n'est pas parce que la loi ne sauve pas qu'elle en devient inutile. Ce n'est pas parce nous ne pouvons pas gagner le salut par les bonnes actions que nous ne devrions pas accorder de la valeur à ces bonnes actions. Ce n'est pas parce que Dieu nous justifie gratuitement par la grâce et sans aucun mérite de notre part que nous ne devrions avoir aucun mérite.

Les bonnes actions ne gagnent pas le salut. Elles n'ont aucun mérite face au salut. Cependant, le changement qui a lieu dans notre vie quand nous recevons le don gratuit du salut devrait produire de bonnes actions. Dit autrement, la réponse naturelle au salut devrait être une vie nouvelle, une vie qui reflète les commandements de Dieu.

Une illustration serait peut-être utile à ce stade. Si un homme aime sa femme, il lui sera fidèle, non pas parce que la fidélité est la règle, mais parce que son amour l'incite à vouloir être fidèle. Il ne gagne pas l'amour de sa femme en étant fidèle, mais sa fidélité est la réponse à l'amour de sa femme.

En 5.16-26, Paul donne peut-être la meilleure explication de ce concept. La personne qui vit par l'Esprit manifestera naturellement le « fruit de l'Esprit » (v. 22-23). Les « actes de nature pécheresse » (v. 19-21) ne feront pas partie de la vie du croyant parce qu'ils sont « contraires à l'Esprit » (v. 17). Si vous suivez Paul attentivement et si vous comprenez parfaitement ce qu'il dit vous pouvez résumer en disant que quand une personne est guidée par l'Esprit, elle peut faire tout ce qu'elle veut. (Parce que cette personne ne voudra faire que les choses que l'Esprit lui inspire.)

Bien que la gestion du temps ne permette pas un examen détaillé des différents éléments cités dans les deux listes en 5.19-23, il serait sage de consacrer quelques minutes à l'étude de ces listes avec les étudiants avec l'aide d'un dictionnaire ou d'un commentaire biblique.

ABORDER LA PAROLE

Le Roi Nomos du Kosmos

Trouvez quelqu'un dans votre église, même un de vos étudiants, qui sait comment raconter un bon conte de fées. Demandez à cette personne de se préparer à raconter l'histoire ci-dessous. C'est une histoire idiote, alors votre conteur devrait s'amuser en la racontant.

Il était une fois dans un pays appelé Kosmos un homme très strict et très sévère, le roi Nomos, qui faisait la loi. Il avait des lois pour tout. Des lois sur la manière de prendre le petit-déjeuner, des lois sur la manière de se raser, des lois sur la manière de conduire une voiture, des lois sur la manière de parler au téléphone, des lois sur la manière de gagner de l'argent, des lois sur la manière de dépenser l'argent, des lois sur la manière de traiter les animaux, des lois sur la manière de traiter les petits frères qui se comportent comme des animaux, des lois sur la manière de se couper les ongles des orteils, des lois sur… bon, je pense que vous avez compris.

Chaque année, les citoyens de Kosmos devenaient de plus en plus frustrés par le Roi Nomos et ses lois. Vivre à Kosmos, c'était comme être en prison ! Il n'y avait aucune liberté, aucune créativité, aucune marge de manœuvre !

Un jour, les citoyens ont décidé qu'ils en avaient assez. Ils ont élu un leader du nom d'Antinomos qui a jeté le Roi Nomos en prison et a aboli toutes les lois dans le pays. Le peuple se réjouissait ! Le peuple festoyait ! Et, bien entendu, le peuple s'est bientôt retrouvé dans un chaos absolu!

Sans les lois du Roi Nomos, les citoyens conduisaient leurs voitures comme ils le voulaient. Les hommes et les femmes quittaient leur travail et commençaient à se voler les uns les autres. Les enfants traitaient leurs animaux de compagnie (et leurs petits frères et sœurs) avec cruauté. Et personne ne se coupait les ongles des orteils correctement !

Et un jour, un homme très sage du nom de Sophos est arrivé à Kosmos. Quand il a vu ce chaos et qu'il a découvert ce qui l'avait causé, il a rassemblé tous les citoyens.

« Mes amis, vous êtes comme un homme qui guide un âne le long d'un étroit chemin entre deux fossés. Quand l'âne s'approche trop du fossé sur la gauche, l'homme tire sur les rennes et l'éloigne le plus possible du bord. Toutefois, quand l'animal s'éloigne trop du fossé sur la gauche, il risque de tomber dans le fossé sur la droite. L'homme doit trouver le chemin entre les fossés. »

Quand ils ont entendu Sophos, les citoyens de Kosmos ont compris leur erreur. Ils ont mis Antinomos en prison avec le Roi Nomos puis ils ont entamé un processus pour décider quelles règles étaient raisonnables et nécessaires.

Finalement, la paix et la tranquillité ont fini par régner à Kosmos.

Après avoir raconté l'histoire, posez à vos jeunes les questions suivantes mais ne vous attendez pas à de bonnes réponses à ce stade. Ne récompensez pas ceux qui donnent des réponses « correctes » et ne sermonnez pas ceux qui donnent des réponses « incorrectes ».

Jusqu'ici dans la lettre aux Galates, Paul a présenté des arguments contre la loi. Pensez-vous qu'il veut dire que les lois devraient être rejetées et que les Chrétiens devraient agir selon leur bon vouloir ? Comment pouvons-nous éviter le chaos sans être légalistes ?

1. Aux versets 2 et 3 Paul ne dit pas que toute personne qui a subi la chirurgie mineure de la circoncision est sous le fardeau de la loi. (La circoncision est une procédure commune dans de nombreuses parties du monde pour des raisons de santé et de culture.) Souvenez-vous que l'acte de la circoncision portait une signification symbolique pour les Juifs. Que dit réellement Paul dans ces versets ?

2. Qu'est-ce que Paul essaye de faire dans ces versets 7-12 ?

3. Quelqu'un a dit que la vérité, c'est comme marcher le long d'un chemin étroit entre deux fossés. Si l'un des fossés représente le fait d'évoluer dans un système légaliste et d'essayer de gagner le salut, que représente l'autre fossé ? (Voir v. 13).

4. Lisez les versets 6b et 14. Quelle est pour Paul la loi à laquelle les Chrétiens devraient obéir ?

EXPLOREZ LA PAROLE

1. Appelês a être libres (5.1-15)

Si vivre sous le « joug » de la loi est comme vivre en prison, comme le dit Paul (3.23), alors vivre sous la grâce, c'est être libre. Dans cette section, Paul dit aux Galates « appréciez votre liberté » !

Lisez ces versets puis répondez aux questions suivantes :

2. Le fruit de l'Esprit (5.16-26)

Cette section est l'une des plus connues dans les écrits de Paul. Elle sert de balancier au funambule qui essaye d'éviter le fossé du légalisme d'un côté et le fossé de l'antinomisme d'un autre côté. (L'antinomisme est un bien grand mot qui signifie vivre sans aucune règle.)

Après avoir lu ces versets, répondez aux questions :

1. Quel est « l'antidote » qui permet de ne plus vivre sous la loi (v. 18) ?

2. Vous pourriez trouver instructif de lire les versets 19-21 dans plusieurs versions. Recherchez tous les mots que vous ne comprenez pas. Après tout ce que Paul a dit sur le fait d'éviter les structures légalistes, ne fait-il pas simplement volte-face et ne débite-t-il pas une autre liste de règles ? Lisez les versets 16-17 encore une fois. En quoi cette liste est-elle différente d'une liste de choses à ne pas faire ?

3. Si ce n'est pas déjà fait, mémorisez les versets 22-23a. Utilisez-les comme liste de vérification quotidienne, non pas pour cumuler des « points spirituels » ou des « bons points » afin que Dieu vous aime mais comme un instrument pour mesurer votre croissance spirituelle.

3. Quelques conseils pour finir (6.1-18)

Paul a fini de dire ce qu'il avait à dire dans cette lettre. Il a bien défendu ses arguments, convaincu ses leaders et conclu sa thèse doctrinale. A présent, il établi une liste de quelques éléments « à ne pas oublier » presque comme un « post-scriptum » ou un mini sermon rajouté sans frais supplémentaires.

Lisez ces versets puis répondez à ces questions :

1. Si l'on veut véritablement vivre selon une loi,

Paul nous en donne deux. La première a été discutée en 5.6b et 5.14. La deuxième se trouve ici, au verset 2. Quelle est-elle ?

2. Reformulez les versets 3-5 avec vos propres mots.

3. Aux versets 7-10 nous avons la « loi des semailles et de la récolte ». C'est l'une des lois « naturelles » de l'univers. Comme la loi de la gravité, nous ne devons pas nous soucier d'y obéir. Elle fonctionne avec ou sans notre coopération. Résumez cette loi en une phrase.

4. Suivant en cela les coutumes de l'époque (et aussi parce qu'il avait probablement une mauvaise vue), Paul dictait toutes ses lettres à un scribe. Aux versets 11-18, il prend apparemment la plume et écrit de sa propre main pour finir la lettre avec des remarques personnelles. Quelle idée avez-vous de l'attitude de l'apôtre à la lecture de la conclusion de cette lettre ?

VIVRE LA PAROLE

« La loi de l'amour »

Cet exercice aborde brièvement la « loi de l'amour » et la présente comme le principe directeur du fruit de l'Esprit et de la vie guidée par l'Esprit. Cette loi aussi devient un objectif ou un instrument de mesure permettant d'évaluer notre croissance spirituelle.

Ce n'est pas par hasard que « l'amour » est cité comme fruit de l'Esprit en Galates 5.22-23. L'amour n'est pas simplement l'un des neuf fruits. En réalité, les huit autres fruits sont des expressions de l'amour.

Bien que Paul utilise peu l'Ancien Testament, il incite les Galates à obéir à la « loi de l'amour » :

• La seule chose qui compte, c'est la foi qui s'exprime à travers l'amour (Galates 5.6b).

• Se servir les uns les autres dans l'amour. La loi toute entière est résumée en un seul commandement : « Tu aimeras ton prochain comme toi-même. » (Galates 5.13b-14).

Comme avec les huit autres fruits de l'Esprit, l'amour ne nous permet pas de gagner la faveur de Dieu. C'est plutôt le résultat de l'œuvre de Dieu en nous.

Demandez à vos étudiants d'établir une liste sous chaque fruit et d'indiquer un ou deux moyens par lesquels ils peuvent vivre activement la « loi de l'amour » dans leur vie de tous les jours.

Faites preuve de sensibilité spirituelle dans votre conclusion de cette leçon. Invitez-les à demander à Dieu de leur montrer lequel des « fruits de l'Esprit » doit être manifesté de manière plus efficace dans leurs vies. Dites-leur que la grâce de Dieu est suffisante, bien suffisante, et qu'il veut aider chaque personne à porter le fruit de l'Esprit. Vous pourriez donner aux étudiants la possibilité de recevoir le don gratuit de la grâce de Dieu. Vous pourriez discuter de l'œuvre et l'activité du Saint-Esprit avec vos étudiants qui sont déjà chrétiens. Vous pourriez rester simplement silencieux et laisser le Saint-Esprit faire son œuvre.

4 VIVANTS
EN CHRIST

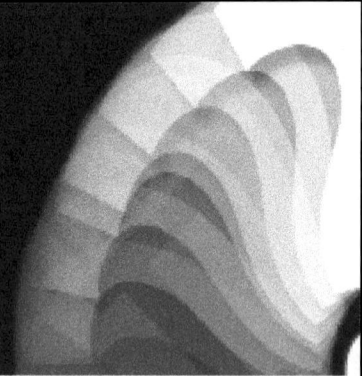

PASSAGE A ÉTUDIER : Ephésiens 1.1–2.22

VERSET CLÉ : « Mais Dieu, qui est riche en miséricorde, à cause du grand amour dont il nous a aimés, nous qui étions morts par nos offenses, nous a rendus à la vie avec Christ (c'est par grâce que vous êtes sauvés) » (Éphésiens 2.4-5).

OBJETIFS DE L'ENSEIGNEMENT

Aider les étudiants à :

1. Identifier ce que Dieu a fait en Christ.
2. Valoriser l'œuvre de Dieu dans leur vie.
3. Rendre grâce et louer Dieu pour son œuvre en Christ.

PERSPECTIVE

J. B. Phillips a un jour écrit un livre intitulé Your God Is Too Small [Votre Dieu est trop petit] dans lequel il explore les faux concepts de Dieu qui influencent de nombreuses personnes. Plusieurs de ces faux concepts incluent l'idée selon laquelle Dieu est d'une certaine manière contre nous et que nous devons le convaincre de nous aimer, de nous accepter, de nous racheter. Malheureusement, de nombreux jeunes ont exactement cette conception de Dieu. Cette leçon les aidera à comprendre que l'activité de Dieu dans l'histoire, et même avant, a été réalisée pour nous. Son objectif dans la création était de partager avec nous les richesses de sa grâce.

CONTEXTE BIBLIQUE

Bien que les lettres aux Galates et aux Éphésiens soient du même auteur, ce sont deux lettres différentes.

La lettre aux Galates a été écrite « au cœur de la bataille » alors que Paul se battait pour les vies spirituelles de ceux qu'il aimait en Galatie. Elle est passionnée, spécifique et immédiate.

La lettre aux Éphésiens, par contre, a été écrite des années plus tard, pendant que Paul était en prison à Rome (voir Actes 28.16). Bien que cette lettre fût adressée à l'église d'Éphèse, elle a certainement été écrite afin d'être lue dans toutes les églises d'Asie Mineure (la Turquie d'aujourd'hui). Parce que Paul ne traite ici aucun problème en particulier, cette lettre est plus générale et plus philosophique par nature que la lettre aux Galates. Le manque d'interaction directe est compensé par une grande richesse.

Le thème central de ce livre est christologique, c'est-à-dire qu'il s'agit d'une perspective sur la vie et l'œuvre de Christ. Si vous y jetez un œil, vous verrez que le nom de Christ est fréquemment mentionné. Probablement à cause du temps dont a pu disposer Paul pour la réflexion et la prière pendant qu'il était en prison, le livre contient un formidable matériel dévotionnel. Il est rempli de louange et d'adoration.

Après les salutations traditionnelles (v. 1-2), Paul commence le livre avec un hymne de louange. Les versets 3 à 14 forment une seule phrase dans le langage original. Ici Paul parle de Dieu le Père (v. 3-6), Dieu le Fils (v. 7-12) et Dieu le Saint-Esprit (v. 13-14). En un sens, Paul présente la « description de poste » de chaque membre de la Trinité :

Le Père nous a choisis pour que nous soyons saints, Il a prévu dès le début que nous soyons adoptés comme ses enfants et il nous a donné la grâce librement en Jésus-Christ.

Le Christ nous a rachetés à travers son sang, Il a pardonné nos péchés et nous a révélé le mystère de sa volonté.

Le Saint-Esprit agit comme le sceau de notre rédemption et il représente l'acompte ou la garantie de notre héritage éternel.

La chose importante à noter ici est que l'initiative est entièrement attribuable à Dieu. Il a choisi de partager avec nous ses richesses spirituelles. Nombreux sont ceux qui peinent sous l'influence de la fausse idée selon laquelle nous devons persuader Dieu de nous pardonner. Rien ne pourrait être plus loin de la vérité, comme le dit clairement Paul. Notre rédemption était prévue avant même notre naissance et toutes les actions de Dieu dans l'histoire ont été dirigées vers nous et vers notre rédemption.

Paul poursuit son hymne de louange avec une prière pour les croyants. Sa requête est que ces saints reçoivent l'Esprit de sagesse afin de mieux connaître Dieu. Au milieu de cette prière, quelque part vers le verset 19 ou 20, Paul oublie qu'il est en train de prier et commence à prêcher sur l'autorité et la puissance de Christ.

La section suivante, 2.1-10, distingue la mort spirituelle de la vie spirituelle. En 2.1-3, Paul décrit la condition de la mort spirituelle. Ce passage se positionne en parallèle avec la discussion sur la nature pécheresse en Galates 5. Une image sombre est donnée des personnes qui sont « par nature des sujets de colère ».

Le verset 4 commence avec un « mais » et ce « mais » est important. « Mais Dieu, qui est riche en miséricorde, à cause du grand amour dont il nous a aimés, nous qui étions morts par nos offenses » (v. 4-5). Remarquez encore une fois que l'activité vient de Dieu et non de nous. La rédemption commence avec le désir de Dieu de nous racheter.

Aux versets 5b et 8-10, nous trouvons plusieurs fois le thème que nous avons étudié en Galates, à savoir que nous sommes sauvés par la grâce et non par les œuvres. Remarquez encore la place chronologique correcte des « bonnes œuvres ». Avant le salut, elles n'ont aucun sens. Elles ne gagnent en aucun cas notre rédemption. Mais une fois que nous sommes sauvés, nous sommes « créés en Jésus-Christ pour de bonnes œuvres » (v.10). Les bonnes œuvres suivent et constituent une réponse à l'œuvre de Dieu en nous.

La dernière section, 2.11-22, nous rappelle encore l'un des thèmes que nous avons étudiés en Galates, le ministère de Paul auprès des Gentils. Mais au-delà de la passion et peut-être même de la colère que Paul a montrée aux Galates, ici nous trouvons réflexion et paix. La différence, bien entendu, est que Paul a écrit aux Galates alors qu'il était au cœur de la bataille, faisant face au risque réel que l'église ne refuse d'accepter les Gentils comme des croyants. Au moment où il écrivait aux Éphésiens, cependant, la bataille était terminée et les Gentils étaient acceptés comme citoyens à part entière du Royaume. Dans ses écrits, l'apôtre donne tout le crédit de cette victoire à Christ : « Car il est notre paix, lui qui des deux n'en a fait qu'un, et qui a renversé le mur de séparation, l'inimitié » (v.14).

ABORDER LA PAROLE
Sur le terrain

Cette activité est un regard allègre sur un sujet grave, à savoir, la mauvaise conception de Dieu qu'ont de nombreuses personnes. Si vous voulez vous amuser avec cette activité, demandez à cinq de vos étudiants de mémoriser à l'avance le script et d'être prêts à le présenter au groupe. Ou bien, choisissez plusieurs étudiants pour lire ces parties à haute voix.

Après la présentation de ces entretiens, demandez à votre groupe de commenter ce qui a été entendu. Ne tentez pas d'enseigner la leçon à ce stade, écoutez simplement ce que vos jeunes ont à dire.

Willard Spot

WILLARD: Excusez-moi, monsieur. Pourriez-vous dire à nos amis téléspectateurs à quoi ressemble Dieu selon vous ?

FRANKLIN: Euh, laissez-moi réfléchir une minute. Ah, voila! Je pense que Dieu est comme un dompteur de lion.

WILLARD: Un dompteur de lion ?

FRANKLIN: Oui, vous voyez, le gars qui fait sauter les gros chats à travers des cerceaux, se tient debout sur une chaise et tout le reste. Je pense que c'est ainsi que Dieu travaille. Il tient tous ces cerceaux à travers lesquels il veut que nous sautions et il a un long fouet pour nous obliger à rester tranquilles !

WILLARD: Eh bien, merci pour votre observation. À propos, passez-vous beaucoup de temps au cirque, monsieur ? Ah, il est parti. Excusez-moi, madame, pouvez-vous m'accorder un instant ?

MADELINE: Une minute, c'est tout, mec. Parlez vite.

WILLARD: Eh bien, à vrai dire, c'est vous qui allez parler. Pouvez-vous nous dire, à votre avis, à quoi ressemble Dieu ?

MADELINE: Ben, ça ne sera pas long parce que je le connais bien. Il est comme l'homme que je vais voir à l'instant, l'agent qui s'occupe des prêts bancaires à la First National. Je vais devoir mendier et supplier, faire des courbettes pour soutirer quelques sous à ce radin. Et pendant tout ce temps, il me regardera comme si j'étais une espèce d'insecte qui a rampé sous sa porte. Enfin, après suffisamment de supplications, il dira : « Je vais devoir y réfléchir pendant quelques temps. Je vous contacterai. » Si j'ai de la chance, j'aurai de ses nouvelles un de ces jours dans les dix prochaines années. Si ce n'est pas comme ça que Dieu marche, je mange cette demande de crédit !

WILLARD: Bon appétit! Dites, jeune homme... oui, vous avec le ballon de football. D'après vous, à quoi ressemble Dieu ?

TONY: C'est facile, mec. Il est comme le grand arbitre dans le match de la vie.

WILLARD: C'est-à-dire ?

TONY: Ben, tu sais. Il regarde toutes les actions des joueurs, même quand ça se passe dans son dos. Il est rapide, prêt à attraper ceux qui sont hors jeu ou qui touchent le ballon avec la main. Et quand il en attrape un, il le sort du terrain. Son plus grand plaisir, c'est de sortir un carton rouge !

WILLARD: Eh bien je vois où vous passez votre temps! Merci pour cette réflexion. Je pense que nous avons le temps de poser encore une fois la question. Mademoiselle, excusez-moi. Pourriez-vous retirer ces choses de vos oreilles et m'écouter ? Voilà, c'est mieux. Alors, d'après vous, à quoi ressemble Dieu ?

HEATHER: Oh, waouh! Genre, je passe à la télé ? C'est trop bien ! À quoi ressemble Dieu ? Ben, je ne sais pas vraiment, je ne le connais pas personnellement. Mais je pense qu'il doit être comme mon père. Vous savez, comme… être là. Toujours présent, mais jamais vraiment impliqué dans ce que passe. C'est comme s'il ne reconnaissait jamais votre présence. Si vous voulez quoi que ce soit, ne serait-ce que son attention, vous devez presque vous mettre sur la tête. C'est comme si vous deviez prendre un rendez-vous avec sa secrétaire. Et si vous voulez quelque chose d'important, ben, vous pouvez oublier ! C'est là qu'il se rappelle de toutes les petites choses que vous avez mal faites comme ne pas sortir les poubelles.

WILLARD: Je vois. Je vois aussi que nous n'avons plus de temps. Ecoutez, saluez votre père de ma part, d'accord ? Et pour vous, chers téléspectateurs, c'est fini pour aujourd'hui. A la semaine prochaine, c'était Willard Spot, le reporter qui mène l'enquête sur le terrain.

EXPLOREZ LA PAROLE

1. Présentation

Pendant que vous étudiiez la lettre aux Galates, vous avez probablement ressenti un sentiment d'urgence, d'immédiateté, de spécificité. Paul écrivait pour un peuple bien spécifique qui vivait dans un endroit spécifique à propos d'un problème spécifique.

Dans la lettre aux Éphésiens, cependant, vous aurez un sentiment totalement différent. Même si ce livre vient juste après le livre de Galates dans le Nouveau Testament, il a été écrit bien plus tard, pendant que Paul était en prison à Rome (voir Actes 18.16). Bien que le titre du livre vienne du mot Éphèse, une ville dans laquelle Paul a fondé une église lors de son troisième voyage missionnaire (voir Actes 19.1-41 et 20.17-35), cette lettre a probablement été écrite à « l'église au sens large » en Asie Mineure. À cause de sa nature générale, elle tend à être plus doctrinale et plus philosophique que la lettre aux Galates, du moins dans les premiers chapitres.

2. Une fontaine de bénédictions spirituelles (1.1-14)

Paul sait comment faire passer beaucoup de sens en quelques mots. Nous pourrions passer le reste de l'année à étudier les versets 3-14 qui, d'ailleurs, forment une seule et longue phrase dans la langue originale. Dans ces versets se trouvent certaines des plus grandes vérités théologiques de tout le Nouveau Testament. Donc, ne vous précipitez pas dans la lecture. Demandez aux étudiants de lire les versets puis de répondre aux questions suivantes :

1. Les versets 3-6 parlent de Dieu le Père et de son œuvre en notre faveur. Paul cite trois choses que le Père a faites pour nous. Quelles sont ces choses?

2. Les versets 7-12 parlent de Dieu le Fils et des bénédictions que nous avons en lui. Ici encore, Paul cite trois choses que nous avons à travers Christ. Quelles sont-elles ?

3. Les versets 13-14 parlent de Dieu le Saint-Esprit. Paul décrit le Saint-Esprit à l'aide de deux métaphores. Pouvez-vous les identifier ?

4. Lisez les versets 4, 5 et 11. Ne soyez pas déstabilisés par le mot « prédestiné ». Il existe une idée théologique acceptée par certaines traditions selon laquelle Dieu prédestine certaines personnes à être sauvées et d'autres à être condamnées et il n'y a rien que l'on puisse faire, quel que soit le groupe auquel on appartient ! Cette croyance est souvent appelée simplement « la prédestination ». Mais ce n'est pas ce dont parle

Paul, n'est-ce pas ? Que dit-il dans ces versets ?

5. Parcourez ces versets et comptez le nombre de fois où Paul utilise l'expression « en Christ » ou « en lui ». (Vous pourriez répertorier les incidences de cette expression tout au long du livre.) D'après vous, qu'est-ce que l'apôtre veut dire à travers cette expression ?

3. Paul prie pour nous (1.15-23)

Nous devrions lire toutes les lettres de Paul comme si elles nous étaient adressées. En particulier la lettre aux Éphésiens, étant donnée sa nature générale.

Demandez à un étudiant de lire les versets à voix haute puis répondez ensemble aux questions suivantes :

1. Dans les versets 17-19a Paul prie pour ses lecteurs et pour nous. À deux reprises, Paul suit le même schéma : Il prie pour (_____) afin que (_____). Identifiez ce schéma puis complétez les phrases suivantes :

a. Paul prie d'abord pour :

b. afin que :

c. Paul prie ensuite pour :

d. afin que :

2. À un certain moment, au milieu du verset 19 ou 20, Paul oublie qu'il est en train de prier et commence à prêcher. (Arrive-t-il que votre pasteur se mette à prêcher en plein milieu de sa prière ?) Il s'agit ici d'un passage « christologique », c'est-à-dire un passage qui décrit, définit ou élève Christ. Que dit Paul sur Christ dans ce passage ?

4. De la mort à la vie (2.1-10)

Dans cette section, Paul oppose la mort spirituelle (v. 1-3) à la vie spirituelle (v.4-10). Et quel contraste !

Demandez à un étudiant de lire cette section puis répondez aux questions suivantes :
1. Comparez les versets 1-3 avec Galates 5.17-21. De quoi parle Paul ?

2. Remarquez que le changement vers la vie spirituelle n'est pas le résultat d'une action quelconque de notre part mais plutôt d'une action de Dieu (v. 4-5). Qu'a fait Dieu ?

3. Lisez les versets 8-10. Vous semblent-ils familiers ? Quelle comparaison pouvez-vous faire entre ces versets et ce que vous avez étudié en Galates ?

5. Unis en Christ (2.11-22)

Vous vous souviendrez que dans notre étude de la lettre aux Galates, nous avons vu que Paul a passé la plus grande partie de sa vie à pratiquer son ministère auprès des Gentils (les non Juifs). Par conséquent, les destinataires de cette lettre seraient majoritairement des chrétiens non juifs. Pensez à la controverse au sujet des Gentils devenus chrétiens qui faisait débat à l'époque où Paul écrivait aux Galates. Ensuite, lisez ces versets et répondez aux questions suivantes :

1. En quoi cette discussion diffère-t-elle de la discussion sur le même problème abordé en Galates ? En quoi le ton ou l'attitude de Paul sont-ils différents ?

2. Sur qui Paul compte-t-il pour réconcilier les Gentils avec les Juifs ?

3. Souvenez-vous que Paul s'adresse aussi à vous dans ces versets, en particulier si vous êtes un Gentil (non Juif). Relisez les versets en remplaçant les pronoms « vous » par votre nom puis notez vos sentiments.

VIVRE LA PAROLE
Amour, grâce et miséricorde !

Cette dernière activité se concentre sur la clé qui nous permet d'accéder à tout ce que Dieu a prévu pour nous, notre salut. Demandez à un étudiant de lire Éphésiens 2.4-5 à haute voix. Vous pouvez, bien sûr, en faire une conclusion dans un but d'évangélisation si vous pensez que c'est approprié. Sinon, demandez à vos étudiants d'exprimer leur appréciation de la richesse spirituelle que Dieu leur a donné, en commençant avec leur rédemption et en incluant la liste des richesses spirituelles que vous avez identifiées dans l'activité précédente. Ils peuvent réaliser l'activité soit par écrit, soit sous forme de discussion, soit dans une prière silencieuse, soit dans un groupe de prière où chaque étudiant offrira sa prière personnelle.

Soulignez la bonté de la grâce de Dieu et la puissance de son amour. Il veut véritablement ce qu'il y a de mieux pour votre vie.

5 GRANDIR
EN CHRIST!

PASSAGE A ÉTUDIER : Ephésiens 3.1–4.32

VERSET CLÉ : « C'est de lui, et grâce à tous les liens de son assistance, que tout le corps, bien coordonné et formant un solide assemblage, tire son accroissement selon la force qui convient à chacune de ses parties, et s'édifie lui-même dans la charité. » (Éphésiens 4.16)

OBJETIFS DE L'ENSEIGNEMENT

Aider les étudiants à :
1. Reconnaître que le dessein de Dieu pour l'Église inclut l'unité à travers la maturité en Christ.
2. Aspirer à l'unité.
3. Examiner leur propre vie afin de trouver des moyens de contribuer à l'unité dans le Corps de Christ.

PERSPECTIVE

En Irlande, les Protestants se sont opposés aux catholiques pendant des années dans de véritables affrontements, à coups de balles et de bombes. Est-ce une manière de se comporter pour des personnes qui proclament le nom de Christ ? La situation est-elle meilleure dans votre pays ? Nous ne nous battons peut-être pas avec des armes mortelles mais nous connaissons tout de même des conflits. Et même au sein de nos congrégations, nous connaissons souvent des dissensions, des schismes et des divisions. Qu'est-ce qui ne va pas ?

Ce qui ne va pas, c'est que nous avons oublié que le Corps de Christ doit être un seul corps, uni sous la direction de sa tête, Jésus-Christ. Cette leçon aidera vos étudiants à comprendre le concept de l'unité chrétienne et les encouragera à œuvrer dans ce sens.

CONTEXTE BIBLIQUE

La lettre aux Éphésiens se déroule naturellement en deux parties. La première moitié est doctrinale et philosophique; la seconde moitié est pratique et spécifique. Parce que nous avons choisi de consacrer trois leçons à ce livre, nous trouvons la ligne de séparation des deux moitiés au milieu du passage que nous étudions dans cette leçon. Mais cela nous aide à voir la connexion entre l'aspect doctrinal et l'aspect pratique.

A la fin du chapitre 2, Paul parle de l'unité dans l'église – spécialement l'unité entre les Juifs et les Gentils. Il commence au chapitre 3 en disant : « À cause de cela, moi Paul, le prisonnier de Christ pour vous païens... » puis il s'arrête. Il était sur le point de dire : « je fléchis les genoux devant le Père » (v.14) mais le mot « païens/gentils » lui rappelle une autre chose qu'il voulait dire à ce sujet. Il ne revient pas à son idée de départ avant le verset 13. Ainsi, le verset 1 doit être lu avec le verset 14, et les versets qui se trouvent entre les deux devraient être considérés comme une sorte de parenthèse.

Nous commencerons avec cette section entre parenthèses, 3.2-13. Pendant son ministère, Paul a compris que l'idée même des Gentils devenant membres de l'Église était un « mystère », une vérité qui n'a pas encore été révélée. Paul comprend que Dieu l'a appelé pour être un apôtre et un missionnaire afin que cette vérité soit révélée. Grâce au ministère de Paul en Asie Mineure et en Europe, l'Église est devenue internationale.

Au verset 14, Paul reprend l'idée qu'il avait amorcée au verset 1. Il offre une prière pour ses lecteurs et pour nous. Il prie deux fois pour la force : la force de la foi et la force de la connaissance.

Les versets 20 et 21 terminent la section doctrinale avec une glorieuse bénédiction.

Au chapitre 4, les pensées de Paul deviennent plus pratiques et plus spécifiques. Une de ses principales préoccupations tout au long de son ministère a été l'unité de l'Église. Avec l'aide de Dieu, Paul a empêché presqu'à lui seul une division de l'Église à l'époque des plus grandes controverses. Paul souligne l'unité dans toutes les choses spirituelles : « Il y a un seul corps et un seul Esprit… un seul Seigneur, une seule foi, un seul baptême, un seul Dieu et Père de tous » (vv.4-6).

Dans cette unité, cependant, se trouve la diversité, particulièrement dans les responsabilités et dans les fonctions. Aux versets 11-12, Paul cite certaines de ces fonctions; elles ont toutes une même mission : « le perfectionnement des saints en vue de l'œuvre du ministère et de l'édification du corps de Christ » (v.12).

En 4.17-22, Paul parle de se dépouiller du « vieil homme » (v. 22) et de revêtir « l'homme nouveau » (v. 24). Tout comme il a décrit les « actes de nature pécheresse » et le « fruit de l'Esprit » en Galates 5, ici Paul décrit la vie avant et après la rencontre rédemptrice avec Christ.

ABORDEZ LA PAROLE
Les lettres d'Abdul

Dans cette activité, un étudiant originaire du Moyen Orient qui participe à un programme d'échange écrit une lettre à ses parents et leur fait part de sa confusion face à la pléthore d'églises chrétiennes dans votre pays. Lisez la lettre à haute voix à vos étudiants ou demandez à l'avance à l'un d'eux de se préparer à la lire.

Ensuite, posez à vos étudiants les deux questions proposées à la fin de la lettre. Aidez-vous de leurs réponses pour orienter la suite de votre étude.

Disons qu'Abdul, 17 ans, est un étudiant originaire du Moyen Orient qui participe à un programme d'échange. Il a passé six mois dans notre pays à apprendre la langue, à s'adapter à la nourriture, à étudier la culture. Étant lui-même musulman, la culture religieuse du pays a représenté pour lui une grande difficulté.

On lui a dit bien entendu qu'il y a de nombreux chrétiens ici, avec des groupes minoritaires pratiquant d'autres religions et d'autres fois, y compris la sienne. Mais il y a quelque chose qui le dérange. Soyons un peu curieux et lisons une partie de sa lettre à ses parents :

Une des choses auxquelles j'ai du mal à m'habituer ici, c'est leur religion. On m'a dit à l'école que beaucoup de gens ici sont chrétiens. C'est vrai, je pense. Mais c'est très bizarre. Il y a des chrétiens baptistes, des chrétiens épiscopaliens, des chrétiens presbytériens, des chrétiens catholiques romains, des chrétiens nazaréens… et la liste est longue. Il doit y avoir au moins une centaine de types de chrétiens. Et ils ne semblent pas bien s'entendre entre eux.

Chaque groupe a des bâtiments différents, des styles d'adorations différents, des chants différents, et même des croyances différentes même s'ils se disent tous chrétiens. Et ça aussi c'est bizarre ! Ils se disent tous chrétiens et beaucoup d'entre eux disent que les autres ne sont pas du tout chrétiens. S'ils ne sont pas chrétiens, que sont-ils ?

Cette histoire est très perturbante !

• Comment expliqueriez-vous la situation à Abdul ?

• Pensez-vous que ce paysage formé par plusieurs dénominations différentes est conforme à la volonté de Dieu ?

N'attendez pas pour l'instant de réponse « correcte ». Vous allez continuer à discuter de ce programme dans les deux prochaines activités.

EXPLORER LA PAROLE

1. C'est un mystère (3.2-13)

Dans cette section Paul parle de « mystère ». Il veut dire par là une vérité qui n'a pas été révélée. La révélation et l'explication de ce « mystère » était le plus grand cadeau de Paul pour l'Église.

Demandez à un étudiant de lire ces versets à haute voix puis répondez ensemble aux questions suivantes:

1. Quel est ce mystère?

2. Paul nous dit que ce mystère « n'a pas été manifesté aux fils des hommes dans les autres générations ». Pourquoi, à votre avis ?

3. Quel avantage avons-nous maintenant que Paul nous a fidèlement révélé ce mystère (v. 12)?

2. Une prière pour les Éphésiens – et pour nous (3.1, 14-21)

Vous arrive-t-il de commencer à parler de quelque chose et de tout d'un coup vous lancer sur un autre sujet totalement différent ? Paul, lui, le fait souvent. En voici un bon exemple. Il commence le chapitre 3 en disant « À cause de cela, moi Paul, le prisonnier de Christ pour vous païens... » puis il passe simplement à une autre pensée sans finir l'idée qu'il avait commencée ! Douze versets plus tard, il reprend sa première idée : « À cause de cela, je fléchis les genoux… » (v. 14).

Dans cette section, Paul prie pour les lecteurs de sa lettre et nous, ne l'oublions pas, nous faisons partie de ses lecteurs!

Demandez à un étudiant de lire les versets puis répondez ensemble aux questions :

1. Quelle est « cette raison » (v. 1 et 14) qui pousse Paul à prier pour ses lecteurs? (Indice : Regardez ce qu'il a dit avant le chapitre 3.)

2. Paul prie deux fois pour que ses lecteurs aient la force (v. 16-19). Quel est l'objectif de cette force?

3. Les deux derniers versets sont une doxologie, une bénédiction. Il est possible que votre pasteur utilise de temps en temps ces versets pour conclure un service à l'église. La première moitié du verset est plutôt importante. Reformulez-la avec vos propres mots.

3. Le corps de Christ (4.1-16)

Cette section est l'une des sections les plus importantes pour l'église parce qu'elle en dit long sur ce que l'église devrait être et ce que nous devrions faire dans ce sens.

Lisez cette section puis répondez aux questions :
1. Le verset 3 est le verset clé de toute la section. Qu'est-ce que Paul incite ses lecteurs à faire ?

2. Au verset 11 Paul cite certaines fonctions exercées dans l'église, et il continue aux versets 12 et 13 en expliquant ce que ces hommes et ces femmes doivent faire. Quelle est leur mission principale ?

3. Remarquez aux versets 14-16 que Paul utilise la métaphore du corps d'un enfant qui grandit et devient de plus en plus mature. En quoi est-ce une bonne illustration de la vie chrétienne?

4. Lisez la dernière expression du verset 16 avec le verset 2. Quel est notre travail dans tout cela ?

4. Revêtir la vie nouvelle (4.17-32)

La clé de cette section se trouve dans deux expressions :
• « se dépouiller du vieil homme » (v. 22)
• « revêtir l'homme nouveau » (v. 24)

C'est comme si Paul nous disait de nous débarrasser de nos vieux haillons pour revêtir de nouveaux vêtements.

Lisez cette section puis répondez aux questions :
1. Paul nous donne de nombreuses caractéristiques du « vieil homme » dans ces versets. Énumérez ces caractéristiques.

2. Paul nous donne aussi les attributs de « l'homme nouveau ». Citez ces attributs.

3. Parmi ces caractéristiques du « vieil homme », y en a-t-il que vous portez encore ?

VIVEZ LA PAROLE

Fleurir là où nous avons été plantés

Aucun de nous, bien entendu, ne peut réaliser l'unité mondiale ou même l'unité nationale. Mais nous pouvons œuvrer là où nous sommes, dans nos congrégations locales, pour atteindre l'unité parmi ceux qui nous entourent. Demandez à vos étudiants de lire 4.2-3. Il s'agit de la suggestion de Paul pour atteindre l'unité : humilité, douceur, patience et amour.

Demandez à vos étudiants de penser à une personne qu'ils connaissent et qui manifeste ces caractéristiques. Puis demandez à vos étudiants de discuter de ces choses spécifiques que ces personnes font et qui manifestent ces caractéristiques. Demandez à vos étudiants comment ces caractéristiques peuvent, spécialement quand elles sont manifestées par tout le monde, aider à créer l'unité de l'église ?

Terminez par un temps de prière, de réflexion sur Christ qui est l'exemple de l'humilité, de la douceur, de la patience et de l'amour.

6 ÊTRE DES
IMITATEURS DE DIEU

PASSAGE A ÉTUDIER : Ephésiens 5.1–6.24

VERSET CLÉ : « Devenez donc les imitateurs de Dieu, comme des enfants bien-aimés ; et marchez dans la charité, à l'exemple de Christ, qui nous a aimés, et qui s'est livré lui-même à Dieu pour nous comme une offrande et un sacrifice de bonne odeur. » (Ephésiens 5.1-2)

OBJETIFS DE L'ENSEIGNEMENT
Aider les étudiants à :
1. Reconnaître que les sacrifices inhérents à la vie chrétienne sont motivés par l'amour et par l'exemple de Dieu et non par la contrainte ou sur commandement de Dieu.
2. Désirer manifester l'amour de Dieu à travers leur propre vie de sacrifice.
3. Rechercher des moyens d'exprimer l'amour de Dieu.

PERSPECTIVE
Toute personne qui déclare que la vie chrétienne est facile ne vit probablement pas une vie chrétienne. C'est une vie de discipline et de sacrifice. Si ces composantes ostensiblement négatives de la vie chrétienne sont considérées comme des obligations ou des moyens d'éviter le châtiment ou des réponses à la culpabilité alors la vie chrétienne revient à porter un fardeau lourd et détestable… comme c'est le cas en réalité pour de nombreux jeunes.

Mais si la discipline et le sacrifice sont considérés comme des actes d'amour, librement acceptés comme des réponses à l'exemple de Dieu alors la vie chrétienne devient joyeuse et gratifiante.

Cette leçon vise à mettre vos étudiants devant le défi que représente l'appel à une vie disciplinée dans l'amour.

CONTEXTE BIBLIQUE
Ne laissez personne vous dire que comprendre la pensée de l'apôtre Paul est une chose aisée ! Juste quand vous pensez l'avoir cerné, il dévoile un autre niveau de compréhension et le sens vous échappe.

Quand vous lisez Galates et Éphésiens (tout comme ses autres lettres), une vérité magnifique se révèle en lettres majuscules : NOUS SOMMES JUSTIFIÉS PAR LA FOI ET NON PAR LES ŒUVRES ! Voilà ! Nous avons résumé ainsi la pensée de Paul en quelques mots ! Il est contre les règles, les lois et les restrictions. Il se réjouit dans la liberté, la grâce et la promesse.

Mais au moment où nous commençons à nous sentir confiants dans notre compréhension, l'apôtre nous soumet une liste de choses à faire et à ne pas faire, un catalogue de péchés ou une description d'un mode de vie approprié avec des détails et des spécificités qui raviraient les plus conservateurs et les plus légalistes. Que se passe-t-il ? Paul est-il un légaliste caché ? Est-il un théologien schizophrène ?

Non, il est juste profond. Il est un peu plus

difficile à lire que le dernier roman à la mode. Et pour le comprendre, il faut faire plus d'effort que pour comprendre le dernier show télévisé qui passe en direct.

Dans les chapitres que nous étudions dans cette leçon, Paul devient très spécifique, très pratique, très terre-à-terre. Ce faisant, il peut aussi sembler très légaliste. Notre défi sera d'explorer ces chapitres sans les ôter de leur contexte, sans contrarier les principes philosophiques et théologiques de base que Paul a eu tant de mal à établir parmi les Galates et les Éphésiens. Ce n'est pas une tâche aisée.

Il nous sera utile de commencer par parcourir les chapitres à la recherche « d'indices » des pensées thématiques ou théologiques que Paul nous donne comme lignes directrices. (Imaginez que vous identifiez ces indices en plaçant de petits drapeaux comme on le fait sur un parcours de golf.) Ces drapeaux nous aiderons dans la compréhension du contenu des chapitres.

Pour des raisons de commodité, voici une liste de certains de ces indices :

- « Devenez les imitateurs de Dieu » (5.1).
- « marchez dans la charité » (5.2).
- « marchez comme des enfants de lumière » (5.8).
- « Prenez donc garde de vous conduire avec circonspection, non comme des insensés, mais comme des sages; » (5.15).
- « vous soumettant les uns aux autres dans la crainte de Christ. » (5.21).

Chacune de ces déclarations est positive, encourageante et stimulante. On n'y trouve nulle part un signe de coercition, de menace ou de commandement. Paul défend la vie chrétienne comme un idéal, un objectif, un rêve.

C'est cette même approche que le président américain John Kennedy a utilisée pour encourager les jeunes au début des années 60 à donner leur vie en sacrifice pour « la nation idéale » qu'il avait imaginée et qu'il les avait amenés à imaginer avec lui pendant qu'ils venaient en masse s'inscrire dans le Corps de la Paix. C'est aussi l'approche que les militaires ont utilisée avec succès pour encourager des hommes et des femmes à s'engager volontairement dans le service militaire du pays. L'inspiration a toujours attiré plus de partisans que la culpabilité.

Tout vendeur, recruteur ou visionnaire digne de ce nom, sait que quand un public est saisi par l'enthousiasme du défi, la première question que chacun se pose est « Qu'est-ce que je fais ? » concrètement, maintenant.

Le contenu de ces chapitres est vraiment une réponse à cette question. Paul ne donne pas de listes de choses à faire et à ne pas faire. Il ne présente pas des règles et des lois. Il donne des exemples de moyens spécifiques par lesquels ceux qui désirent répondre à l'appel de l'amour et du sacrifice peuvent manifester leur dévotion.

Une autre chose qu'il faut avoir à l'esprit quand on étudie les spécificités que Paul donne dans ces chapitres, c'est qu'il s'adresse aux rachetés, à ceux qui ont déjà répondu à l'appel de la grâce. Tout comme un entraîneur de basketball ne tenterait pas d'imposer ses règles d'entraînement à tous les étudiants mais uniquement aux joueurs, il ne serait pas avisé de tenter d'imposer ces spécificités à ceux qui n'ont pas encore répondu à l'appel à devenir disciple. Bien que les règles concernant l'alimentation et le sommeil seraient certainement bénéfiques pour tous les étudiants, elles représenteraient une corvée pour la majorité des étudiants, à l'exception de ceux qui ont accepté le défi enthousiasmant et gratifiant que représente l'intégration dans une équipe. De même, les sacrifices et la discipline de la vie chrétienne semblent peu attrayants à la plupart des non chrétiens (spécialement, il semble, pour les jeunes élevés dans l'église). Nous devons donc prendre garde à ne pas imposer nos « règles d'entraînement » aux autres.

ABORDER LA PAROLE
Règles d'entraînement

Plusieurs de vos étudiants seront probablement inscrits dans une équipe d'athlétisme et connaîtront probablement des entraîneurs comme ceux décrits ci-dessous. Avant le cours, demandez à trois de vos jeunes d'étudier l'interview de radio et de se préparer à la présenter.

Bien entendu, l'illustration ici concerne les « règles d'entraînement » et la manière de les approcher. Lorsqu'elles sont simplement imposées avec des culpabilisations et des menaces, elles ne sont pas très attirantes et elles ne donnent pas vraiment envie de jouer dans l'équipe. Cependant, quand les règles sont expliquées comme faisant partie du moyen d'atteindre un objectif magnifique et motivant et quand la participation dans l'équipe est une chose enthousiasmante alors les règles sont adoptées.

Sans enseigner la leçon à ce stade, assurez-vous que vos jeunes comprennent cette illustration en discutant les questions posées à la fin de l'interview.

Dans la ville de South Pass il y a deux lycées, le Lycée Central et le Lycée Jackson. Les deux lycées ont une équipe de football.

Au lycée Central, presque tous les garçons en classe de seconde veulent faire partie de l'équipe de football (ou de basketball ou baseball ou tout autre sport populaire dans votre pays). Le premier jour d'entraînement, c'est comme dans un asile de fous, tout le monde crie pour être remarqué. Le coach Peak passe plusieurs semaines à réduire la liste des candidats pour former une équipe de taille gérable. Le jour où la liste des candidats supprimés est affichée, beaucoup de garçons sont déçus.

Au Lycée Jackson, cependant, le coach Bellows a bien du mal à trouver des candidats pour former son équipe. Il doit les supplier, les menacer et même les soudoyer pour qu'ils viennent au football. Chaque année il ne sait pas s'il aura assez d'athlètes pour participer à la première rencontre.

Alan Rockson, le DJ de la radio locale, réalise une interview des deux coachs avant la saison de football et il leur pose des questions sur leurs techniques. Écoutons :

ALAN: Coach Peak, comment réussissez-vous à avoir tant de candidats pour former votre équipe ?

COACH PEAK: Je ne sais vraiment pas, Alan. À la réunion d'orientation, je leur dis simplement ce que c'est que d'appartenir à une équipe gagnante. Vous savez: ce que l'on ressent quand on a des co-équipiers qui vous aiment et qui feraient n'importe quoi pour vous. La sécurité d'appartenir à un groupe. Le sens du devoir accompli quand on a fait de son mieux. Je leur parle du fait de se tenir la tête haute parce que l'on appartient à la plus grande organisation du monde. Je parle de certains de nos anciens joueurs qui sont devenus non seulement des athlètes modèles mais aussi des leaders dans le monde des affaires et dans le civil. Et je leur décris ce sentiment incroyable de victoire et de récompense quand on franchit les obstacles.

ALAN: J'ai entendu dire par certains de vos joueurs que vous aidez vos gars dans d'autres domaines que le football. Ils disent que vous feriez tout pour eux. J'ai même entendu dire que vous avez sacrifié certains de vos week-ends, après la saison de football, pour faire des choses avec eux ou pour les aider dans leurs études. Certains de vos anciens joueurs disent même que vous avez changé leur vie. Vos joueurs vous considèrent vraiment comme une idole, coach.

COACH PEAK: Eh bien, j'aime vraiment beaucoup mes joueurs. Ils sont comme des fils pour moi. C'est peut-être pour cela qu'ils travaillent si dur pour moi.

ALAN: À présent, faisons entrer coach Bellows dans la conversation. Et vous, coach? De quoi parlez-vous lors de l'orientation ?

COACH BELLOWS: Ben, je veux m'assurer que les gars qui pensent venir au football sachent dans quoi ils s'engagent. Je leur parle de nos règles d'entraînement : au lit tous les soirs au plus tard à 22h00, boire beaucoup de lait et manger des légumes, fini les fast-foods. Je leur dis qu'ils vont devoir laisser tomber certaines de leurs activités sociales pour être dans l'équipe. Ils manqueront plusieurs repas en famille. Ils devront se lever du lit très tôt pour les exercices avant les cours. Je les mets en garde par rapport aux blessures que les joueurs de football peuvent se faire. Je leur fais comprendre que jouer au football signifie faire de nombreux sacrifices ! Et je ne perds pas de temps à laisser ces enfants croire que juste parce qu'ils sont dans mon équipe ils ont une quelconque importance pour moi. Je suis là pour les mater !

ALAN: Et qu'en est-il de ceux dont vous ne voulez pas dans l'équipe ?

COACH BELLOWS: Les lâches qui ne se portent pas candidats pour l'équipe devraient avoir honte d'eux-mêmes et je le leur dis ! C'est un devoir de jouer au football à l'école ! Ils ne sont que des poules mouillées et des chochottes s'ils ne jouent pas. Et ils n'apprécient pas vraiment tout notre dur labeur s'ils ne nous soutiennent pas en suivant nos règles d'entraînement.

ALAN: Coach Peak, avez-vous des règles d'entraînement ?

COACH PEAK: Bien sûr mais nous ne parlons des règles qu'une fois que les gars ont saisi la vision d'un membre de l'équipe et d'un gagnant. Une fois que c'est fait, ils se moquent bien de savoir ce que cela leur coûte: ils veulent connaî-tre le goût de la victoire et de la fierté. Ils sont volontaires pour faire des sacrifices pour leurs co-équipiers et pour eux-mêmes. Quand ils ont une vision de l'objectif, ils en payent le prix.

ALAN: Est-ce que vous suggérez que ceux qui ne viennent pas se porter candidats pour intégrer l'équipe devraient se sentir coupables ou qu'ils devraient suivre vos règles d'entraînement juste parce que les règles sont bonnes pour eux ?

COACH PEAK: Oh bon sang, non! Ces règles d'entraînement sont pour les athlètes, pas pour les autres. Certes, ces règles seraient utiles aux autres aussi, mais qui voudra suivre de telles règles s'il ou elle ne fait pas partie de l'équipe ? Pourquoi suivre une telle discipline quand on ne peut pas participer à la victoire ?

ALAN: Ben, je suppose que cela résume bien la situation. Nous laissons nos auditeurs décider pourquoi tant de gars veulent jouer pour le coach Peak au Lycée Central et si peu de gars veulent jouer pour le coach Bellows au Lycée Jackson.

• Avez-vous une idée de la raison pour laquelle le coach Peak recrute plus de joueurs que le coach Bellows ?

• Le coach Peak ment-il à ses joueurs ?

• Le coach Bellows ment-il à ses joueurs ?

• A quelle équipe voudriez-vous appartenir ? Quelles règles d'entraînement voudriez-vous suivre ? Pourquoi ?

EXPLORER LA PAROLE

1. Les ténèbres contre la lumière (5.1-20)

C'est toujours difficile lorsque nous trouvons un passage avec une liste de choses à faire et à ne pas faire, spécialement lorsque nous lisons les lettres de Paul. Il se donne tant de peine dans tous ses écrits contre le légalisme que ce ne serait pas lui rendre service que de traiter un tel passage comme une liste de règles. Mais de quelle autre manière pouvons-nous l'aborder ? Lisons ces versets et trouvons la solution.

Après avoir lu cette section à haute voix pour toute la classe, répondez aux questions :

1. Lisez les versets 1, 2, 8, 15 et 16. Ces versets semblent apporter un cadre pour tout le reste dans cette section. Si c'est le cas, que disent ces versets ?

2. Maintenant, lisez les versets 9-14 et 17. Ces versets apportent un second cadre. Que disent ces versets ?

3. Le premier groupe de versets donne le cadre philosophique de Paul : il veut que nous vivions une vie à l'image de Dieu, remplie d'amour, de lumière et de sagesse. Le deuxième groupe, donne le second cadre de Paul : nous pouvons mieux servir Dieu en comprenant sa volonté. Étant donné ce contexte, comment devrions-nous lire les listes aux versets 3-7 et 18-20 ? Devrait-on les lire comme des listes de règles et de lois ou comme une liste d'exemples ? Quelle est la différence ?

4. Maintenant que nous avons une meilleure compréhension de l'utilisation prévue par Paul pour cette liste, regardons-la de plus près. Lisez les versets 3-7 et 18-20. Ne négligez pas le fait que Paul identifie les activités positives et les activités négatives à éviter. Quels éléments de cette liste devez-vous travailler ?

2. La soumission dans le mariage (5.21-33)

Si Paul avait la moindre idée des problèmes que les prochains versets allaient causer dans les siècles suivant leur écriture, il est probable qu'il les aurait quand même écrits ! Mais il aurait peut-être changé l'ordre juste pour que les choses soient plus claires. Ce sont des versets dangereux, alors lisez-les avec attention. Puis, répondez aux questions suivantes :

1. Le verset 21 est le verset clé de cette section et du passage suivant. Il apporte la motivation première de tout ce qui suit. Pouvez-vous exprimer cette motivation avec vos propres mots ?

2. Bien trop souvent dans le passé, les versets 22-24 ont été lus sans les versets 25-33. Ainsi, afin d'éviter cela, consultons d'abord le dernier passage ! Aux versets 25b-27, Paul parle de ce que Christ a fait pour l'église. Résumez ces versets en une phrase.

3. Aux versets 28-29a, Paul présente de nombreuses instructions pour les maris. Résumez ce que dit Paul.

4. À présent, regardons les versets 22-24. Puisque les maris chrétiens aiment leurs femmes autant qu'eux-mêmes et puisqu'ils veulent sans doute donner leur vie pour leurs épouses, comment les femmes devraient-elles répondre ?

5. À présent, lisez les versets 21, 31 et 33 encore une fois. En gardant ces trois versets à l'esprit, écrivez une déclaration pour résumer toute cette section.

3. Soumission dans d'autres relations (6.1-9)

Accrochez-vous bien: vous pourriez ne pas aimer cette section! Continuant sur le même thème, il introduit en 5.21 (« vous soumettant les uns aux autres dans la crainte de Christ »), Paul s'intéresse maintenant aux enfants et aux parents. Lisez les quatre premiers versets de cette section puis répondez à ces questions :

1. Encore une fois, les versets 1-3 sont souvent lus sans lire également le verset 4. En commençant avec le verset 4, quelles sont les instructions de Paul pour les parents ?

2. À présent, à la lecture des versets 1-3, quelles sont les instructions de Paul pour vous?

3. Souvenez-vous que ces versets doivent être lus avec le verset thème, 5.21. Est-ce que le fait de comprendre ce thème affecte votre sentiment face à ce verset ?

Lisez maintenant le reste de cette section, les versets 5-9. Paul parle des esclaves et des maîtres, une relation que nous ne connaissons plus (sauf si vous croyez que c'est une bonne description de votre relation avec votre grand frère ou votre grande sœur !) Mais cela ne veut pas dire que nous devrions ignorer cette section. Si vous insérez les mots « étudiant » ou « employé » à chaque fois que vous voyez le mot « esclave », et « professeur » ou « employeur » à chaque fois que vous voyez le mot « maître », vous pourriez trouver ce passage très pertinent.

4. En pensant particulièrement à la relation étudiant/professeur, les versets 6-7 signifient-ils quelque chose pour vous aujourd'hui ?

5. Si vous avez un emploi, vous soumettez-vous à votre patron comme à Christ, comme le suggère Paul au verset 5? En quoi cela changerait votre situation professionnelle ?

4. L'armure de Dieu (6.10-24)

Paul parle fréquemment de la bataille entre le bien et le mal, entre la nature pécheresse et la vie de l'Esprit, entre les ténèbres et la lumière. Dans ces versets, il nous dit comment nous pouvons nous préparer à affronter cette bataille, munis d'un équipement encore plus pointu que le meilleur équipement militaire utilisé dans le monde aujourd'hui.

Demandez à un étudiant de lire les versets à haute voix puis répondez ensemble aux questions suivantes :

1. Les versets 10-13 expliquent la métaphore de Paul pour exprimer la guerre spirituelle. Comment diriez-vous cela avec vos propres mots ?

2. Aux versets 14-17, l'apôtre cite les éléments spécifiques de l'armure portée par le soldat spirituel bien équipé. Lisez chacune de ces expressions lentement, en méditant sur chaque élément de l'armure. Votre tenue de combat est-elle prête ? Lesquels de ces éléments doivent être un peu travaillés ?

3. Au verset 18, Paul cite l'élément le plus important de cette armure, celui qui fait marcher tout le reste. Qu'est-ce ?

Posez à vos étudiants les questions suivantes : Paul a-t-il fait mouche aujourd'hui ? Avez-vous eu l'impression que Paul vous parlait directement à un moment ou à un autre ? Y a-t-il un domaine de votre vie que vous devez abandonner à Dieu avant que l'opportunité ne passe ?

Terminez la session en soulignant le concept (ou les concepts) qui selon vous a été le plus significatif pour votre classe.

VIVRE LA PAROLE

Marcher dans la charité

Comme toujours, les moments de conclusion de votre session sont importants. Pendant la session, regardez et écoutez attentivement pendant que vos jeunes réalisent ces activités. Soyez attentifs à ce qu'ils disent et à ce que dit le Saint-Esprit, cela vous aidera à discerner les parties du passage d'aujourd'hui qui ont été les plus efficaces.

Dans les passages que nous avons lus aujourd'hui, Paul nous a donné matière à penser. Il a établi l'exemple de Christ devant nous. Il a parlé de « marcher dans la charité » (5.2). Il a parlé de certains comportements et attitudes spécifiques. Il nous a encouragés à nous « soumettre » les uns aux autres: à nos parents, nos professeurs et nos patrons.

MA VIE,
C'EST LE CHRIST

PASSAGE A ÉTUDIER : Philippiens 1.1-30

VERSET CLÉ : « car Christ est ma vie, et la mort m'est un gain. » (Philippiens 1.21).

OBJETIFS DE L'ENSEIGNEMENT

Aider les étudiants à :

1. réaliser que le sens de la vie vient des valeurs spirituelles et non des possessions matérielles.
2. valoriser les qualités spirituelles qui donnent un sens à la vie.
3. engager leur vie pour servir Jésus-Chris

PERSPECTIVE

Qu'est-ce qui donne un sens à la vie ? L'instruction ? L'amour ? L'argent ? La réussite ? Sans quoi la vie semblerait dénuée de sens ? Paul n'a eu aucune peine à répondre à cette question. Pour lui, Christ était le sens de la vie, tant et si bien qu'il se réjouissait de la mort, non pas pour échapper à la vie mais pour faire encore plus l'expérience de Christ.

Dans un monde aux valeurs conflictuelles, vos jeunes sont à la recherche de quelque chose qui sera au centre de leur vie. Ils sont à la recherche de cette clé qui donnera un sens à leur vie. Cette leçon les aide à comprendre que la seule clé qui marche est la relation avec Jésus-Christ.

CONTEXTE BIBLIQUE

Dans chacune des lettres de Paul nous trouvons des bijoux de vérité et de réconfort qui parlent distinctement et significativement aux croyants. C'est certainement le cas pour la lettre aux Philippiens. Petit livre composé de seulement quatre chapitres, Philippiens nous révèle en partie le cœur du grand apôtre et même certains de ses messages les plus chaleureux et les plus inspirés.

Paul a tout d'abord visité la ville de Philippes pendant son deuxième voyage missionnaire (voir Actes 16.6-40). Il y a fondé la première église chrétienne répertoriée en Europe. C'est là qu'il a passé l'une de ses nombreuses nuits dans une prison romaine. Et c'est là que s'est produite l'une de ses plus fameuses évasions (ou libérations).

Comme dans le cas de la lettre aux Éphésiens, Paul écrit cette lettre du fond d'une prison romaine. C'est peut-être la même ou peut-être dans une prison précédente. Cela n'est vraiment pas important. Mais il est effectivement important que nous gardions constamment son statut à l'esprit alors que nous lisons cette lettre. Certaines choses n'ont de sens que si nous nous rappelons qu'il est en prison. D'autres éléments sont presque incroyables, si l'on considère son entourage.

Dans les premiers versets de ce chapitre, Paul révèle une affection pour les destinataires de sa lettre qui surpasse peut-être celle des autres lettres. Il est clair que Paul aime les Philippiens. Sa prière pour eux, mentionnée aux versets 9-11 est très belle.

En 1.12-18, nous commençons à voir la posture de l'apôtre par rapport à l'emprisonnement. Il exprime clairement qu'il croit que Dieu a un objectif pour lui à travers ses épreuves. Même en prison, Paul conserve son orientation missionnaire et évangéliste.

Comme beaucoup d'hommes l'ont fait en prison, Paul réfléchit sur sa vie et sur la possibilité de sa mort, qui est toujours une possibilité très réelle dans une prison romaine. Le résultat de sa réflexion aux versets 19-26 donne naissance à un des discours les plus stimulants de la Bible. Au verset 21, Paul dit : « car Christ est ma vie, et la mort m'est un gain. ». Cette phrase peut paraître énigmatique aux jeunes qui ne connaissent pas très bien les écrits de Paul. Mais pour ceux qui comprennent Paul, il est très clair que pour l'apôtre la vie et la mort ont un sens à cause de sa relation avec Christ.

On dit souvent que l'on voit la vie plus clairement lorsque l'on se rapproche de la mort. Nombre de personnes qui ont survécu à des expériences de mort imminente subissent un changement total de valeurs. Il y a quelque chose dans la mort qui nous donne une perspective sur la vie que nous ne pouvons pas avoir pendant que nous jouissons pleinement de la vie.

Les trois derniers versets développent cette idée. Ces versets nous montrent que Paul n'a pas peur de la mort; en fait, il la désire. Mais il ne s'agit pas ici de la lettre d'un homme dépressif ou suicidaire qui cherche à s'échapper. C'est la lettre d'un homme convaincu que la mort le mène vers une riche récompense et vers la communion fraternelle. Cependant, au moment où il écrit, il est probablement plus utile aux Philippiens s'il reste en vie. Et Paul veut rester en vie et continuer à servir le Christ et les premiers croyants.

Paul conclut le premier chapitre avec quelques remarques personnelles aux Philippiens, les encourageant à rester fermes face aux troubles et à l'opposition. Les Philippiens étaient sans doute face au même faux enseignement diffusé par les Judaïsants parmi les Galates. Et, bien entendu, ils étaient confrontés à une persécution constante de la part des non-croyants.

ABORDER LA PAROLE
Ce qui me motive dans la vie, c'est . . .

Commencez l'étude en demandant à vos étudiants : « Qu'est-ce qui vous motive dans la vie ? » Demandez-leur comment ils complèteraient la déclaration suivante : « Ce qui me motive dans la vie, c'est… ». Vous pouvez leur lire quelques unes des réponses suivantes pour commencer.

- « Ce qui me motive dans la vie, c'est les vacances. »
- « Ce qui me motive dans la vie, c'est d'avoir enfin 18 ans et de pouvoir quitter la maison de mes parents ! »
- « Ce qui me motive, c'est l'attente du jour où ce garçon super mignon de mon cours de physique va me demander de sortir avec lui. »
- « Ce qui me motive dans la vie, c'est la remise des diplômes. »

Puis demandez-leur : « Et vous, qu'est-ce qui vous motive dans la vie ? » Complétez la déclaration : « Ce qui me motive dans la vie, c'est… ».

Ecrivez leurs réponses au fur et à mesure sur un tableau ou sur un rétroprojecteur.

Cette activité a pour but d'aider à concentrer leur attention sur les valeurs, sur ce qui est vraiment important pour eux. Faites-en un jeu, ne leur faites ni remarques ni corrections. Ne « surspiritualisez » pas l'idée à ce stade de la leçon.

EXPLOREZ LA PAROLE

1. Présentation

Bienvenue dans l'étude du troisième livre, la lettre aux Philippiens. Nous allons parcourir ce livre. Des mots comme « joie » et « bonheur » sont fréquemment utilisés pour décrire son thème.

Ce livre, encore plus court que la lettre aux Galates ou la lettre aux Éphésiens, peut être lu en une seule séance sans aucun problème. Comme nous l'avons suggéré pour la lettre aux Galates, il est bon de lire et de relire ce petit livre aussi souvent que possible pendant son étude, peut-être même tous les jours ! Les deux ou trois premières lectures peuvent sembler ennuyeuses, mais ensuite, attention ! Des choses que vous n'aviez pas vues auparavant commencent à apparaître page après page. Cette méthode d'étude peut être très stimulante pour étudier un livre de la Bible, et peu de livres bibliques peuvent être étudiés de cette manière, aussi facilement que la lettre aux Philippiens.

Alors, commençons notre étude.

2. Une lettre d'amour (1.1-11)

Il serait difficile de lire cette courte lettre sans reconnaître l'affection réelle que devait avoir Paul envers les chrétiens de Philippes. Cette affection déborde de chaque verset !

Demandez à un étudiant de lire les 11 versets puis répondez ensemble aux questions suivantes :

1. Paul a guidé les habitants vers une relation avec Christ et il a fondé la première église chrétienne à Philippes au cours de son deuxième voyage missionnaire décrit en Actes 16.6-40. Lisez ce passage et résumez l'action principale en une ou deux phrases.

2. D'après vous, que dit Paul au verset 6 ?

3. Lisez lentement les versets 9-11, en faisant une pause après chaque segment de phrase pour laisser le sens pénétrer. Qu'est-ce qui vous interpelle dans ces versets ?

3. La joie même en prison (1.12-18)

Quand nous avons étudié la lettre aux Éphésiens, nous avons remarqué que Paul l'a écrite alors qu'il était en prison, probablement à Rome (voir Actes 28.16). Cette lettre aussi a été écrite en prison.

Demandez à un étudiant de lire ces versets puis répondez ensemble aux questions suivantes :

1. Que veut dire Paul par « ce qui m'est arrivé » (v. 12) ? Lisez 2 Corinthiens 6.4-5 et 11.23b-27 pour avoir des indices.

2. Tout ce qui « est arrivé » à Paul est arrivé, selon lui, dans un seul but. Quel est ce but ?

3. Quel a été la conséquence de l'emprisonnement de Paul ?

4. Peut-être que certains des amis de Paul essayaient de l'amener à se lamenter en soulignant que d'autres prédicateurs, avec des intentions moins pures, étaient libres pendant que lui était en prison. Comment répond-il à cette remarque (v. 15-18) ?

5. En dépit de toutes ses difficultés, quelle est l'attitude émotionnelle de Paul (v. 18) ?

4. La vie, la mort : tout en Christ (1.19-26)

Pour n'importe quel prisonnier enfermé dans une prison romaine du premier siècle, la mort était une pensée constante. Les Romains étaient cruels et, quelquefois, le châtiment arrivait sans avertissement. Les autres prisonniers pouvaient être violents. Souvent, les conditions physiques étaient telles que la mort était la bienvenue. De plus, bien sûr, la prison donnait à un homme de l'âge et de l'expérience de Paul le temps de réfléchir sur sa vie et sur l'œuvre de sa vie.

Demandez aux étudiants de lire ces versets et de répondre aux questions suivantes :

1. Au verset 20, Paul nous donne un aperçu de l'objectif qu'il poursuit dans la vie. Quel est-il ?

2. Le verset 21 est court et déroutant. Mais c'est un verset important. Relisez-le plusieurs fois jusqu'à ce que vous compreniez ce que dit Paul. Pouvez-vous exprimer ces pensées avec vos propres mots?

3. Quels sont les deux désirs que Paul oppose aux versets 23-24?

5. Persévérez! (1.27-30))

Après avoir conclu que Dieu va probablement le laisser vivre afin qu'il soit encore utile aux Philippiens, l'apôtre donne quelques conseils personnels aux croyants.

Demandez à un étudiant de lire les versets à haute voix, puis répondez ensemble aux questions suivantes :

1. Pensez à votre étude de la lettre aux Galates et aux problèmes que Paul soulevait dans cette lettre. Comment cela vous aide-t-il à comprendre les versets 27-28 ?

2. Au verset 29, Paul présente la souffrance presque comme un don. D'après vous, que veut-il dire ?

VIVRE LA PAROLE

« . . . la mort m'est un gain »

Il serait très facile de laisser cette leçon se détériorer et devenir progressivement un appel évangélique morbide du type « repentez-vous ou périssez » à cause de sa perspective évidente sur la mort. Mais vous devez à tout prix empêcher cela. La perspective sur la mort ne devrait pas être utilisée pour effrayer ou pour menacer. La question à se poser n'est pas : « Où passerez-vous l'éternité ? ». Au lieu de cela, la perspective sur l'amour devrait être utilisée pour aider à clarifier les valeurs.

Ici, les questions qui se posent sont : « Quelles sont ces choses qui ont une valeur si grande qu'elles survivront même après la mort ? Quelles sont ces choses qui ont une valeur si grande qu'elles donnent un sens à la vie ? »

Bien entendu, pour Paul, la seule réponse possible, c'est « Christ ». Seule la vie vécue en Christ et pour Christ en vaut la peine. Seule une relation avec Christ survivra à la mort.

Concluez la leçon avec cette perspective contrôlée, en manipulant avec sérieux mais sans morbidité l'idée de la mort. Impliquez vos étudiants, mais n'exploitez pas leurs peurs. Encouragez-les à examiner leurs propres structures de valeurs à la lumière de cette leçon.

La mort est une réalité à laquelle nous n'aimons pas penser, spécialement lorsque nous sommes jeunes. Mais nous ne pouvons pas l'éviter. Elle est dans les journaux, à la télévision, à la radio. Vous avez probablement connu l'expérience de la mort d'un être cher.

Doit-on avoir peur de la mort ? Doit-on l'éviter à tout prix ? La mort est-elle la « grande inconnue » ? La réponse à cette question dépend en grande partie du mode de vie que l'on mène.

Paul a dit : « Christ est ma vie, et la mort m'est un gain ».

Quand nous mourons, nous perdons tout : les biens, les amis, les emplois, les rêves. Nous perdons tout, sauf une chose : notre relation avec Jésus-Christ. C'est la seule chose que nous pouvons avoir en plus grande quantité après la mort. C'est la seule chose qui donne un sens à la vie et à la mort.

Comment est votre relation avec Christ ? Donne-t-elle un sens à votre vie ?

Si vous vous sentez à votre aise et si l'atmosphère de la classe est appropriée, terminez avec une opportunité d'évangélisation, en invitant vos étudiants à faire l'expérience de la seule valeur, la seule relation, qui donne un sens à la vie et à la mort.

8

L'ATTITUDE
DE CHRIST

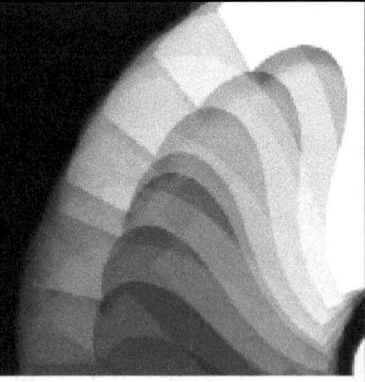

PASSAGE A ÉTUDIER : Philippiens 2.1-30

VERSET CLÉ : « Ayez en vous les sentiments qui étaient en Jésus Christ » (Philippiens 2.5).

OBJETIFS DE L'ENSEIGNEMENT

Aider les étudiants à:
1. Voir en Christ le parfait exemple d'abnégation.
2. Désirer imiter l'exemple de Christ.
3. Examiner leur vie à la recherche des attitudes et des actions égoïstes

PERSPECTIVE

Dans les années 1970, les étagères des librairies étaient lourdes de livres abordant le sujet de l'individualité. Cette décennie a été surnommée à juste titre la « Décennie du moi ». Chose bizarre, la décennie 70 n'était pas particulièrement différente de celle des années 60 ou 50 ni, d'ailleurs, de celle des années 80 ou 90. En réalité, dans toutes les décennies, les personnes ont cherché à mettre leur individualité au premier plan.

De nombreuses caractéristiques émotionnelles et psychologiques des adolescents les orientent naturellement vers l'égoïsme. Pendant cette période intense de formation de l'identité et d'indépendance accrue par rapport aux figures d'autorité, les jeunes sont presque naturellement centrés sur eux-mêmes. Christ, cependant, appelle à l'abnégation et à l'humilité. Cette leçon tentera de distinguer entre humilité et faible estime de soi, un des pièges de l'adolescence, et de trouver un équilibre entre l'égoïsme et l'abnégation.

CONTEXTE BIBLIQUE

Dans tous ses écrits, Paul se concentre sur quelques préoccupations centrales : le salut à travers la foi, l'appel de Dieu adressé aux Gentils et l'unité dans l'Église. C'est sur ce dernier thème que Paul s'attarde dans ce chapitre.

Dans les quatre premiers versets, l'apôtre lance un appel très personnel aux Philippiens; il les appelle à avoir « une même pensée » et à être unis, pour que sa « joie [soit] parfaite » (v. 2). Ensuite, au verset 5, il oriente leur attention vers Christ Jésus présenté comme l'exemple de l'attitude qu'il les encourage à adopter.

Les six versets suivants (v. 6-11) forment l'un des plus beaux et des plus profonds passages de tout le Nouveau Testament. C'est aussi le plus significatif sur le plan théologique. Si vous lisez la Bible Version Semeur ou une autre traduction moderne, vous verrez que ces versets sont composés différemment, sous forme de poème. C'est parce que Paul est en fait en train de citer les paroles d'un poème ou peut-être d'un chant.

Il n'est pas rare de nos jours de trouver les paroles d'un poème ou d'un chant insérées dans les textes en guise d'illustration. Les prédicateurs le font souvent dans leurs sermons.

Ce poème ou chant que Paul cite est probablement un texte connu des Philippiens. Il était peut-être connu de toutes les églises du premier siècle. Peut-être Paul l'avait-il enseigné à toutes les églises qu'il avait fondées au cours de ses voyages missionnaires. Vraisemblablement, il s'agit d'une de ses propres compositions.

Le poème peut être divisé en deux sections. La première, du verset 6 au verset 8, représente l'une des plus fortes déclarations sur la dualité humain/divin de Jésus-Christ dans le Nouveau Testament. Sans hésitation ou qualification, Paul affirme que Jésus-Christ était : « de condition divine » et l'égal de Dieu (v.6 Semeur). Ce verset constitue l'épine dorsale de la doctrine de la Trinité, qui déclare que Jésus-Christ n'est pas un partenaire inférieur à Dieu mais qu'Il est Dieu.

Cette section continue en décrivant l'acte d'abnégation de Christ quand Il prend la « véritable nature » de l'être humain, s'humiliant jusqu'à la crucifixion. Encore une fois, il n'y a ni hésitation ni qualification. Jésus-Christ n'est pas simplement apparu comme un « humain » ; Il était humain. C'est, bien entendu, un des plus grands mystères de la théologie chrétienne, selon lequel Jésus-Christ était, en même temps, à la fois entièrement Dieu et entièrement humain.

L'équilibre de cet incroyable poème est un hymne de louange à Jésus-Christ, indiquant sa position exaltée dans l'univers. L'expression « Jésus-Christ est Seigneur » au verset 11 est considérée par beaucoup comme la plus ancienne confession ou liturgie de l'Église. Cette simple déclaration comprend l'entièreté de la foi chrétienne. En faisant cette déclaration, le chrétien du premier siècle reconnaissait son abandon complet au règne de Christ. Cette expression était probablement utilisée comme confession au moment du baptême, comme un élément liturgique récité à haute voix par les congrégations,

et même comme une salutation entre Chrétiens.

Après ce moment de sublime louange, Paul revient sur terre avec un conseil pour les Philippiens, il leur conseille de « travailler » pour leur salut avec « crainte et tremblements » (v. 12). Ce langage semble bizarre pour un apôtre de la grâce. Il est important de comprendre que le temps de ce verbe est progressif ; l'idée est traduite de manière plus précise dans la version Semeur « faites donc fructifier ». Comparez cela avec 1.6 où Paul parle de la nature progressive du salut. On a noté que le Nouveau Testament renvoie au salut sous différents aspects. Nous avons été sauvés par l'action de Christ sur la croix. Nous sommes sauvés dans le temps présent à travers notre croyance en Christ et notre obéissance à sa Parole. Et nous serons sauvés au jour du Jugement quand les justes seront emmenés vers la récompense éternelle. Il est important de comprendre que le fait « d'être sauvés » n'est pas comme d'acheter une parcelle de terrain qui, une fois achetée, reste en possession du propriétaire. Au contraire, être sauvé c'est comme tomber amoureux. Il y a un commencement, mais le sentiment continue à travers la fidélité de la relation, le sentiment mûrit et évolue avec le temps.

Paul continue sur un mode très pratique, encourageant les Philippiens à faire « toutes choses sans murmures ni hésitations » (v. 14), une injonction que beaucoup d'entre nous, y compris les jeunes, ont bien du mal à respecter !

Ce chapitre se termine avec quelques mots sur deux compagnons de Paul. Le premier, Timothée, nous le connaissons bien car nous l'avons rencontré dans de nombreux passages du Nouveau Testament (voir Actes 16.1-3 ; 1 Corinthiens 4.17 ; 1 Timothée 1.2). Le second, Épaphrodite a été envoyé à Paul par les Philippiens pour l'aider pendant son emprisonnement. Cependant, Épaphrodite était tombé malade, mais au moment où Paul écrit la lettre, il est guéri. Paul renvoie le brave homme chez les Philippiens avec sa recommandation. (C'est probablement la raison immédiate de cette lettre.) Ces deux hommes sont des modèles de l'attitude à l'image de Christ dont Paul parlait au début du chapitre.

ABORDER LA PAROLE

Adoptez une attitude

Cet exercice demande à vos jeunes de choisir une activité préférée sur les deux qui leur sont présentées dans chaque choix. C'est un choix obligatoire, avec seulement deux options. Il ne peut y avoir de compromis entre les deux, aucune circonstance atténuante et aucune explication. Encouragez les étudiants à être honnêtes et donnez-leur du temps pour cocher une réponse dans chaque proposition.

QUE PRÉFÉREZ-VOUS...

___ jouer à des jeux vidéos avec un ami	ou	aider votre mère à faire les courses à l'épicerie ___
___ dépenser 7000 francs pour un nouveau CD	ou	mettre 5000 francs dans le panier des offrandes ___
___ être nommé « meilleur étudiant »	ou	voir votre meilleur ami recevoir cet honneur ___
___ aller voir un match de basketball ou de football	ou	surveiller vos plus jeunes frères et sœurs ___
___ passer deux semaines à Disney World	ou	participer pendant deux semaines à la construction d'une école ___
___ regarder votre émission de télé préférée	ou	aider un frère/une sœur à faire ses devoirs ___
___ aller en colonie de vacance	ou	aider un enfant dans le besoin à aller en vacance ___
___ écouter le dernier tube à la mode	ou	sortir les poubelles ___
___ recevoir un super cadeau d'anniversaire	ou	offrir un super cadeau d'anniversaire ___
___ passer le samedi après-midi à faire du shopping	ou	passer la journée à peindre la maison d'une femme âgée ___

Après avoir choisi une option dans chaque proposition, ils doivent additionner leurs points dans chaque colonne. Donnez-leur ce barème pour qu'ils se notent eux-mêmes.

9-10 points dans la colonne de droite = P r ê t pour la sainteté

7-8 points dans la colonne de droite = Récompense du citoyen du mois

5-6 points dans la colonne de droite = Enfant modèle

3-4 points dans la colonne de droite = Ado plutôt normal

0-2 points dans la colonne de droite = Enfant gâté et égoïste

Prenez soin de ne pas « sur-spiritualiser » cette activité. Faites-en un jeu : vous pouvez par exemple remettre une récompense (un miroir de poche) au pire « enfant gâté et égoïste » de la classe et une autre (une auréole en papier) au « jeune le plus saint ».

EXPLORER LA PAROLE

1. Présentation

Comment réagiriez-vous si quelqu'un vous disait que le plus grand passage de tout le Nouveau Testament se trouve dans ce chapitre? Votre réponse serait-elle : « Et alors ? ». Ou bien, prendriez-vous vite votre Bible pour chercher ce chapitre et le lire avec enthousiasme ?

Eh bien, certaines personnes pensent réellement que le plus grand passage de tout le Nouveau Testament se trouve en Philippiens 2.6-11, mais cet honneur pourrait être fait à de nombreux autres passages.

Le fait est que le plus grand passage de tout le Nouveau Testament aujourd'hui, c'est n'importe quel passage utilisé par le Saint-Esprit pour vous parler. Etudions ce chapitre avec enthousiasme, à la recherche de tout ce que l'Esprit nous réserve.

2. Unité Chrétienne (2.1-4)

Plus vous lisez les écrits de Paul, plus vous comprenez qu'il y a deux ou trois thèmes qui forment l'essentiel de sa pensée. Un de ces thèmes est l'unité dans le Corps de Christ. Demandez à un étudiant de lire ces versets puis répondez ensemble aux questions suivantes :

1. Comparez ces versets avec Éphésiens 4.1-6, 15-16. Quelles sont les ressemblances ?

2. Ne vous perdez pas dans les conjonctions de subordination « si » au début de cette section. Elles introduisent toutes des idées similaires. Pouvez-vous les résumer en une seule proposition commençant avec la conjonction « si » ?

3. La principale idée de la phrase commence au verset 2. Comment les Philippiens peuvent-ils rendre la joie de Paul parfaite ?

4. Aux versets 3-4 Paul nous donne plusieurs « remèdes » ou solutions face au manque d'unité. Citez-les.

5. Ces versets fournissent une bonne liste de vérifications que le Saint-Esprit pourrait utiliser pour vous parler. Prenez le temps de lire et de méditer sur ces versets. Des réactions ?

3. Un chant de louange (2.5-11)

Vous est-il déjà arrivé de vous souvenir des paroles d'une chanson populaire ou d'un poème appris à l'école, ou même d'un chant, pendant que vous écrivez une lettre à un ami ? Peut-être avez-vous pensé à inclure ces paroles dans votre lettre pour illustrer votre pensée.

Peut-être que votre pasteur cite souvent des chants ou des poèmes dans ses sermons.

C'est probablement ce qui s'est passé dans ce merveilleux passage. Le thème de l'unité chrétienne dont Paul parlait aux versets 1-4 lui a évoqué un poème, probablement un chant. Peut-être un chant qu'il a lui-même composé. Peut-être était-ce un chant régulièrement chanté dans les églises du premier siècle. Peut-être que Paul avait enseigné ce chant à toutes les églises lors de ses voyages missionnaires. C'est la raison pour laquelle cette section est présentée de manière différente dans certaines traductions de la Bible, sous la forme d'un poème.

Quelle que soit l'origine de ce poème ou de ce chant que Paul cite aux Philippiens, c'est l'un des passages les plus beaux et les plus significatifs d'un point de vue théologique. (Utilisez la Bible version Semeur pour l'exercice)

Lisez-le lentement et soigneusement à la classe, puis demandez aux étudiants de répondre aux questions.

1. Bien sûr, l'expression « Lui qui » au verset 6 renvoie à Christ Jésus, nommé dans le verset précédent. La première expression du verset 6 est l'une des plus grandes et des plus mystérieuses vérités théologiques. Que signifie : « était de condition divine » ?

2. Jésus-Christ, qui n'était pas un compagnon ou un partenaire de Dieu mais qui était Dieu lui-même, a fait quelque chose volontairement pour nous (v.7-8). Qu'a-t-il fait ? Qu'est-ce que cela vous inspire ?

3. Les versets 9-11 forment un chant de louange. Prenez un peu plus de temps que d'habitude pour cette étude et méditez sur ces trois versets. Des réactions ?

4. On a dit que ces quatre mots du verset 11, « Jésus-Christ est Seigneur » forment la première liturgie ou confession de l'Église. Ce qui veut dire que c'était peut-être la première déclaration que les Chrétiens prononçaient à l'unisson. Ces quatre mots forment la base absolue de la croyance chrétienne depuis plus de 2 000 ans. Pourriez-vous les prononcer à haute voix maintenant et écouter dans votre âme les voix des milliers de Chrétiens dans tous les siècles qui ont affirmé cette grande vérité avec vous ?

5. Avant d'en finir avec ce chant, rappelons-nous pourquoi Paul l'a inclus. Il dit au verset 5 : « Ayez en vous les sentiments qui étaient en Jésus-Christ » puis il cite le chant. Quelle attitude de Christ Jésus nous est présentée dans ce chant ? Est-ce aussi votre attitude ?

4. Brillez comme des flambeaux (2.12-18)

Après ce passage très lourd de sens, Paul nous ramène sur terre avec des commentaires très pratiques.

Demandez à un étudiant de lire ces versets à haute voix puis répondez ensemble aux questions suivantes :

1. Au verset 12, Paul dit « travaillez à votre salut ». Après tout ce qu'il a dit sur la grâce, sur le salut obtenu par la foi et non par les œuvres, comment peut-il dire cela aux Philippiens ? Voici deux indices : tout d'abord le verbe exprime une progression, ce qui veut dire qu'il parle d'une chose qui s'est déjà produite et qui dure dans le temps, comme l'exprime plus clairement la Bible version Semeur : « faites fructifier votre salut ». Deuxièmement, comparez ce verset avec le verset 1.6. A présent, d'après vous, que dit Paul ?

2. Prenez garde au verset 14. Il vous sautera probablement aux yeux. Pensez-vous que c'est réellement ce que Paul veut dire ? Est-ce possible ? Quelle est votre réaction ?

3. Remarquez qu'au verset 15, Paul n'espère pas que les Philippiens vont peut-être « briller comme des flambeaux » s'ils suivent toutes ses instructions. Il dit qu'ils brillent déjà « comme des flambeaux dans le monde ». Lisez attentivement les expressions avant et après ces mots. Que dit-il ? Brillez-vous comme des flambeaux dans le monde ?

5. Les compagnons de travail (2.19-30)

Nous oublions quelquefois que Paul était toujours entouré de personnes qui l'aidaient dans ses aventures missionnaires. Il suffit de lire certaines pages du Livre des Actes pour se rendre compte que le nom de Paul est toujours lié à celui de ses compagnons. Même en prison, Paul a des personnes autour de lui. Ce passage les concerne.

Demandez à un étudiant de lire les versets à haute voix puis répondez ensemble aux questions suivantes :

1. Que savez-vous de Timothée? (Consultez Actes 16.1-3 ; 1 Corinthiens 4.17 ; 1 Timothée 1.2.) Comment décririez-vous la relation entre Paul et Timothée ?

2. Épaphrodite était un membre de l'église de Philippes qui avait été envoyé par la congrégation pour aider Paul pendant qu'il était en prison. Que lui est-il arrivé pendant qu'il était avec Paul ?

3. Ces versets peuvent sembler moins importants, spécialement lorsqu'on les compare aux incroyables versets au début du chapitre mais ils nous donnent une image de Paul, une image de la manière dont il travaillait, une image de l'attitude de l'église primitive. Que pouvez-vous apprendre de ces versets ?

VIVRE LA PAROLE

Quelle est votre attitude?

Cette activité demande à vos étudiants d'examiner leur vie et d'évaluer leur propre tendance à l'égoïsme. Accordez-leur plusieurs minutes de « silence » pour répondre aux questions ci-dessous. Assurez-leur que vous ne leur demanderez pas de partager leurs réponses avec qui que ce soit.

Être humble et rempli d'abnégation ne signifie pas avoir une faible estime de soi ou être une carpette que tout le monde piétine. C'est plutôt comprendre qui l'on est et quels dons on possède et partager à la fois sa personne et ses dons librement avec les autres. C'est abandonner volontairement ses droits si cela peut bénéficier à d'autres. C'est avoir l'attitude d'un serviteur, comme Christ Jésus.

• Dans quel domaine de votre vie rencontrez-vous le plus de difficultés : une attitude prétentieuse ou égoïste?

• Pouvez-vous citer une occasion précise au cours des derniers jours où vous avez été particulièrement égoïste ?

• Comment l'exemple de Christ peut-il vous aider à résister à l'égoïsme et à l'arrogance ?

• Que ferez-vous cette semaine pour y travailler?

Terminez la session avec une prière d'action de grâce pour l'exemple d'abnégation de Christ.

9 ATTEINDRE
L'OBJECTIF

PASSAGE A ÉTUDIER : Philippiens 3.1–4.23

VERSET CLÉ : « …mais je fais une chose : oubliant ce qui est en arrière et me portant vers ce qui est en avant, je cours vers le but, pour remporter le prix de la vocation céleste de Dieu en Jésus Christ. » (Philippiens 3.13b-14).

OBJETIFS DE L'ENSEIGNEMENT
Aider les étudiants à :
1. comprendre que la vie spirituelle est un voyage permanent et non une possession définitive.
2. désirer rester fidèles à l'appel de Christ malgré les épreuves et les échecs.
3. avoir confiance en Dieu pour les aider à rester fidèles.

PERSPECTIVE
Notre tradition théologique, qui met l'accent sur la nécessité d'une conversion à un moment précis, donne parfois l'idée que la vie spirituelle est une chose que l'on « obtient » ; et une fois qu'on la « possède », on la « garde » jusqu'à la mort, ou plus probablement, jusqu'au moment où on la « perd », et à ce moment là, on peut à nouveau « l'obtenir ».

Cette idée d'obtention et de possession peut nous ravir le riche aspect relationnel de la vie en Christ. Et elle peut nous laisser désarmés face aux épreuves et aux traumatismes qui peuvent endommager cette relation. Souvent, cette approche du salut est la cause principale de la vie spirituelle en montagnes russes que connaissent de nombreux jeunes.

L'objectif de cette leçon est d'aider vos étudiants à comprendre la nature de la persévérance spirituelle, de la croissance spirituelle et la ténacité spirituelle.

CONTEXTE BIBLIQUE
Au chapitre 3, Paul revient à un de ses thèmes récurrents : la circoncision. Ne mâchant pas ses mots, l'apôtre avertit les Philippiens de prendre garde aux Judaïsants qui pourraient les piéger en les incitant à placer leur confiance dans des opérations légalistes et externes pour leur salut. Bien que, de nos jours, nous ne nous querellions plus au sujet de la circoncision et du légalisme juif, nous avons notre propre manière de mettre notre « confiance dans la chair ». Tout ce sur quoi nous nous appuyons pour gagner la faveur de Dieu, l'importance de notre dîme, la fréquence avec laquelle nous allons à l'église, le nombre de fonctions que nous occupons dans l'église par élection ou par nomination, la fidélité de notre adhérence aux règles et aux pratiques de l'église, entre dans la catégorie de la « chair ».

Paul indique que, s'il y avait un concours de résistance aux œuvres de la « chair », il pourrait gagner. Son « niveau de spiritualité » rendrait jaloux les plus zélés des Judaïsants. Mais toutes ces choses ne sont que « vanités » en comparaison avec la relation avec Christ Jésus dont bénéficie Paul (v. 8).

Sans doute par crainte de donner l'impression de se vanter, Paul nous assure qu'il n'a pas encore « obtenu » la perfection spirituelle. (Comparez avec les commentaires sur le fait « d'obtenir » le salut dans la partie Perspective ci-dessus.) À ce stade, Paul utilise une métaphore de l'athlétisme pour illustrer son argument. La vie chrétienne est comme une course dans laquelle, en dépit de votre statut présent, que vous soyez en tête ou en queue de peloton, vous devez oublier « ce qui est en arrière », vous porter vers « ce qui est en avant » et courir « vers le but pour remporter le prix », qui est, bien entendu, la vie éternelle en Christ (v. 13-14).

Ici, Paul parle de la nature progressive du salut, comme nous l'avons vu dans la dernière leçon. (Voir le commentaire sur 2.12). Il dit : « au point où nous sommes parvenus, marchons d'un même pas » (v. 16).

Dans le quatrième chapitre, alors que l'épître tire à sa fin, Paul fait des commentaires spécifiques et personnels. Il incite deux membres de la congrégation de Philippes à régler leur différend (v. 2-3). Il enjoint les Philippiens à se réjouir « toujours dans le Seigneur » (v. 4). Et il leur donne le conseil de laisser leur esprit demeurer dans les bonnes choses, plutôt que de se soucier du mal (v. 8).

Dans ses paragraphes de conclusion, l'apôtre remercie les Philippiens pour leurs nombreux cadeaux personnels à son égard. En même temps, il leur assure qu'il n'est pas dans le besoin. Certes, étant en prison, Paul a de nombreux besoins. Mais il a appris à vivre au dessus des préoccupations matérielles.

ABORDER LA PAROLE
La version JEUNES

Lisez à haute voix Philippiens 3.18-21. Vous pouvez écrire les versets sur le tableau. Distribuez les versets parmi vos étudiants et demandez-leur de les réécrire avec leurs propres mots. Quand ils auront terminé, regroupez toutes les phrases des étudiants en une nouvelle version à écrire sur le tableau. Demandez-leur si le passage leur semble plus clair ou s'il a pris un sens différent. Demandez-leur ce qu'ils ont appris grâce à cette activité par rapport à ce que dit Paul dans ces versets.

EXPLORER LA PAROLE
1. Être un chrétien, c'est comme …

Demandez à un étudiant de lire à haute voix Philippiens 3.12-14. Puis lisez les quatre affirmations suivantes à vos étudiants (ou écrivez-les au tableau afin que tout le monde puisse lire) :

- Etre un chrétien, c'est comme gagner un prix : on a travaillé pour l'obtenir, on fait tout pour le garder!

- Etre un chrétien, c'est comme posséder un très précieux bijou : on doit le garder précieusement autrement on peut le perdre.

- Etre un chrétien, c'est comme être l'enfant de ses parents : c'est une chose dont on ne peut jamais se débarrasser, même si on le veut !

- Etre un chrétien, c'est comme faire une course : c'est un effort continu.

Demandez aux étudiants de dire laquelle de ces affirmations est la plus exacte. (Ne vous inquiétez pas s'ils donnent de mauvaises réponses. L'étude biblique sert à corriger ces erreurs.)

2. Les gains et les pertes (3.1-11)

Sur un autocollant de voiture très prisé, on peut lire : « C'est celui qui a le plus de gadgets qui GAGNE ! » De nombreuses personnes mènent leur vie en fonction de cette philosophie. Paul apporte quelques commentaires dans cette section concernant les gains et les pertes et concernant la nature de la réussite.

Demandez à un étudiant de lire les versets à haute voix puis répondez ensemble aux questions suivantes :

1. Quand vous lisez le verset 1, rappelez-vous que Paul écrit depuis sa prison et qu'il subit de nombreuses épreuves. Qu'est-ce que ces versets vous apprennent sur l'attitude de Paul ?

2. Le verset 2 est une référence aux Judaïsants qui prêchaient la circoncision et l'obéissance aux règles juives de l'Ancien Testament. Nous les connaissons bien, maintenant que nous avons lu les lettres aux Galates et Éphésiens. Si « les circoncis » sont ceux qui appartiennent au peuple de Dieu, Paul dit que « les circoncis c'est nous… » (v. 3). De qui parle-t-il ?

3. Au verset 3, Paul parle de ceux qui ne mettent point leur « confiance en la chair ». Que veut-il dire par là ? A quoi renvoie « la chair » ?

4. Aux versets 4-6, Paul établit une liste de ses « degrés » de spiritualité, c'est-à-dire les éléments de son CV qui ferait de lui un bon Judaïsant. Mais quel est son sentiment face à ces choses (v. 7)?

5. Aux versets 7-11, Paul nous donne un aperçu de son système de valeurs, de ce qui constitue pour lui un « gain ». Quel est le dernier élément de sa liste de valeurs ? Quel est le premier ?

3. Toujours plus loin, toujours plus haut (3.12–4.1)

Continuant sur le thème des gains et des pertes, sur le thème des véritables valeurs, Paul réfléchit un instant sur sa situation dans la vie. Ce faisant, il nous donne une riche nourriture spirituelle.

Demandez à un étudiant de lire ces versets à haute voix puis répondez ensemble aux questions suivantes :

1. D'après vous, à quoi se réfère Paul quand il dit « puisque moi aussi j'ai été saisi par Jésus-Christ » (v. 12)?

2. Paul utilise une métaphore de l'athlétisme aux versets 12-14. En quoi la vie spirituelle est-elle comparable à une course ?

3. Au verset 20, Paul dit que « notre cité à nous est dans les cieux ». Pensez à la signification de la citoyenneté. Que dit Paul ?

4. Lisez 3.13b-14, 16 et 4.1. À la lumière de ces versets, quel serait pour vous le thème de cette section ?

4. Dernières recommandations (4.2-9)

Comme toujours, quand Paul est sur le point de finir sa lettre, il avance une série d'instructions concernant la vie quotidienne en Christ.

Demandez à un étudiant de lire ces versets à haute voix, puis répondez ensemble aux questions suivantes :

1. Apparemment, un conflit opposait deux des femmes de la congrégation de Philippes. Que leur dit Paul ?

2. Lisez les versets 4-7 en vous souvenant que Paul leur écrit depuis la prison. Quel type d'esprit doit-on avoir pour être capable de maintenir ce type d'attitude ? Seriez-vous capable de maintenir cette attitude en prison ?

3. Le verset 8 vaut la peine d'être mémorisé. Ne passez pas trop vite sur les propositions successives qui débutent avec les mots « tout ce qui est ». Méditez chaque portion de la phrase. Que vous dit Paul dans ce verset ? Qu'est-ce qui occupe généralement vos pensées ?

5. Merci pour les souvernis (4.2-9)

Paul conclut sa lettre avec une action de grâce pour l'aide apportée par les Philippiens alors qu'il se trouve en prison. Encore une fois, son affection pour eux est claire.

Demandez à un étudiant de lire ces derniers versets puis répondez ensemble aux questions :

1. Lisez les versets 11 et 12 attentivement. Pensez-vous que Paul dit la vérité ? Pensez-vous que la plupart des gens que vous connaissez, vos amis et les membres de vos familles, pourraient dire cela ?

Pourriez-vous le dire ?

2. Au verset 13, Paul dit : « Je puis tout ». Que veut-il dire par « tout »?

3. Le verset 19 peut être copié sur une fiche et conservé dans un endroit où vous pourrez souvent le voir. Par « besoins » Paul désigne-t-il la dernière mode, le dernier CD ou la dernière voiture? Bien sûr que non. Que veut-il dire ?

Assurez-vous que vos étudiants comprennent ces concepts à la fin de cette section :

• La vie chrétienne n'est pas une chose que l'on possède, c'est une relation.

• La vie chrétienne est un effort continu, en constante évolution et en constant changement.

• Il arrive que l'on trébuche ou que l'on soit retardé, mais cela ne signifie pas que la vie chrétienne est terminée. Comme un coureur, un/e Chrétien/ne peut se relever, secouer la poussière et continuer à courir.

• Comme un effort athlétique, la vie chrétienne est aidée par la discipline, le dur labeur et la ténacité.

VIVRE LA PAROLE
Faire la course

Tout comme un coach qui donne ses dernières instructions avant la grande course, utilisez les moments de conclusion de cette session pour encourager vos étudiants à persévérer dans leur foi. Rappelez-leur la déclaration formidable de Paul en 4.13. Priez avec eux pour qu'ils aient le courage et la force de rester dans la course jusqu'à atteindre le but.

Dans les passages que nous avons étudiés dans cette leçon, Paul ressemble parfois à un coach qui donne un discours d'encouragements à son équipe avant la grande course : « Continuez ! Accrochez-vous ! Ne regardez pas en arrière ! Gardez les yeux fixés sur l'objectif ! Ne vous inquiétez pas ! Gardez un mental de gagnant ! » Si vous avez déjà été dans une équipe, vous avez probablement déjà entendu un coach parler ainsi. Et vous avez probablement déjà entendu des mots comme « persévérance » ou « ténacité » !

Qu'est-ce qui vous fait trébucher ou qui vous décourage dans votre course ? Quelles sont les épreuves ou les handicaps que vous supportez ?

Souvenez-vous des paroles de Paul : « Je puis tout par celui qui me fortifie. » (Phi 4.13).

Avant le cours, inscrivez les noms de vos étudiants sur des bouts de papiers et mélangez-les dans un chapeau (ou un autre contenant). Pendant cette activité, demandez à chaque étudiant de piocher un nom dans le chapeau. Vérifiez qu'ils ne piochent pas le papier avec leur propre nom. Ensuite, demandez à chaque étudiant d'écrire une note d'encouragement à la personne dont ils ont tiré le nom et de distribuer ces notes à la fin du cours.

10 LE PREMIER
NÉ DE TOUTE LA CRÉATION

PASSAGE A ÉTUDIER : Colossiens 1:1-29

VERSET CLÉ : « Car Dieu a voulu que toute plénitude habitât en lui ; il a voulu par lui réconcilier tout avec lui-même, tant ce qui est sur la terre que ce qui est dans les cieux, en faisant la paix par lui, par le sang de sa croix. » (Colossiens 1.19-20).

OBJETIFS DE L'ENSEIGNEMENT

Aider les étudiants à :

1. faire la différence entre la christologie orthodoxe et la christologie non orthodoxe.
2. apprécier la christologie orthodoxe à la fois en tant que vérité objective et en tant qu'avantage personnel.
3. rechercher la christologie orthodoxe dans les divers systèmes qu'ils rencontrent.

PERSPECTIVE

Dans les années 1970, le christianisme évangélique a connu un excès de sensationnalisme autour du phénomène des sectes, capitalisant sur l'ignorance de tous et sur la peur face aux nombreuses nouvelles sectes qui avaient surgi du mouvement « hippie ». Les articles dans les magasines chrétiens se concentraient sur ces sectes qui kidnappaient pratiquement leurs « victimes », les affamaient et les maltraitaient, tout en leur faisant un « lavage de cerveau » avec leurs principes hérétiques, avant de les forcer à travailler comme des esclaves ou des automates dans de petites communautés ou des aéroports. Bien que certaines de ces choses se soient réellement produites, le sensationnalisme autour de ce phénomène a eu une portée beaucoup plus large sur la plupart des Chrétiens.

Dans l'étude de Colossiens, on ne peut ignorer la préoccupation de Paul face à la fausse doctrine et aux hérésies qui menaçaient le tissu même de la théologie du premier siècle. Ces hérésies du premier siècle produisent encore des fausses doctrines de nos jours. Lorsqu'elles se présentent sous la forme de sectes « bizarres » ou extrêmes, nous pouvons généralement les reconnaître. Souvent, elles se présentent sous la forme de groupes acceptés, légitimes, qui ressemblent à des églises ; mais l'apparence de christianisme orthodoxe cache en réalité une théologie non orthodoxe. Les jeunes sont particulièrement vulnérables face à ces groupes.

Cette leçon portera sur la théologie orthodoxe de Christ et sur les hérésies, anciennes et modernes, qui déforment ou pervertissent cette théologie.

CONTEXTE BIBLIQUE

Alors que nous commençons notre étude du Livre des Colossiens, nous remarquons plusieurs ressemblances avec les trois premiers livres que nous avons étudiés, en particulier avec la lettre aux Éphésiens. Paul utilise à peu près le même format et traite à peu près les mêmes sujets.

On note toutefois de nombreuses différences. Premièrement, en Colossiens, Paul écrit à des Chrétiens qu'il n'a jamais rencontrés. Il n'a pas fondé d'église à Colosses et il ne connaît les habitants que de réputation. Autre différence : l'objectif spécifique de cette lettre.

Bien qu'il y eût de faux prophètes en Galatie, à Éphèse et à Philippes, ces derniers étaient principalement des Judaïsants qui enseignaient que les Gentils devaient devenir juifs et suivre les diverses lois et cérémonies juives de l'Ancien Testament pour devenir chrétiens. Il s'agissait principalement de Chrétiens d'origine juive qui n'étaient simplement pas prêts à abandonner leurs racines hébraïques.

À Colosses, cependant, une forme bien plus grave de fausse doctrine était enseignée. Nous devons comprendre clairement qu'au moment où Paul écrit, l'église chrétienne est encore dans son processus de formation. Sa hiérarchie, sa méthodologie, sa liturgie et sa théologie étaient toutes en cours d'élaboration. On peut dire que l'Église était en train de construire son bateau tout en navigant sur l'océan. On peut le voir dans les pages du Livre des Actes et dans les Épîtres de Paul.

Une des questions théologiques significatives avec lesquelles l'Église luttait concernait la christologie. (« La christologie » est un terme qui s'applique généralement à toute étude de Christ: sa vie, sa mission et sa nature. C'est un terme technique utilisé pour désigner une branche spécifique de la théologie : la théologie qui concerne Christ.) L'Église et ses leaders tentaient de répondre à cette question : « Qui est/était Jésus-Christ ? ».

Pour nous, cette question semble si simple. Tout est dit dans les pages du Nouveau Testament et dans divers textes théologiques. Est-ce que tout le monde ne sait pas qui était et qui est Jésus-Christ ?

Mais souvenez-vous qu'à l'époque où Paul écrit, il n'y a pas de Nouveau Testament. La théologie standard ou orthodoxe découlait des décisions prises par les personnes concernées. Ce que nous considérons aujourd'hui comme étant « orthodoxe » c'est la théologie qui a « remporté » le « concours » (grâce à l'œuvre du Saint-Esprit, c'est ce que nous croyons).

« L'hérésie des Colossiens » telle qu'elle a été portée à notre connaissance était une combinaison de philosophies chrétienne, juive, grecque et orientale. Elle avait plusieurs centres d'intérêt, y compris l'adoration des anges, la circoncision et le cérémonialisme. Le principal centre d'intérêt, qui préoccupait Paul et que nous allons étudier dans cette leçon, était une christologie déformée.

La plupart des conceptions hérétiques à Colosses provenaient d'un large groupe d'enseignements généralement classés dans la même catégorie sous le nom de gnosticisme (prononcez le g au début du mot). Les principales philosophies du gnosticisme étaient les suivantes :

1. Toutes les choses spirituelles sont bonnes ; toutes les choses matérielles (physiques) sont mauvaises.

2. Le spirituel et le matériel (le bien et le mal) ont toujours existé et existeront toujours.

3. Dieu est spirituel et bon, mais aussi très distant et saint. Ce Dieu ne pouvait avoir de contact avec les choses matérielles ou physiques, donc il ne pouvait pas être le créateur du monde.

4. De nombreuses « émanations » (sortes de photocopies) provenaient de ce Dieu ; chacune étant un peu plus éloignée de l'original. Christ est une de ces émanations, tout comme les anges et les autres êtres « célestes ».

5. La dernière des émanations est si éloignée de Dieu qu'elle est mauvaise, mais elle est tout de même un Dieu. C'est cette émanation qui a créé le monde à partir des éléments physiques/matériels existants et mauvais.

6. Parce que le physique est mauvais, le bon Dieu n'aurait jamais pu prendre la forme d'un

humain. Par conséquent, Jésus était soit une apparition (le Christ apparaissant simplement sous forme humaine) soit un humain qui a simplement été temporairement habité par le Christ divin.

7. Parce que le spirituel est bon et le physique est mauvais, un humain ne peut être entièrement racheté aussi longtemps qu'il reste dans son corps. (Cette philosophie a entraîné la création de deux groupes. Ce premier a simplement abandonné l'idée de réconciliation et les membres gardaient leurs esprits « purs » tout en laissant leurs corps faire tout ce qu'ils voulaient. Dans le second groupe, les adeptes tentaient de meurtrir, affamer et nier leurs corps, dans l'espoir de les forcer à la soumission.)

8. Seules les personnes qui possèdent une « connaissance » spéciale peuvent comprendre la vérité et être sauvées. (Le gnosticisme vient du grec gnosis qui signifie connaissance.)

Dans la lettre aux Colossiens, Paul s'oppose à ces philosophies gnostiques avec certaines des déclarations les plus fortes concernant la nature de Christ dans le Nouveau Testament. En voici quelques unes :

1. Christ était présent et actif à la Création. Il n'a pas été créé (1.15-17).

2. Christ n'est pas une « émanation » ou une copie de Dieu. Il est entièrement Dieu, ayant la pleine nature divine (1.19 ; 2.9).

3. Quand Christ s'est incarné, Il est devenu entièrement humain, avec un corps physique (1.22).

4. En Christ, l'humanité peut être réconciliée avec Dieu (1.20, 22 ; 2.13).

Paul s'intéresse aussi à d'autres pratiques hérétiques enseignées à Colosses, y compris le culte des anges (2.18), le cérémonialisme (2.16), la connaissance « particulière » (2.18) et le traitement ascétique du corps (2.21-23) que nous n'avons pas le temps de traiter dans cette leçon.

Où tout cela nous mène-t-il ? De nombreux jeunes (et des adultes aussi) répondraient à cela en disant : « Et alors ? Tout ça ce n'est que du charabia du premier siècle. Il n'y a pas de gnostiques de nos jours. On ne trouvera pas dans les pages jaunes, sous la rubrique « Église », un groupe du genre « Première Église Gnostique » ou « Église Gnostique du Soleil ». Alors, pourquoi devrais-je m'en inquiéter ?

Pourtant, les philosophies du gnosticisme et autres hérésies du même genre existent encore au XXème siècle. Souvent, elles font partie de ces groupes théologiques que beaucoup assimilent simplement à d'autres dénominations, comme l'Église de Jésus-Christ des Derniers Jours (Mormons), les Témoins de Jéhovah, les Adventistes du Septième Jour, l'Église du Christ Scientiste, l'Église Mondiale de Dieu, l'École de l'Unité du Christianisme ou l'Église de l'Unification (« Moon »). Quelquefois, ces groupes semblent être des organisations para ecclésiastiques. (« Para ecclésiastique » renvoie aux groupes religieux qui réalisent les activités des églises sans être eux-mêmes des églises. Parmi ces organisations para ecclésiastiques légitimes, on peut citer : Campus Crusade, les Navigators et Youth for Christ.) Parmi ces groupes hérétiques qui semblent être simplement des groupes d'étude biblique ou des groupes de formation de disciples, on peut citer : Children of God et The Way International. D'autres groupes encore semblent être plutôt des philosophies que des religions, comme par exemple le Mouvement New Age, la Société Théosophique et la Scientologie.

Tous ces groupes, en dépit de leur apparence « normale » ou « tendance », contiennent des théologies hérétiques et non orthodoxes. Le premier avertissement est souvent leur christologie. Bien qu'elle puisse sembler orthodoxe en surface, ce n'est généralement pas le cas.

Par exemple :

• Les scientistes chrétiens ne croient pas en la divinité de Christ. Ils croient que Jésus était un homme bon qui incarnait la vérité plus que tout autre homme.

• Les Témoins de Jéhovah croient que Christ est un être qui a été créé, un véritable ange supérieur.

• Pour les Mormons, Jésus est en quelques sortes un « super-homme », un parfait exemple du type de Dieu que tous les humains peuvent devenir.

Une compréhension claire de la christologie orthodoxe et une ferme croyance en le Christ de la Bible nous protègeront (nous, et nos jeunes) et nous empêcheront de tomber dans les pièges de ces hérésies et des autres.

ABORDER LA PAROLE

Jésus-Christ était...

Cette activité établit une liste de 12 déclarations sur Jésus-Christ. Demandez à vos étudiants de choisir celles qu'ils croient vraies. Laissez-les travailler individuellement pendant quelques minutes et cocher toutes les affirmations avec lesquelles ils sont d'accord.

Puis, parcourez les affirmations une à une et demandez aux étudiants qui les ont cochées de lever la main. Ne faites aucun commentaire sur leurs choix à ce stade. Ne dites pas aux étudiants lesquelles de ces affirmations sont « fausses ». Ne montrez pas votre désaccord avec l'une ou l'autre de ces affirmations et ne laissez pas les étudiants débattre entre eux à propos des affirmations. Faites simplement un sondage. (Soyez attentif, vous pourriez être surpris !) Les affirmations orthodoxes, à propos, sont à la 2ème place et à la 11ème place.

Lesquelles des affirmations ci-dessous reflètent ce que vous croyez sur Jésus-Christ ? Vous pouvez en cocher autant que vous voulez.

_____ Jésus-Christ était l'être humain de plus parfait qui ait jamais existé sur cette terre.

_____ Jésus-Christ était présent et actif à la création du monde.

_____ Jésus-Christ était à moitié Dieu et à moitié homme.

_____ Jésus-Christ un homme super-saint que Dieu a choisi pour devenir son Fils, le Christ.

_____ Jésus-Christ est notre « grand frère », un exemple de ce que nous pouvons tous devenir.

_____ Jésus-Christ était Dieu sous l'apparence d'un homme. Il n'avait pas véritablement un corps physique.

_____ Jésus-Christ a été créé par Dieu.

_____ Dieu le Fils (Jésus-Christ), Dieu le Père et Dieu le Saint-Esprit sont les trois Dieux qui gouvernent cette terre.

_____ Jésus était un homme dévoué et obéissant et Dieu a choisi de vivre dans son corps entre le moment de son baptême et celui de sa mort ; au moment de la mort de Jésus, Dieu a quitté son corps.

_____ Jésus nous donne une idée de la perfection. Il n'a pas vraiment existé mais a été créé par les humains pour illustrer à quoi pourrait ressembler Dieu sous forme humaine.

_____ Jésus-Christ, bien que divin, avait un corps de chair et de sang.

_____ La vie de Jésus-Christ nous montre à quoi ressemble la vie d'un racheté, bien qu'il n'ait rien à voir avec notre propre rédemption.

EXPLORER LA PAROLE

1. Présentation

Bienvenus dans l'étude du quatrième livre, la lettre de Paul aux Colossiens. Ne souhaiteriez-vous pas avoir un ami aussi enclin à écrire des lettres?

Comme les trois premiers livres, celui-ci est court mais rempli de merveilleux enseignements. Vous pouvez lire ce livre en à peu près une demi-heure. Il serait bon de lire ce livre en entier plusieurs fois pendant cette étude. Cela vous aidera à garder le contexte à l'esprit quand vous étudierez des versets spécifiques.

2. Action de grâce et prière (1.1-14)

Pendant que vous lisez cette lettre, vous noterez de nombreuses similarités avec la lettre de l'apôtre aux Éphésiens. Elles ont probablement été écrites à la même époque, à partir de la même prison romaine. Elles étaient toutes deux destinées à être lues à haute voix à une seule congrégation ou à un groupe de congrégations. Elles traitent de nombreux sujets communs.

Mais elles présentent aussi des différences. Bien que Paul eût fondé l'église à Éphèse et qu'il connût bien les Éphésiens, il ne connaissait pas personnellement l'église de Colosses (voir 2.1). Il les connaissait indirectement, par leur réputation.

Demandez à un étudiant de lire ces versets à haute voix puis répondez ensemble aux questions :

1. Qu'est-ce Paul a entendu à propos des Colossiens ?

2. Qui était apparemment le fondateur de l'église de Colosses (v. 7) ?

3. Si vous lisez la Bible version Semeur, vous remarquerez la conjonction « car » qui introduit la deuxième phrase du verset 10. Cette conjonction signifie que ce qui suit est une explication ou une illustration de qui a été dit juste avant. Paul a dit juste avant : « Ainsi vous pourrez avoir une conduite digne du Seigneur et qui lui plaise à tous égards. » La phrase suivante introduite par « car » présente les moyens par lesquels les Colossiens peuvent plaire à Dieu et ces conseils sont aussi valables pour nous. Cette pensée continue tout au long du verset 12 et contient quatre exemples. Citez ces quatre exemples.

3. Un bijoux Christologique (1.15-20)

Pour commencer, une définition. Toute chose qui se rapporte à Christ, à sa mission ou à sa nature, peut être qualifiée de « christologique ».

Ces cinq versets comprennent une des affirmations christologiques les plus soigneusement écrites, les plus lourdes de sens et les plus précises théologiquement dans toute la Bible.

Alors que vous lisez cette section, rappelez-vous qu'au premier siècle, comme dans tous les siècles depuis cette époque, une des questions clés que se posait l'Église était : « Qui est le Christ ? ». À l'époque où Paul écrivait aux Colossiens, la théologie de l'Église était encore en formation. Evidemment, le Nouveau Testament était en cours d'écriture et l'Ancien Testament ne fournissait qu'une aide partielle sur les questions christologiques. De nombreuses théories ou théologies étaient avancées et circulaient à l'époque où Paul écrivait. L'objectif principal de ce passage, et en fait de la lettre, est de réfuter une ou plusieurs de ces fausses théories appelées « hérésies ».

Demandez à un étudiant de lire ces versets lentement et attentivement puis répondez ensemble aux questions :

1. Dans cette section, il y a plusieurs points principaux de théologie que nous considérons pour acquis. Nous supposons que l'Église a toujours enseigné ces choses et que tous les Chrétiens y croient. Pouvez-vous identifier ces principaux points ?

2. Sachant que Paul a écrit cette section pour réfuter une importante hérésie, nous pouvons reconstruire cette hérésie en prenant le contraire de tout dans ce passage. Je vais lire plusieurs déclarations de Paul. Après chaque déclaration, dites-moi le contraire.

a. « Tout a été créé par lui [Christ] et pour lui [Christ] » (v. 16).

b. « Il [Christ] est avant toutes choses » (v. 17).

c. « il [Christ] est… en tout le premier » (v. 18).

d. « Car Dieu a voulu que toute plénitude habitât en lui [Christ] » (v. 19).

e. « il [Dieu] a voulu par lui [Christ] réconcilier tout avec lui-même [Dieu] » (v. 20).

3. D'après vous, qu'affirmait l'hérésie que Paul réfutait ici ?

4. En quoi nos vies spirituelles auraient-elles été différentes si la théologie de Paul n'avait pas gagné la bataille face à cette hérésie ?

4. Réconciliation (1.21-23)

Dans cette section, Paul fait des déclarations christologiques et réfute encore une hérésie. Mais ces versets sont peut-être un peu plus personnels et pratiques.

Demandez à un étudiant de lire ces trois versets puis répondez ensemble aux questions :

1. Qu'est-ce qui entraîne l'aliénation ou la séparation d'avec Dieu ?

2. Au verset 22, l'apôtre continue la chasse aux hérésies. Il utilise deux expressions écrites avec beaucoup de précaution (version Semeur) : « son corps humain » et « livré à la mort ». Regardez encore les contraires de ces déclarations. Que savons-nous d'autre sur l'hérésie que Paul combattait ?

3. Remarquez aux versets 22-23 le même accent sur les aspects progressifs du salut que ceux dont nous avons parlé plus haut (voir Philippiens 1.6 ; 2.12-13 ; 3.12-16). Et nous avons là une compréhension claire

69

du rôle de Dieu dans le salut par rapport à notre rôle dans le salut. Pouvez-vous reformuler ce verset avec vos propres mots pour plus de clarté ?

5. L'oeuvre de l'apôtre (1.24-29)

Souvenez-vous que nous avons vu dans nos études précédentes que Paul était en prison, qu'il avait subi de nombreuses épreuves au nom de l'Évangile. Ces versets peuvent donner l'impression que Paul se vante ou qu'il se plaint, mais si vous les lisez attentivement, vous comprenez qu'il passe simplement sa vie et son œuvre en revue.

Demandez à un étudiant de lire ces versets à haute voix, puis répondez ensemble aux questions suivantes :

1. D'après vous, que veut dire Paul quand il dit : « ce qui manque aux souffrances de Christ, je l'achève en ma chair » (v. 24) ? (Consultez 2 Corinthiens 12.7-10.)

2. De quel « mystère » parle Paul aux versets 26-27 ?

VIVRE LA PAROLE

Je crois

La leçon doit évoluer à ce stade vers un niveau personnel, afin qu'elle n'en reste pas simplement à une discussion intéressante sur le phénomène des sectes. Demandez à vos étudiants de travailler individuellement, de choisir quatre choses qu'ils croient sur Jésus-Christ et de les écrire avec leurs propres mots sur une feuille.

Ensuite, demandez-leur de réfléchir à la raison pour laquelle ces déclarations sont importantes. Que se passerait-il si elles n'étaient pas vraies ? (Par exemple, si Christ n'était pas divin, simplement un homme très bon, comment pourrions-nous accepter comme vérité absolue tout ce qu'il nous dit ? Ne serait-il pas aussi susceptible que nous de se tromper ?)

Demandez-leur de revenir aux déclarations qu'ils ont écrites et d'expliquer pourquoi elles sont si importantes à leurs yeux et décrire leurs réponses sur une feuille.

Si le temps le permet, demandez à ceux qui le désirent de partager leurs réponses avec la classe.

Terminez la session avec une prière d'action de grâce pour notre héritage chrétien qui a été transmis à travers les siècles et pour la Parole et la volonté de Dieu qui nous sont accessibles à travers la Bible.

1 LA LIBERTÉ
EN CHRIST

PASSAGE A ÉTUDIER : Colossiens 2.1-23

VERSET CLÉ : « Ainsi donc, comme vous avez reçu le Seigneur Jésus Christ, marchez en lui, étant enracinés et fondés en lui, et affermis par la foi, d'après les instructions qui vous ont été données, et abondez en actions de grâces. » (Colossiens 2.6-7)

OBJETIFS DE L'ENSEIGNEMENT

Aider les étudiants à :

1. comprendre la nécessité de la croissance spirituelle après la conversion.

2. désirer devenir des Chrétiens matures à travers la croissance spirituelle.

3. déterminer des stratégies de croissance spirituelle.

PERSPECTIVE

Nous vivons dans un monde de « l'instantané » : la communication mondiale instantanée à travers les emails et l'Internet, les repas instantanés cuisinés au four à micro-ondes, la résolution instantanée des problèmes grâces aux ordinateurs très performants. Par conséquent, nous avons peu de patience pour les choses qui prennent du temps à accomplir.

Les jeunes qui ont grandi dans ce monde « instantané » pensent que tous les processus peuvent être raccourcis. Et ils ont tendance à avoir une vision binaire du monde, en terme de allumer/éteindre, noir/blanc, tout ou rien. Très souvent, cela se retourne contre eux et ils exigent d'eux-mêmes une perfection instantanée. Ils veulent être prêts pour le tournoi de tennis de Wimbledon après à peine une ou deux leçons de tennis. Ils veulent être capables de passer un examen après une seule lecture du cours. Et ils veulent être des Chrétiens matures dès qu'ils quittent le lieu de prière où ils ont invité Jésus-Christ à entrer dans leur cœur.

Cette leçon, comme la leçon 9, s'intéresse à la nature progressive de notre relation avec Christ. Alors que la leçon précédente insistait sur la persévérance, celle-ci insiste sur la croissance. Cette leçon aidera vos étudiants à établir des objectifs pour leur croissance spirituelle et à planifier des stratégies pour atteindre ces objectifs.

CONTEXTE BIBLIQUE

Il ne fait aucun doute que les personnes à qui Paul s'adresse dans la lettre aux Colossiens sont des Chrétiens nés de nouveau. Il commence la lettre avec une grande louange pour ces disciples qu'il n'a jamais rencontrés : « Nous rendons grâces à Dieu, le Père de notre Seigneur Jésus Christ, et nous ne cessons de prier pour vous, ayant été informés de votre foi en Jésus-Christ et de votre charité pour tous les saints » (1.3-4).

Paul continue en citant clairement à plusieurs reprises l'expérience de conversion de ses lecteurs, notant qu'ils sont passés de la mort spirituelle à la vie spirituelle : « Rendez grâces au Père, qui vous a rendus capables d'avoir part à l'héritage des saints dans la lumière » (1.12) ; « Et vous, qui étiez autrefois étrangers et ennemis… il vous a maintenant réconciliés… pour vous faire paraître devant lui saints » (1.21-22) ; « Vous qui étiez morts par vos offenses ;… il vous a rendus à la vie avec lui » (2.13).

En effet, Paul stipule clairement que les Chrétiens à Colosses sont « irrépréhensibles et sans reproche » aux yeux de Dieu (1.22). Et pourtant, en 1.24–2.5, l'apôtre parle de son œuvre en faveur des Colossiens (et d'autres), « exhortant tout homme, et instruisant tout homme en toute sagesse » afin qu'il puisse « présenter à Dieu tout homme devenu parfait en Christ » (1.28). On ne peut s'empêcher de demander : Si ces croyants sont irrépréhensibles et sans reproche », pourquoi ont-ils encore besoin d'être « parfaits en Christ » ? Comment peuvent-ils en même temps être « sans reproche » et néanmoins imparfaits ?

Il est utile de comprendre que le mot traduit par « parfait » en 1.28 a le sens de « complet » ou « mature », comme l'indiquent certaines versions modernes. Il ne signifie pas la perfection absolue dans le sens d'être totalement sans défauts.

Dans le monde spirituel, nous sommes déclarés « irrépréhensibles et sans reproches » dès que nous mettons notre confiance en Dieu pour notre salut. A travers cette grâce, Dieu ôte notre culpabilité et nous rend moralement purs et légalement innocents. Aussi longtemps que dure notre relation avec Christ, nous restons, aux yeux de Dieu, libres de toute culpabilité morale.

Cela ne signifie pas pour autant que nous sommes sans défauts. En tant que nouveaux Chrétiens, fraîchement sortis du monde, il nous manque de nombreuses qualités qui caractérisent la sainteté, et nous portons tout de même de nombreux traits qui caractérisent les non rachetés. Parce que nous vivions avant selon la nature pécheresse, nous avons des habitudes, des attitudes et des traits de caractère qui ne changent pas immédiatement quand nous devenons chrétiens.

C'est là que commence la croissance spirituelle. A travers l'étude, la discipline et quelquefois le dur labeur, tout cela sous la direction du Saint-Esprit, nous pouvons progressivement ressembler à Christ.

Établissons clairement qu'une telle progression n'altère en rien notre relation « légale » avec Dieu. Nous sommes justifiés par sa grâce et non pas nos œuvres. Mais le souhait du Chrétien devrait être de devenir plus comme le Maître jour après jour en « parole, en pensée et en action ».

À plusieurs reprises, Paul nous donne une idée de la nature de cette croissance spirituelle. En 1.9, il écrit qu'il prie pour que Dieu remplisse les Colossiens « de la connaissance de sa volonté, en toute sagesse et intelligence spirituelle ». En 1.10-11, il cite quatre caractéristiques de la croissance spirituelle :

• « portant des fruits en toutes sortes de bonnes œuvres »

• « croissant par la connaissance de Dieu »

• « fortifiés à tous égards par sa puissance glorieuse… en sorte que vous soyez toujours… persévérants et patients »

• « et avec joie »

En 2.2, il exprime son souhait qu'ils aient « le cœur rempli de consolation » et qu'ils soient « unis dans la charité » afin qu'ils puissent bénéficier « d'une pleine intelligence pour connaître le mystère de Dieu ».

ABORDER LA PAROLE

Parfait!

Avant de commencer le cours, demandez à l'un de vos étudiants de se préparer à lire l'histoire suivante.

Il était 4 heures du matin, John et Susan

étaient exténués. Mais ils étaient aussi très heureux car une heure auparavant, Susan avait donné naissance à un garçon de 4,2 kilos, leur premier enfant. À présent, ils étaient tous les deux dans la chambre d'hôpital de Susan, tenant dans leurs bras leur précieux cadeau de Dieu.

« Il est si beau ! » s'émerveillait Susan. « N'est-ce pas qu'il est beau, John ? »

« Je ne peux pas dire que j'ai déjà vu un si beau bébé ! » s'exclamait John, avec un soupçon de fierté.

« Il est absolument parfait ! » disait Susan dans un cri de joie.

« Eh bien, je ne pense pas que j'irai jusque là » dit John sur un ton plus réservé.

« Que veux-tu dire ? » répliqua Susan. « Il a dix orteils et 10 doigts, 2 yeux et 2 oreilles, une bouche et un nez et tout ce qu'il lui faut. Les médecins et les infirmières l'ont déclaré absolument en bonne santé. Il est tout ce dont nous avons toujours rêvé, ce pour quoi nous avons prié. Que pourrions-nous vouloir de plus ? Dieu nous a donné un enfant parfait ! »

« Oui mais, regarde, » remarqua John, « il n'a pas de cheveux. Et il est si petit. Il ne peut ni marcher, ni parler, ni tondre la pelouse. Je ne pense pas qu'il connaisse le théorème de Pythagore. Autant que je puisse dire, il ne sera pas en mesure de gagner un salaire décent avant deux bonnes dizaines d'années ! »

À ce stade, Susan avait finalement reconnu l'humour décalé qui l'avait attiré chez John quand ils s'étaient rencontrés pour la première fois. « Ce n'est pas gentil de taquiner quelqu'un qui a aussi sommeil que moi. En plus, il pourrait t'entendre ! Ses cheveux auront bien le temps de pousser ! Et puis, d'ici que tous ses cheveux poussent, toi, tu seras chauve : au rythme où tu perds tes cheveux ! Alors ne soyons pas trop pointilleux dans notre définition de la "perfection" ! »

Après la présentation de l'histoire, posez aux étudiants les questions suivantes :

• Que veut dire Susan quand elle dit que son bébé est « parfait » ?

• Qu'est-ce John, quant à lui, comprend par « parfait » ?

Assurez-vous qu'ils comprennent bien que par « parfait », Susan veut dire que le bébé a tout ce dont il a besoin, tout ce que l'on s'attend à voir chez un bébé, et tout ce qu'ils avaient espéré. Il est « parfait » à ses yeux. John, par contre, juge avec humour la « perfection » du bébé avec des critères adultes, indiquant qu'il n'est pas encore tout ce qu'il sera quand il sera grand.

EXPLORER LA PAROLE

1. L'oeuvre permanente de l'apôtre (2.1-5)

Demandez à un étudiant de lire cette section à la classe puis répondez ensemble aux questions :

1. En vous rappelant que Paul est dans une prison romaine, dans quel type de « combat » (v. 1) est-il engagé, d'après vous ?

2. Aux versets 2-3, Paul résume l'objectif de l'œuvre qu'il accomplit en faveur des chrétiens de Colosses, de Laodicée et autre. Pouvez-vous reformuler ces versets avec vos propres mots ?

3. Le verset 4 fait référence aux faux enseignants dont nous avons parlé au chapitre précédent. Quelle est la pertinence de ce verset au XXème siècle ?

4. Quelle attitude Paul révèle-t-il au verset 5 ?

2. Continuez à vivre en Christ (2.6-12)

Dans cette section, Paul reprend le contre-pied de l'hérésie des Colossiens dont il a parlé au premier chapitre. Il commence en faisant des compliments aux chrétiens de Colosses puis il s'engage dans la théologie.

Demandez à un étudiant de lire ces versets à haute voix puis répondez ensemble aux questions suivantes :

1. Pourquoi, d'après vous, Paul fait-il référence au passé dans les versets 6-7 avant de se lancer dans les avertissements théologiques ?

2. Sachant ce que vous savez sur les faux prophètes à Colosses, d'après vous, que veut dire Paul au verset 8?

3. Au verset 9, Paul répète un principe christologique crucial qu'il a énoncé plus tôt, mais ensuite, au verset 10, il ajoute un détail intéressant. Pouvez-vous l'identifier ?

4. Nous savons que Paul s'opposait fortement à l'exigence de la circoncision des Gentils avant qu'ils ne deviennent chrétiens. Les personnes à qui il écrivait cette lettre n'étaient probablement pas des circ-

oncis. Et pourtant, il dit : « c'est en lui que vous avez été circoncis » (v. 11). Si vous lisez le verset en entier, vous comprendrez ce qu'il dit. Que dit Paul ?

3. Vivant avec Christ (2.13-15)

Dans cette section, Paul parle de l'œuvre rédemptrice de Christ sur la croix. Souvenez-vous qu'il n'est pas simplement en train de produire une jolie leçon de dévotion. Il s'érige contre une grave hérésie.

Demandez à un étudiant de lire ces versets à haute voix, puis répondez ensemble aux questions suivantes :

1. Paul rappelle aux Colossiens (et à nous aussi) qu'ils étaient auparavant « morts » par leurs péchés. Mais à ce stade, qu'a fait Dieu ? Comparez ce passage avec Romains 5.8 (une lettre également écrite par Paul). Que disent ces versets sur la personne qui prend l'initiative du salut ?

2. Quel est cet « acte » dont parle Paul au verset 14? Pourquoi cette déclaration est-elle une partie importante de la réfutation de l'hérésie des Colossiens ?

3. D'après vous, à qui Paul fait-il référence quand il parle des « dominations et des autorités » (v. 15)?

4. La réalité, c'est Christ (2.16-23)

Dans cette section, Paul passe un des ses plus intenses appels aux Colossiens, leur demandant de résister face aux faux prophètes qui tentaient de les dévier de leur route.

Demandez à un étudiant de lire ces versets à haute voix, puis répondez ensemble aux questions suivantes :

1. Au verset 16 on note la conjonction « donc » qui introduit une relation de conséquence, comme pour dire : « parce que ce que je viens de dire est vrai, voici une autre vérité qui en découle ». Revoyez ce que Paul a dit aux versets 13-15 et formulez-le en une phrase.

2. Lisez les versets 16, 18, 20-21 et 23. Dans la dernière session, nous avons débattu jusqu'à une certaine mesure sur les composantes théologiques, spécialement christologiques, de l'hérésie colossienne. Ici Paul parle d'autres composantes. Quelle image cela vous donne-t-il de ce qu'il se passait à Colosses ?

3. Souvenez-vous que, en tant que Juif, Paul avait été élevé avec les règles de l'Ancien Testament, y compris les rituels, les cérémonies et le calendrier. Bien qu'il insistât fréquemment sur le fait que les Chrétiens d'origine païenne ne sont pas tenus de respecter ces lois, il ne dit nulle part que ces lois sont mauvaises. Il est plutôt probable que Paul suivait lui-même ces règles, du moins la plupart d'entre elles. Le verset 17 nous donne une idée de ce que Paul pensait réellement de la loi juive. Comparez ce verset avec Galates 3.24-25. Quelle était l'opinion de Paul sur la loi ?

4. Comparez le verset 20 avec Galates 3.1-3.

VIVRE LA PAROLE

Cheminement spirituel

Demandez à chaque étudiant de tracer une ligne horizontale sur une feuille de papier ; qu'ils écrivent au début « bébé chrétien » et à la fin « saint chrétien mature », suivant l'illustration suivante :

_____

Bébé chrétien   *saint chrétien mature*

Vos étudiants commenceront par placer une croix "X" sur la ligne pour indiquer leur situation en termes de croissance spirituelle. Rassurez-les en leur disant qu'ils n'auront pas à partager cette information et encouragez-les à répondre honnêtement.

Ensuite, établissez ensemble une liste des caractéristiques du Chrétien mature. Ces qualités devraient refléter ce qu'ils désirent le plus dans leur propre vie.

Enfin, ils devraient choisir trois caractéristiques et citer trois actions, une pour chaque caractéristique qu'ils auront choisie. Les actions devraient être spécifiques, pratiques et réalisables.

Encouragez-les dans leur parcours et rassurez-les en leur disant que Dieu souhaite qu'ils soient des Chrétiens matures et qu'il ne tient qu'à eux de laisser Dieu les aider.

12 DES RÈGLES
POUR LES CHRÉTIENS

PASSAGE A ÉTUDIER : Colossiens 3.1–4.18

VERSET CLÉ : « Si donc vous êtes ressuscités avec Christ, cherchez les choses d'en haut, où Christ est assis à la droite de Dieu. » (Colossiens 3.1)

OBJETIFS DE L'ENSEIGNEMENT
Aider les étudiants à :
1. comprendre que les croyants et les non croyants sont fondamentalement différents parce que leur « citoyenneté », leur perspective et leur structure de valeurs, sont différentes.
2. chercher les choses d'en haut (3.1).
3. orienter leur vie et leurs modes de vie vers leur résidence éternelle.

PERSPECTIVE
Pourquoi les jeunes semblent-ils si branchés sur les petites choses et si « ignorants » des choses importantes? Les jeunes élevés dans l'église sont experts en matière de langage de l'église, discipline de l'église et politique de l'église. Mais ils sont souvent terriblement ignorants des fondamentaux du christianisme qui donnent à l'église sa véritable raison d'être.

Il n'est pas rare de trouver des jeunes qui semblent être chrétiens (ils disent ce qu'il faut, ils font ce qu'il faut, ils évitent ce qu'il faut) mais qui, après un examen plus approfondi, n'ont jamais connu l'expérience du salut qui change les cœurs. Pourquoi ? Ils ont observé tous les aspects spécifiques, identifiables, imitables, concrets du christianisme dans leur enfance (et c'est bien là l'objectif principal de l'éducation chrétienne des enfants, l'éducation culturelle). Mais au moment où leur développement mental leur permettait de saisir les concepts plus vastes, plus abstraits du salut, ils sont, en quelques sorte, passés à côté de choses importantes.

Certains jeunes sont même tellement concentrés sur les choses externes et spécifiques qu'ils croient en fait qu'être chrétien c'est simplement adopter un système de règles, de comportements et de normes. En réalité, ils ne savent pas que les Chrétiens sont fondamentalement différents des non chrétiens.

Cette leçon est une perspective sur certaines des raisons sui sous-tendent ces spécificités externes, ce qui permettra aux jeunes de comprendre ce qui change réellement lorsque l'on devient un disciple.

CONTEXTE BIBLIQUE
Les lettres de Paul suivent toutes le même schéma. Après les salutations initiales, l'apôtre se lance soudain dans le sujet théologique qui est à l'origine de la lettre. Dans la première moitié de la lettre, il argumente, défend avec éloquence ou étaye ses arguments. Puis, vers le milieu de la lettre, il abandonne la théologie et se lance, sans transition, dans l'aspect pratique.

Dans les deux études précédentes, nous avons examiné les problèmes théologiques de la lettre aux Colossiens. Nous voici à présent, dans la partie pratique. Mais nous devons garder à l'esprit que la pratique est basée sur la théologie.

Paul commence le chapitre 3 avec : « Si donc ». Il s'agit d'une transition entre la section précédente et cette nouvelle section. Dans la section précédente, il parlait de leur mort spirituelle avec Christ. Maintenant, il dit : « Si donc » vous êtes morts et ressuscités avec Christ, certaines choses sont (ou devraient être) différentes dans votre vie.

Son premier commentaire est que leur vie devrait être centrée sur les « choses d'en haut » et non sur les « choses de la terre » (3.2). Cela nous rappelle Philippiens 3.20 où Paul nous rappelle que « notre cité à nous est dans les cieux » et Matthieu 6.21 où Jésus explique que « là où est ton trésor, là aussi sera ton cœur ».

À cause de l'expansion de l'empire romain dans de vastes territoires, le monde romain tout entier était parfaitement conscient de la citoyenneté, des délocalisations et des différences culturelles d'une province à une autre. Paul utilise cette idée, comparant le Chrétien à une personne qui vit dans un pays mais qui possède une autre nationalité. Si la loyauté de cette personne va à son pays d'origine et non à son pays de résidence, alors son mode de vie doit être bien différent de celui de ses voisins.

Paul continue en exhortant les Colossiens à « faire mourir » toutes les valeurs et les comportements qui appartiennent à leur pays de résidence (et à leur ancienne nationalité), en d'autres mots, le monde ou la « nature terrestre » (v. 5). Il cite ensuite plusieurs exemples spécifiques du type de valeurs et de comportements dont il parle aux versets 5-6 et 8-9a.

Mais qu'on ne dise jamais que le système de valeurs chrétien est une simple liste de choses à ne pas faire. Paul, aux versets 10-17 décrit la liberté inhérente au mode de vie chrétien. Ici encore, il change d'image. À présent, il utilise la métaphore vestimentaire, notant que les Colossiens se sont « dépouillés » de l'ancien vêtement et qu'ils ont « revêtu » un nouveau vêtement. Continuant avec cette idée, au verset 12, il les incite à « se revêtir » de certaines caractéristiques.

L'idée ici est que, tout comme un homme change ses vêtements après le travail en extérieur avant de se rendre à une soirée, de même le Chrétien possède un mode de vie transformé. Tout comme il serait déplacé de porter des vêtements souillés à une soirée, de même il serait déplacé pour un Chrétien de s'engager dans l'immoralité ou l'impureté sexuelle (3.5). Et tout comme l'homme serait correctement habillé en smoking et nœud papillon, un Chrétien est correctement habillé de compassion et de douceur (v. 12).

Paul termine le chapitre 3 avec un passage qui rappelle Éphésiens 5.21 – 6.9. Il est intéressant de noter qu'il passe rapidement sur les instructions aux épouses, aux maris, aux enfants et aux pères, afin de se concentrer sur les esclaves et les maîtres. C'est sans doute à cause de sa préoccupation pour Onésime (4.9), dont nous parlerons plus amplement quand nous étudierons la lettre à Philémon.

Au chapitre 4, Paul donne des instructions sur la vie de dévotion, y compris des injonctions sur la prière et la conversation. Ensuite, il écrit des salutations spéciales pour ses divers collègues.

ABORDER LA PAROLE
Tenue de soirée exigée

L'histoire suivante illustre la métaphore vestimentaire de Paul. Demandez à l'avance à un de vos étudiants de se préparer à lire cette histoire au début de la session.

À la fin de l'histoire, dirigez une brève discussion en vous aidant des questions.

Chad sortait avec Karen, qui venait d'une très riche famille, depuis seulement quelques semaines quand elle l'invita à dîner. « C'est un dîné organisé par l'entreprise de Papa et c'est un dîner de gala, lui dit-elle, tenue de soirée exigée. »

Chad accepta l'invitation, mais il ne savait pas vraiment à quoi il s'engageait. Il avait une cravate noire, il pensait que la cravate et son nouveau pull-over feraient l'affaire. Cependant, quand il parla à sa mère du dîner et de ce qu'il comptait mettre comme vêtement, elle se mit à rire.

« Tenue de soirée exigée » signifie que c'est un dîner de gala, Chad, lui expliqua-t-elle. « Il faudra que tu loues un smoking. J'espère que tu as quelques économies, parce que tu vas en avoir besoin. »

Une semaine plus tard, Chad portait son smoking de location, une chemise à pli, des pressions à la place des boutons, un nœud papillon noir et une large ceinture. « Je ressemble au maître d'hôtel du restaurant Chez Antonio », se plaignit-il.

Juste au moment où il se dirigeait vers la porte pour aller chercher Karen, son père l'arrêta. « Attends un peu, Monsieur je-suis-tiré-à-quatre-épingles, tu ne peux pas y aller avec ces chaussures. »

« Qu'est-ce qui ne va pas avec mes chaussures ? protesta Chad. J'ai passé une heure à les cirer. »

« Mais ce sont de simples mocassins, expliqua son père. Quand tu mets un costume tu mets aussi des chaussures de villes. J'ai une paire de chaussures de ville qui, je pense, feront l'affaire. Elles seront un peu serrées pour tes grands pieds, mais au moins tu n'auras pas l'air d'un rustre à ce dîner de gala. »

1. À votre avis, que se serait-il passé si Chad s'était rendu à ce dîner avec ses mocassins ?

2. Pensez-vous que Chad aurait pu assister à ce dîner habillé comme il le voulait ?

3. Qu'est-ce que Chad sera probablement obligé de faire s'il continue à sortir avec Karen ?

EXPLORER LA PAROLE

1. Vêtus de vêtements saints (3.1-17)

Comme toujours quand Paul parle de problèmes spécifiques concernant le mode de vie, nous devons étudier l'ancienne question de la grâce opposée à la loi. Si nous sommes sauvés par la grâce et non par nos bonnes actions, alors pourquoi Paul est-il si préoccupé par le fait que nous réalisions de bonnes actions ?

Avant de vous pencher sur les spécificités de chaque expression et de chaque verset de cette section, essayez de voir les grandes lignes de l'argument de Paul. Demandez à un étudiant de lire les versets puis répondez ensemble aux questions :

1. La principale métaphore de Paul ici concerne le changement de vêtements. Il dit aux versets 9-10 « vous étant dépouillés ....et ayant revêtu ». Au verset 12, il dit « revêtez-vous ». En pensant à l'argument plus vaste de Paul et sachant que certains vêtements sont appropriés pour certaines occasions et d'autres ne le sont pas, essayez de formuler les pensées de Paul avec vos propres mots.

2. Aux versets 1-2, Paul nous incite à garder une certaine perspective. Quelle est cette perspective ? Comparez ces versets avec Matthieu 6.19-21.

3. Presqu'à chaque fois que Paul parle des choses qu'un Chrétien ne devrait pas faire, il en parle comme de la « nature pécheresse » (verset 5 ; comparez avec Galates 5.19-21 ; 6.8 ; Colossiens 2.11). Que veut-il dire par cette expression ?

4. Si, en tant que Chrétiens, nous avons revêtu un nouveau vêtement, quelles sont les caractéristiques de ce vêtement ? Lisez les versets 12-17 lentement, notez chaque « élément » et comparez-les aux éléments du vêtement que vous portez. À quoi ressemble votre armoire ?

2. La soumission entre conjoints (3.18-4.1)

Cette nouvelle section est une version raccourcie d'Éphésiens 5.21 – 6.9. Comme vous l'avez fait pour le passage d'Éphésiens, vous devriez ici encore considérer les binômes : épouses et maris, enfants et parents, esclaves et maîtres.

Demandez à un étudiant de lire les versets à haute voix puis répondez ensemble aux questions suivantes :

1. Pourquoi est-ce si important de considérer les binômes ?

2. D'après vous, pourquoi Paul passe rapidement sur les deux premiers binômes (épouses/maris et enfants/parents) et accorde plus d'attention au dernier binôme (esclaves/maîtres) ?

3. Comme vous l'avez fait en Éphésiens, lisez les versets 22-25 en remplaçant les mots « esclaves » par « étudiants » ou « employés », et en remplaçant les mots « maîtres » par « enseignants » ou « employeurs ». Que vous disent ces versets, maintenant que vous avez effectué ces remplacements ?

3. Une de dévotion (4.2-6)

Ces cinq versets courts se lisent un peu comme le Livre des Proverbes. Chaque phrase est une nouvelle instruction. Lisez-les lentement à haute voix puis répondez ensemble aux questions suivantes :

1. Remarquer que Paul, en un sens, parle de la prière en disant « veillez-y avec action de grâce ». Que veut-il dire ?

2. Le verset 5 contient deux idées. La première renvoie au problème dont parle Paul dans la première moitié de cette lettre. D'après vous, à quoi renvoie la deuxième idée ?

3. Le verset 6 est un de ces versets qui nous parlent à chaque instant. Laissez le Saint-Esprit interpréter ce verset pour vous et appliquez-le dans votre vie. Que vous dit ce verset ?

4. Salutations personnelles (4.7-18)

Paul termine toujours ses lettres avec des salutations personnelles, tout comme nous écrivons des choses du genre « embrasse grand-père pour moi » à la fin de nos lettres. Nous sommes souvent tentés de passer sur ces versets sans nous y attarder puisque que nous ne connaissons pas les personnes dont il est question. Pourtant, il y a toujours des pépites dans ces salutations. Ne passez pas à côté.

Demandez à un étudiant de lire ces versets à haute voix puis répondez ensemble aux questions suivantes :

1. Dans cette section, l'apôtre mentionne Aristarque, un Juif macédonien ; Onésime, un esclave ; Épaphras, un pasteur colossien et Nymphas, une femme de Laodicée. Qu'est-ce que cela vous inspire ?

2. Comme nous allons le voir dans la leçon suivante, Onésime était un esclave qui s'est échappé et qui a été renvoyé chez son maître, Philémon. Que nous apprend la référence de Paul au verset 9 sur Onésime et sur Paul lui-même ?

3. Au verset 10, Paul parle de Marc. Ce jeune homme était au centre d'un des chapitres les plus perturbants de la vie de Paul. En gardant à l'esprit que le nom complet de Marc était Jean-Marc et qu'on le nomme souvent Jean, lisez Actes 13.5, 13 ; 15.36-40. À présent, lisez le verset 10 ici et lisez 2 Timothée 4.11. Résumez ce qui s'est passé dans les passages du livre des Actes. D'après vous, qu'est-ce qui a bien pu se passer entre cet incident et ces passages ? Qu'apprenez-vous sur Paul et sur Marc avec tout cela ?

4. Au verset 14, Paul parle de « Nymphas et l'église qui est dans sa maison ». Souvenez-vous qu'au premier siècle, les Chrétiens ne se réunissaient pas dans des bâtiments-églises. Que vous dit ce verset ?

5. Comme nous l'avons vu précédemment, Paul dictait généralement ses lettres à un scribe ou à un secrétaire qui les écrivait. Qu'est-ce que cela vous apprend par rapport au verset 18 ?

5. Anciens vêtements, nouveaux vêtements

Lisez à la classe les deux versets imprimés ci-dessous.

• Car là où est ton trésor, là aussi sera ton cœur. (Matthieu 6:21)

• Affectionnez-vous aux choses d'en haut, et non à celles qui sont sur la terre. (Colossiens 3.1)

Ensuite, lisez lentement les questions suivantes sans demander une réponse orale. Certaines de ces questions s'adressent aux étudiants qui se comportent comme des chrétiens mais qui n'ont jamais vécu l'expérience cruciale d'acceptation de Jésus-Christ dans leur vie. Ne laissez pas la culpabilité entacher ces instants. Nous ne parlons pas d'hypocrites. Nous parlons de jeunes qui essayent d'être des chrétiens mais qui ont une mauvaise idée de ce que cela signifie. D'autres questions s'adressent aux étudiants chrétiens qui ont peut-être encore dans leur vie des habitudes provenant de leur ancienne vie non chrétienne. Les questions suivantes illustrent la double perspective de cette leçon :

• Où se trouve votre trésor ? Qu'est-ce que vous affectionnez ?

• Vivez-vous selon les règles et les coutumes du ciel alors que votre cité est réellement sur terre ? Portez-vous de nouveaux vêtements alors que votre personnalité intérieure n'a pas changé ? Ou bien, êtes-vous des citoyens du ciel qui ont conservé certaines coutumes terrestres ?

• Avez-vous vraiment changé ? Conservez-vous dans votre vie quelque chose qui fait partie de votre ancienne garde-robe ? Une chose à laquelle vous vous accrochez, juste parce que vous n'avez pas assez de courage pour la laisser aller ou parce que vous n'avez pas assez confiance.

• Sur quel sujet avez-vous besoin de prier ?

Prêtez attention à l'état d'esprit du groupe et soyez réceptifs à l'inspiration du Saint-Esprit alors que vous terminez cette leçon. Les questions que vous venez de poser ont peut-être permis au Saint-Esprit de parler à quelques uns de vos étudiants. Ils pourraient avoir besoin de temps pour prier et de quelqu'un pour les aider à prier. Il serait peut-être utile de terminer par un chant. Ne précipitez pas cette conclusion.

13 SUPÉRIEUR À UN ESCLAVE

PASSAGE A ÉTUDIER : Philémon 1-25

VERSET CLÉ : « Non plus comme un esclave, mais comme supérieur à un esclave, comme un frère bien-aimé » (Philémon 16).

OBJETIFS DE L'ENSEIGNEMENT
Aider les étudints à:

1. Comprendre que dans le Corps de Christ, il ne devrait y avoir aucun obstacle à la communion fraternelle et à l'amour.
2. Désirer des relations fraternelles avec des personnes de toutes races, de toutes cultures et de tous genres.
3. Examiner leur propre vie pour éliminer toutes traces de préjugé.

PERSPECTIVE
En dépit de l'évolution des diverses races, le préjugé racial semble être aussi fort aujourd'hui qu'il ne l'était dans le passé. A mesure que nos pays reçoivent progressivement de plus en plus de personnes originaires de cultures différentes, le préjugé racial s'étend à d'autres groupes.

Il serait insensé de croire que vos jeunes sont épargnés par ce type de mentalité. Même vos étudiants qui font partie de groupes minoritaires sont exposés au préjugé par rapport à la majorité ou par rapport à d'autres groupes minoritaires.

Cette leçon s'intéresse à la lettre de Paul à Philémon, afin d'étudier la réponse chrétienne aux barrières artificielles de la race, de la culture et du genre.

CONTEXTE BIBLIQUE
La lettre de Paul à Philémon est un livre unique. Ce livre fait partie des livres du Nouveau Testament qui ne sont constitués que d'un seul chapitre. Et à la différence des autres épîtres de Paul que nous avons découvertes dans cette étude, la lettre à Philémon est une lettre plus personnelle, adressée à une seule personne et non à une congrégation.

Paul écrit cette courte lettre à son ami et compagnon chrétien, Philémon, un membre de la congrégation de Colosses. Cette lettre a été écrite en même temps que la lettre aux Colossiens et elle a été emportée en même temps à Colosses par Tychique et Onésime (voir Colossiens 4.7-9).

Un des porteurs de ces deux lettres, Onésime, est le sujet de la lettre de Paul à Philémon. Onésime était auparavant l'esclave de Philémon et apparemment, il s'était enfui, peut-être après avoir volé de l'argent ou des biens de son maître (voir v. 18).

Onésime s'était retrouvé à Rome. Nous ne savons pas comment, mais il est entré en contact avec Paul. Sous l'influence de l'apôtre, l'esclave évadé est devenu chrétien (vv.10, 16). Après sa conversion, Onésime est devenu l'assistant de Paul (v. 11, 13). Paul l'a pris en affection. L'apôtre parle d'Onésime comme de son « enfant » (v. 10) et ses « propres entrailles » (v. 12).

Mais par égard pour Philémon (v. 14), l'apôtre renvoie l'esclave évadé chez son maître. C'est une entreprise risquée. La punition réservée à un esclave évadé était laissée à la discrétion du maître ; il pouvait faire ce qu'il voulait, y compris le faire mourir. Mais Paul avait confiance en Philémon.

Bien qu'en tant qu'apôtre, Paul se sentait le droit d'ordonner à Philémon de donner à Onésime sa liberté (v. 8), il choisit au contraire de s'adresser à lui « de préférence au nom de la charité » (v. 9). Cette lettre est imprégnée du parfum de la tendre persuasion.

Malgré sa chaleur et sa beauté, cependant, cette lettre a entraîné des difficultés au cours des siècles depuis son écriture. Même si le but de la lettre est de libérer l'esclave Onésime, Paul ne fait aucune référence à l'institution de l'esclavage. Il ne condamne pas l'esclavage et ne condamne pas Philémon. Il est certain que Philémon n'était pas le seul propriétaire d'esclaves dans la congrégation de Colosses et il possédait probablement d'autres esclaves en plus d'Onésime. Mais Paul ne plaide pas pour la libération des autres esclaves, juste pour Onésime.

Les partisans de l'esclavage dans l'histoire ont utilisé ce livre pour prouver que l'esclavage est approuvé par Dieu. D'autres passages de Paul, tels qu'Éphésiens 6.5-8 et Colossiens 3.22-25, n'ont pas beaucoup aidé non plus.

Mais le silence de Paul sur l'institution de l'esclavage dans ce livre ne peut être considéré comme une approbation silencieuse. L'esclavage a été un phénomène réel dans presque toutes les sociétés jusqu'à l'empire romain. Et dans l'empire romain, il était très répandu. On a estimé que les esclaves formaient un tiers de la population de Rome et des autres grandes villes.

Parce que cette lettre s'adresse à une seule personne, il est naturel que Paul ne tente pas de s'attaquer à la plus grande et la plus solide institution de la société. Il ne fait qu'accomplir sa part en combattant l'esclavage à son niveau.

On ne peut négliger le fait que cette lettre a dû avoir une influence dans l'église de Colosses. Le retour d'Onésime et de Tychique était un évènement public. Il va sans dire que toute l'église connaissait les circonstances et le contenu de la lettre de Paul. Si l'on suppose que Philémon a rendu sa liberté à Onésime en réponse à la lettre de Paul, cela a certainement créé un précédent.

Il ne faut pas non plus négliger que l'argument fondamental de Paul, selon lequel Philémon et Onésime étaient véritablement frères en Christ, pouvait s'appliquer à la plupart des propriétaires d'esclaves. (Généralement, quand un maître de maison devenait chrétien, toute la maisonnée le suivait dans cette conversion.) Bien que Paul n'ait pas techniquement défendu l'abolition de l'esclavage dans sa lettre, la simple application de ce principe suffit.

Cette lettre doit être lue à la lumière de trois autres passages de Paul : 1 Corinthiens 12.13, Galates 3.28 et Colossiens 3.11. Examinons le second passage, Galates 3.28 « Il n'y a plus ni Juif ni Grec, il n'y a plus ni esclave ni libre, il n'y a plus ni homme ni femme ; car tous vous êtes un en Jésus Christ. »

Il est clair dans ces passages que Paul ne tolérait aucune barrière artificielle à la fraternité et à la communion fraternelle dans le Corps de Christ. Rien ne devrait séparer les disciples, ni la race, ni le statut social, ni le genre. Ce concept était crucial dans l'évangélisation du monde. Et il est crucial dans une société multinationale et pluraliste comme la nôtre.

ABORDER LA PAROLE

Il vaut mieux être …

Commencez cette session en demandant à vos jeunes de répondre à l'enquête suivante.

Merci d'indiquer votre choix en cochant une réponse dans chaque groupe de réponses (S'ils n'ont pas de feuilles, demandez-leur de répondre en levant la main.)

Il vaut mieux :

1. ___ être un homme
   ___ être une femme

2. ___ appartenir à la classe supérieure
   ___ appartenir à la classe moyenne
   ___ appartenir à la classe inférieure

3. ___ habiter une grande ville
   ___ habiter une ville moyenne
   ___ habiter une petite ville
   ___ vivre dans une ferme ou un ranch

4. ___ avoir un diplôme universitaire
   ___ avoir un niveau secondaire
   ___ abandonner l'école au secondaire

Quand ils auront tous répondu individuellement, demandez à tous ceux qui ont coché la même réponse à chaque question de lever la main.

Rappelez-vous que vous avez demandé aux étudiants de cocher un seul élément dans chaque groupe de réponses. S'ils ont suivi les instructions, ils ont été obligés de faire des préjugés !

Demandez à vos étudiants si les choix qu'ils ont faits étaient faciles ou difficiles à faire. Lisez à haute voix Philémon 17-20. Demandez à vos étudiants pourquoi ils pensent qu'il était nécessaire que Paul insiste pour qu'ils accueillent Onésime comme ils auraient accueillis Paul. Pourquoi Paul ne pouvait-il pas simplement supposer qu'ils allaient « accueillir » Onésime comme s'ils l'accueillaient lui-même ? Soulignez le fait qu'accepter ou ne pas accepter les autres

est souvent lié à un préjugé. Soulignez le fait que les préjugés nous viennent bien plus facilement que nous le croyons. Mais en Jésus-Christ, nous sommes tous les mêmes. Il est important de nous considérer les uns les autres comme Christ nous considère.

EXPLORER LA PAROLE
1. Frère Philémon (1-7)

À l'exception du fait qu'elle s'adresse à une personne et non à un groupe, cette lettre commence comme les autres lettres que nous avons étudiées. Il est évident que Paul a beaucoup de considération pour Philémon, un membre de la congrégation de Colosses.

Demandez à un étudiant de lire ces versets à haute voix puis répondez ensemble aux questions suivantes :

1. Qu'est-ce que Paul utilise aux versets 1 et 7 pour décrire sa relation avec Philémon ? (Regardez aussi le verset 17)

2. Après avoir lu les versets 4-7, quel genre d'homme semble être Philémon ?

3. Après la lecture de cette introduction, que pouvez-vous attendre du reste de la lettre ?

2. Non plus comme un esclave (8-25)

Dans cette section, Paul en vient à l'argument principal de la lettre. Souvenez-vous qu'il s'agit d'une lettre, et non d'un chapitre dans un livre d'histoire.

Vous devez aller à la chasse aux indices, lire entre les lignes et mettre plusieurs versets ensemble pour comprendre le fin mot de l'histoire.

Demandez à un étudiant de lire ces versets à haute voix, puis répondez ensemble aux questions suivantes :

1. Le texte contient une histoire racontée en trois parties. Pouvez-vous la trouver ?

   a. Quelle était la relation originale entre Philémon et Onésime? Comment Onésime est-il arrivé à Rome?

   b. Qu'est-ce qu'Onésime a vécu pendant qu'il était à Rome sous l'influence de Paul (v. 10, 16)?

   c. Qu'est-ce que Paul demande maintenant à Philémon?

2. En grec, le nom « Onésime » signifie « utile ». Comment Paul utilise-t-il ce fait pour faire un jeu de mots au verset 11?

3. Pourquoi Paul ne se contente-t-il pas de garder Onésime ?

4. Paul dit qu'il pourrait « ordonner » à Philémon de libérer Onésime. Pourquoi ne le fait-il pas ? Quelles tactiques utilise-t-il ?

5. Remarquez que Paul parle de lui-même comme d'un « prisonnier » aux versets 1 et 9. Il parle aussi de ses « chaînes » aux versets 10 et 13. Nous savons que l'apôtre était en prison quand il a écrit cette lettre, mais ces références semblent être plus profondes que de simples informations. Pensez-vous qu'il veut transmettre un message implicite à Philémon ?

6. Si Philémon accède à la demande de Paul, quelle sera la nouvelle relation entre Philémon et Onésime ?

7. Nous savons que les châtiments contre les esclaves évadés pouvaient être très sévères, y compris jusqu'à la mort. Quel type de risque prend Onésime en retournant chez Philémon ? D'après vous, pourquoi prend-il ce risque ?

3. L'institution de l'esclavage

Avant de conclure notre histoire, nous devons parler d'une affaire importante. Pendant la première moitié du XIXème siècle, certaines personnes dans le monde ont effectivement utilisé ce livre comme un argument en faveur de l'esclavage. Comment ont-ils pu faire cela ? Tout d'abord, Paul ne dit nulle part que l'esclavage en tant que tel est mauvais. Il ne fait que plaider pour la liberté d'un esclave en particulier. Deuxièmement, Philémon n'était pas le seul propriétaire d'esclaves à Colosses et Onésime n'était probablement pas son seul esclave. Et pourtant, Paul ne demande la libération d'aucun autre esclave. Troisièmement, Paul considère Philémon comme un chrétien, et un bon. Il n'indique nulle part que

Philémon cessera d'être un chrétien s'il ne libère pas Philémon.

Paul était-il réellement en faveur de l'institution de l'esclavage ? Pendant que vous réfléchissez à ce problème, répondez à ces questions :

1. Lisez 1 Corinthiens 12.13, Galates 3.28 et Colossiens 3.11. Comment ces versets aident-ils à décrire les sentiments de Paul concernant l'esclavage ?

2. L'esclavage était une institution acceptée dans le monde antique. En fait, c'était une institution acceptée dans presque toutes les civilisations antérieures à l'empire romain. Le fait que Paul ne condamne pas cette pratique universelle dans cette lettre précisément, signifie-t-il qu'il approuvait la pratique ?

3. Il est clair que Paul ne condamne pas techniquement l'esclavage dans cette lettre. Mais si tous les propriétaires d'esclaves vivaient selon l'esprit de cette lettre, qu'arriverait-il à l'institution de l'esclavage ?

VIVRE LA PAROLE
Au nom de l'amour

Lisez ce qui suit et demandez à vos étudiants d'examiner cette liste de types de personnes par rapport auxquelles nous avons quelquefois des préjugés. Encouragez vos étudiants à cocher tout élément qui les incite à regarder les autres de haut. Promettez-leur qu'ils n'auront pas à partager leurs réponses avec la classe.

Prenez quelques instants pour examiner votre vie. Y a-t-il dans votre vie des préjugés qui ne devraient pas y être ? Regardez-vous de haut les personnes qui…

___ appartiennent à une race différente ?

___ viennent d'un pays différent ou d'une région du monde différente ?

___ ne parlent pas comme vous ?

___ ont moins (ou plus) d'argent que vous ?

___ ont des traditions familiales et des coutumes différentes des vôtres?

___ ne sont pas aussi intelligentes que vous ? (ou qui sont plus intelligentes?)

___ sont handicapées ?

___ sont d'un genre différent ?

___ sont de petite taille? de grande taille ? peu séduisantes ? ne sont pas coordonnées ?

Paul dit à Philémon :

« C'est de préférence au nom de la charité que je t'adresse une prière (v. 9) [de ne considérer Onésime] non plus comme un esclave, mais comme supérieur à un esclave, comme un frère bien-aimé » (v. 16).

Pouvez-vous, au nom de l'amour, regarder ceux qui vous entourent, particulièrement ceux qui correspondent aux descriptions que vous avez cochées ci-dessus, comme des frères et des sœurs ? Pouvez-vous les accepter, les aimer, les valoriser, comme des personnes comme vous ?

Après avoir accordé aux étudiants quelques minutes de silence, lisez-leur Philémon 9 et 16. Insistez sur le fait que c'est l'amour qui détruit le préjugé. Accordez aux étudiants quelques instants de silence pour réfléchir à cette leçon. Clôturez la leçon de la façon qui vous paraîtra la plus appropriée.

LE JEU CONCOURS
BIBLIQUE: UNE PERSPECTIVE

QU'EST-CE QUE LE JEU CONCOURS BIBLIQUE?

Le Jeu Concours Biblique est un programme qui aide les jeunes à étudier et à comprendre les Saintes Ecritures. Environ une fois par mois, des jeunes appartenant à différentes églises se retrouvent en vue d'une communion fraternelle en plus de la compétition. Lors de chaque compétition il ya des questions qui portent sur un livre bien déterminé de la Bible que l'on a fait connaître au préalable. Les équipes constituées entrent en compétition pour répondre correctement à ces questions.

Le thème officiel de la jeunesse nazaréenne international est tire du passage: « Que personne ne méprise ta jeunesse ; mais soit un exemple pour les fidèles, en parole, en conduite, en amour, en foi et en pureté » Timothée 4:12. L'objectif du Concours Biblique est d'aider à développer, chez les jeunes, les actes, les attitudes, le style de vie qui sont nécessaire pour être en adéquation avec ce thème. Ce programme se propose d'atteindre cet objectif à travers une démarche qui se divise en ces points suivants :

- Etre un moyen significatif d'étude Biblique pour permettre aux jeunes d'acquérir une connaissance intime et approfondie des Saintes Ecritures.
- Etre un moyen de renforcement de la communion fraternelle et des échanges entre les jeunes du monde entier.

- Faire partie intégrante de l'évangélisation, de la formation des disciples, du ministère de l'église locale parmi les jeunes.
- Etre un moyen de guider et former le leadership de la jeunesse.
- Etre un catalyseur pour encourager une participation active des jeunes dans le ministère et les projets de la mission.
- Etre un trait d'union pour tisser les liens entre jeunes d'horizons divers…
- Etre un lieu où se déroulent des compétitions passionnantes entre chrétiens.

Le règlement à lui seul ne peut pas empêcher les attitudes déloyales ou les comportements qui ne font pas fair-play. Cependant, le règlement est nécessaire pour que l'aspect — compétition du Concours Biblique soit clair et cohérent. Il est du devoir de chaque individu impliqué dans le Concours Biblique de veiller à l'intégrité et à l'objectif de ces règlements et directives. Toute tentative d'obtenir un quelconque avantage en se basant sur la tricherie, le manque de considération ou la manipulation, est contre la morale et est préjudiciable à la mission et au but du Concours Biblique. L'envie de gagner ne doit jamais prendre le dessus sur la nécessité d'avoir un comportement exemplaire et semblable à celui du Christ.

COMMENT ORGANISER UN MINISTÈRE DE JEU CONCOURS BIBLIQUE

1. Le Concours Biblique a été conçu à l'intention des jeunes de 12 à 25 ans. Vous pouvez, si vous le désirez, répartir les concurrents en deux catégories : les jeunes de 12 à 18 d'un côté et ceux de 19 à 25 ans de l'autre.

2. Le programme débute le 1er janvier de chaque année et se poursuit jusqu'en Novembre ou Décembre. Vous devez décider du nombre de textes qui seront à traiter lors des rencontres hebdomadaires (exemple : un chapitre ou une histoire) et élaborer un calendrier d'études.

3. Au cours de l'année, un tournoi sera organisé chaque mois ou tous les deux mois, de préférence les samedis et dimanches après-midi.

4. Chaque église locale peut se constituer en une ou plusieurs équipes de quatre (4) personnes (ou plus), chacune, qui se rencontrent pour étudier la Bible et s'entraîner pour la compétition.

5. Le lieu : des rotations seront nécessaires afin que chaque église, dans le district puisse organiser les compétitions (tournois).

6. Chaque année un livre tiré du Nouveau Testament servira de base au questionnaire de la compétition.

    Le cycle de huit (8) années qui est en vigueur dans le monde se présente comme suit :
    a. Actes
    b. Galates, Ephésiens, Philippiens, Colossiens, Philémon
    c. Luc
    d. 1 & 2 Corinthiens
    e. Jean
    f. Hébreu et 1 & 2 Pierre
    g. Mathieu
    h. Romains and Jacques

    Puis le cycle recommence.

7. Dans chaque église, il doit y avoir une adulte qui assume la fonction de président du Cconcours Biblique et deux à trois autres ou même plus pour aider à former les équipes et à les encadrer lors de la séance hebdomadaire d'étude de la Bible. (Exemple : S'il y a des réunions deux fois par semaine, la première sera consacrée à l'étude Biblique, à la discussion, à la dévotion et à la compréhension du texte du programme. La deuxième rencontre sera, quant à elle, réservée à l'entraînement pour la compétition). Cependant, s'il n'y a qu'une seule réunion dans la semaine, on devra répartir le temps entre l'étude de la Bible et l'entraînement pour la compétition.

8. Le district doit avoir à sa tête un président de Concours Biblique élu ou nommé. Celui-ci sera chargé de planifier et d'établir le calendrier de la compétition ; il coordonnera aussi les différents tournois.

COMMENT ORGANISER LA RÉUNION HEBDOMADAIRE D'UNE ÉQUIPE D'ETUDE BIBLIQUE

1. Avant que ne débute la réunion, le dirigeant doit lire et étudier le texte qui sera traité lors de la réunion. Prier pour que Dieu vous guide.

2. Le dirigeant doit arriver sur les lieux bien avant l'heure convenue pour se préparer.

3. Le groupe peut initier un jeu qui aide les membres à se familiariser avec le passage de la Bible qui sera étudié.

4. Prier ensemble.

5. Lire le texte à haute voix. Prendre le temps de poser des questions et d'y répondre ; les questions auront trait au passage en question. Aider chacun à comprendre le passage des Ecritures.

6. Laisser dieu parler à travers le message du texte. Partager une histoire ou une expérience personnelle en guise d'illustration.

7. Prendre suffisamment le temps de répondre au plus grand nombre de questions et recueillir les contributions liées à la compréhension du texte.

8. Donner les réponses que les Ecritures apportent dans la vie de l'église et de celle de chaque individu.

9. Terminer par une prière.

10. Encourager les jeunes à étudier le texte de la prochaine rencontre. Le distribuer en précisant l'heure, le lieu et les questions qui suscitent des réflexions.

COMMENT ORGANISER UNE SÉANCE D'ENTRAINEMENT HEBDOMADAIRE

1. S'entraîner après l'étude Biblique ou dans la semaine.

2. Encourager les jeunes à mémoriser les versets importants en passant du temps à réciter mutuellement les versets mémorisés.

3. Faire un jeu d'apprentissage permettant au groupe de se familiariser avec le texte. (Ex : charades)

4. Poser des questions sur le texte qui est en train d'être traité (voir les exemples).

5. Diviser le groupe et organiser une compétition entre les sous-groupes.

6. Mettre constamment l'accent sur l'apprentissage et la compréhension de la Parole plutôt que sur le fait de gagner ou de perdre.

7. Donner des 'exercices à faire à la maison' pour la prochaine séance d'entraînement.

COMMENT ORGANISER UN TOURNOI DE JEU CONCOURS BIBLIQUE

Ce qu'il faut faire avant le tournoi

1. Annoncer, clairement, à tous les participants, aux entraîneurs et aux autorités les détails du jeu (la date, le temps et le lieu, ce qu'il faut étudier, etc.).

2. Préparer les questions
   a. Faire une liste de questions ou utiliser des questions déjà préparées
   b. Diviser les questions en groupe de vingt-deux ou vingt-trois (ce qui voudrait dire vingt questions supplémentaires pour les questions de bonus ou les contestations.) Vous aurez besoin d'assez de groupe de questions pour toutes les reprises.

3. Choisir un format pour le jeu (chaque équipe affrontant une autre ; dans le style Round Robin, chaque équipe jouant dans un groupe de quatre à cinq équipes et les gagnants de chaque groupe joueront les uns contre les autres pour le titre de champion, etc.)

4. Trouver des gens pour servir comme président de jeu (il ou elle lit les questions et évalue les réponses) et d'autres personnes pour marquer les points et être les « juges à sauts » (il ou elle marque les points et détermine qui fut la première personne à sauter pour chaque questions. Il ne sera pas nécessaire d'avoir des « juges » si les « sièges électroniques à, saut » sont utilisés.) Si vous avez d'équipes, vous pouvez avoir trois à quatre ou plus de compétitions ayant lieu au même moment dans des salles différentes. Si tel est le cas, vous aurez besoin d'un président de jeu et de quelqu'un qui marque les points pour chaque compétition.

5. Faire des arrangements avec quelqu'un pour qu'il y ait de la nourriture et quelque à boire. Vous pourriez fixer un prix pour le déjeuner ou demander à chacun d'apporter son propre déjeuner.

6. Faire ou acheter des prix
   a. Choisir des prix spéciaux (Bibles, livres, trophées, etc.)
   b. Faire des banderoles ou des rubans (pour les individus ou les équipes)

7. Faire des copies des feuilles de points

8. Faire une liste des annonces pour le début de la compétition

9. Choisir quelqu'un pour diriger un moment bref de méditation avant que le tournoi ne commence.

CE QU'IL FAUT FAIRE LE JOUR DE TOURNOI

1. Arriver à l'église où le tournoi aura lieu au moins une heure avant le temps afin de préparer le lieu

2. Les éléments à prendre avec vous pour le tournoi
   a. Les feuilles de points
   b. Les groupes de questions (dissimulées de la vue des participants)
   c. Des crayons et des stylos pour les autorités
   d. Les prix
   e. Un poste radio et des cassettes de musique (si possible)

3. Organiser le cadre du jeu
   a. Une table et des chaises pour les autorités du jeu. (un ensemble pareil pour chaque salle de compétition)
   b. Deux bancs et huit chaises pour les concurrents.
   c. Les sièges pour le jeu
   d. Des microphones (si possible) – l'un pour le président pour le président du jeu et l'autre pour les concurrents
   e. Un poste et des cassettes de musique
   f. Les prix

4. Commencer le jeu par la méditation et les annonces

5. Après le jeu
   a. Faire le total des points et classer les concurrents selon leur nombre de points
   b. Donner les prix
   c. Prier
   d. Nettoyer l'église.

Les actes et attitudes de ceux qui sont impliqués (les membres d'équipes, les entraîneurs,

RÈGLES DU JEU CONCOURS
BIBLIQUE DANS L'EGLISE DU NAZARÉEN

les responsables en charge de la compétition, etc.) doivent refléter les buts et objectifs du programme de la JNI. La poursuite du succès le but d'exhiber une attitude à l'image de Christ.

METHODES DE COMPETITION

Avant toute compétition, le président doit choisir la méthode du jeu (les chaises électroniques à saut ou les juges à saut) pour toutes les équipes. Les méthodes qui seront utilisées devront être clairement indiquées aux arbitres, entraîneurs, et aux capitaines des équipes avant de commencer la compétition.

L'EQUIPE

1. L'équipe se compose de quatre concurrents ou plus qui fréquentent régulièrement l'église du Nazaréen et sont membres de la JNI locale. Il est possible d'avoir plus de cinq concurrents dans une équipe pendant une compétition mais l'on ne peut inclure que cinq de ces concurrents dans l'équipe à chaque reprise. Nul ne peut être membre d'une équipe si il ou elle a fait des études dans une université, un institut biblique ou tout autre programme d'éducation au delà de l'enseignement secondaire.
2. L'entraîneur ne peut parler avec ou aider son équipe que pendant les pauses entre les questions.
3. Seuls cinq concurrents par équipe peuvent concourir à la fois. Le cinquième est un substitut.
4. Avant que la compétition ne commence, des membres spécifiques de chaque équipe doivent être désignés par l'entraîneur, l'un en tant que capitaine, et l'autre en tant que co-capitaine.
5. Seul le capitaine peut parler avec le président du jeu après une décision soit pour contester la décision, pour protester ou pour corriger quelque chose.

LES RESPONSABLES DU JEU CONCURS BIBLIQUE

A. Le Directeur du Jeu – c'est la personne qui organise le tournoi. Ses responsabilités comprennent :
1. La d'avance préparation du calendrier du tournoi et de l'étude
2. L'obtention de tous les responsables qu'il faut pour la compétition.
3. La provision de tout le matériel nécessaire pour la compétition: les chaises, les groupes de questions, les fiches de score, des co-pies de matériel biblique (en rapport avec le jeu), un chronomètre, des crayons, etc.
4. La préparation d'un nombre suffisant de questions pour la compétition.
5. La préparation ou l'achat des prix (cadeaux) pour le jeu : les certificats, les trophées ou autre.
6. La publicité du temps, de la date et du lieu du tournoi dans toutes les églises locales et

auprès de toutes les personnes impliquées.

B. Le Président du Jeu – c'est la personne qui dirige et contrôle les reprises pendant le tournoi. Ses responsabilités comprennent :

1. Une bonne connaissance des règles de la compétition. Pendant une compétition, l'interprétation du président est l'interprétation finale.
2. L'impartialité et la consistance dans la direction du jeu.
3. La lecture de chaque question pendant une reprise
4. Le fait d'identifier le premier concurrent et lui demander la réponse.
5. L'évaluation de chaque réponse.
6. Le fait de consulter celui qui enregistre le score lorsqu'il évalue les réponses, les contestations ou les réclamations, si cela est nécessaire et souhaité.
7. Relever les erreurs quand il y en a.

C. Le Pointeur du Jeu – c'est la personne qui garde le registre officiel des scores pendant les reprises du tournoi. Ses responsabilités comprennent :

1. Avoir une bonne connaissance des règles du jeu concours biblique
2. Inscrire chaque membre des équipes en compétition sur la fiche des scores.
3. Inscrire les points obtenus et /ou perdus par chaque équipe et concurrents individuels.
4. Aviser le président du jeu quand un concurrent :
    a. Répondu correctement à quatre questions
    b. A fait trois erreurs
5. Notifier régulièrement au président du jeu le score en cours
6. Inscrire les résultats finaux des équipes et des individus
7. Jouer le rôle de surveillant du temps.

LE TOURNOI

1. **La durée du tournoi**
    a. Il y a 20 questions dans une reprise
    b. S'il y a parité de score après vingt questions, les équipes doivent affronter des questions supplémentaires jusqu'à ce qu'une équipe l'emporte sur l'autre. Une seule question est nécessaire pour mettre fin à l'égalité à moins que personne n'y réponde.

2. **La composition des équipes**
    a. L'entraîneur de chaque équipe doit donner les noms des membres de son équipe à celui qui note les points avant que la première question ne soit lue.
    b. Le capitaine et le vice capitaine de chaque équipe doivent être désignés avant que la première question ne soit lue.

3. **Les pauses.**
    a. Une pause dure une minute et ne peut être demandé qu'entre deux questions.
    b. Chaque équipe peut demander au plus deux pause pendant une reprise et seuls le capitaine, l'entraîneur ou l'un des responsables en charge du jeu peuvent demander une pause.

4. **Les remplacements**
    a. L'entraîneur peut changer un membre actif seulement pendant la pause. Le concurrent qui quitte la reprise est un substitut et peut réintégrer la compétition plus tard. Le substitut réintègre automatiquement la compétition quand l'un des concurrent répond à toutes les questions auxquelles il doit répondre ou commettre toutes les fautes/ erreurs qu'il lui est permis de commettre.
    b. Seul un substitut peut prendre la place

d'un concurrent – Deux concurrents qui compétissent déjà ne peuvent pas s'échanger les places.

5. **Les questions**

   a. Toutes les questions seront basées sur une même version de la Bible (annoncée au préalable)

   b. Une question adressée à tout le monde ne peut être lue qu'une fois.

   c. Si aucun concurrent ne se lève pour répondre à une question si cinq secondes après qu'elle ait été lue, cette question sera considérée comme close. Le président du jeu doit lire la réponse et continuer le jeu. Aucun point ne sera accordé pour cette question.

   d. A n'importe quel moment, avant de commencer à lire la question la question suivante, le président du jeu peut annuler une question qui contient une information incorrecte ou qui a été mal lue.

   e. Un capitaine peut faire des réclamations au président du jeu s'il y a une information incorrecte dans une question, si la question n'a pas été bien lue, ou si la question ne pouvait être comprise à cause d'une interférence.

6. **Les sièges électroniques**

   a. Les équipements utilisés pour un jeu concours biblique sont appelés « sièges à saut ». Les sièges sont branches à une boîte à la table des responsables. Chaque siège fonctionne comme un interrupteur qui montre par une lumière qui s'est levé le premier.

   b. Quand toutes les lumières sont éteintes (les concurrents sont assis). Le président du jeu peut commencer à lire une question.

   c. Pendant que la question est lue, le premier concurrent à se tenir debout doit y

répondre.

   d. Le président du jeu doit observer les lumières pendant qu'il lit les questions.

   e. Dès qu'une lumière s'allume, le président du jeu doit cesser de lire et dire le nom du concurrent dont la lumière est allumée.

N.B. La plupart des programmes de jeux concours n'auront même pas accès au siège à saut. Dans ce cas ; une équipe de trois « juges à sauts » (celui qui garde les scores peut être membre de cette équipe) déterminera qui a sauté le premier.

7. **Les réponses**

   a. Un concurrent ne peut pas répondre à une question s'il n'a pas été reconnu par nom par le président du jeu.

   b. Le délai de 30 secondes commence à courir immédiatement après que le concurrent ait été reconnu par le président du jeu

   c. Le concurrent doit compléter la question (s'il a interrompu la lecture de la question) et donner la réponse correcte et complète dans la limite des 30 secondes.

   d. Le président du jeu ne peut ni répéter la question ni donner aucune information au concurrent. Le concurrent doit répondre sans aucune aide.

   e. Si la question et la réponse correcte sont données dans la limite correcte de temps sans aucune erreur en information, alors la réponse sera considérée comme correcte.

LES DECISIONS DU RESPONSABLE DU JEU

Le président du jeu devra juger si les questions sont correctes de la manière suivante:

1. Lorsque le concurrent aura donné toute l'information nécessaire pour la question et pour la réponse et se sera à nouveau assis, le président du jeu jugera si la question est correcte.

2. Le président du jeu ne doit pas interrompre le concurrent. La seule exception, c'est lorsque le concurrent donne assez d'informations incorrectes de sorte à éliminer toute possibilité de donner encore une information correcte. S'il faut plus d'informations, le président ne dira rien jusqu'à ce que le concurrent s'asseye ou que la limite de temps de trente ne soit atteinte.

3. Si le président estime que la réponse est « correcte », les points seront attribués à l'équipe et au concurrent.

4. Si le président de jeu estime que la réponse est « incorrecte », les points seront retranchés du score de l'équipe et/ou du concurrent (si c'est après la question 16), et une question bonus sera lue.

5. Le président du jeu ne jugera pas qu'une question est « incorrecte » à cause d'une erreur de prononciation.

LES ERREURS ET LES QUESTIONS BONUS

1. Si une réponse incorrecte est donnée, le concurrent qui occupe le siège correspondant dans l'équipe opposée peut répondre à cette question comme un bonus.

2. Le président du jeu doit complètement lire la question avant que le concurrent ne réponde à la question bonus.

3. Le concurrent doit répondre à la question dans un délai de trente secondes.

4. Une bonne réponse à une question bonus donne dix points à l'équipe du concurrent qui a répondu. Des points individuels ne sont pas accordés pour une question bonus

5. Des points ne seront pas retranchés pour des réponses incorrectes à des questions bonus.

LES REVANDICATIONS ET LES RECLAMATIONS SUR LES DECISIONS DES RESPONSABLES

1. Seul le capitaine actif de l'équipe peut contester ou faire appel des décisions des autorités.

2. Il n'est pas permis au capitaine de contester ou faire appel avant que la question et la question bonus (si nécessaire) aient été posées, répondues et jugées. Toutes les contestations et appels doivent être faits avant le commencement de la question suivante.

3. Il n'est pas permis de communication entre l'entraîneur et le capitaine, entre les concurrents ou les concurrents et les spectateurs.

4. Chaque capitaine ne peut contester une question qu'une seule fois.

5. La contestation

   a. Un capitaine peut contester une décision du président du jeu s'il estime que la décision est incorrecte.

   b. Le capitaine peut demander au président du jeu de lire la question et la réponse correcte avant de contester.

   c. Le capitaine de l'autre équipe peut réfuter la contestation dès qu'elle est achevée.

   d. Après avoir entendu la contestation et la réfutation, le président du jeu jugera de la validité de la contestation.

   e. La contestation sera invalidée si elle contient des informations incorrectes ou si l'argument ne justifie pas la modification de la première décision. Quand une contestation est acceptée et la première décision revue, il y aura un ajustement au niveau des points comme si l'erreur avait eu lieu au commencement.

6. Les appels
   a. Le capitaine peut faire appel au président du jeu pour invalider une réponse due à une lecture incorrect, à une information incorrect dans la question ou à l'interférence audio et visuelle.
   b. Après avoir entendu l'appel, le président du jeu peut consulter celui qui relève les points pour la décision finale
   c. L'appel sera soutenu si l'argument justifie le changement de la première décision.
   d. Si un appel est soutenu, la question pour laquelle il y a eu appel sera invalidée et une autre question sera posée.
   e. La liste officielle des points doit être changée comme si la question contre laquelle il y a eu l'appel n'avait pas été posée. Les points donnés après la première décision seront retranchés et les points retranchés après la première décision seront redonnés.

LES FAUTES

1. Il y a faute lorsque :
   a. Il ya communication (verbale ou non) après que le président ait posé la question et avant que les points ait été accordés.
   b. Un concurrent commence à répondre à une question avant d'être reconnue par le président du jeu.
2. Une faute peut être considérée comme la faute de toute l'équipe ou la faute des concurrents individuellement. Tout concurrent qui commet trois fautes pendant une reprise doit quitter la reprise. Il faut le remplacer.

LES POINTS

1. Une réponse correcte à une question vaut vingt points pour l'équipe et le concurrent individuellement.
2. Une réponse correcte à une question bonus vaut dix points pour l'équipe
3. Quatre réponses correctes (hormis les questions bonus) données par tout concurrent valent dix points pour l'équipe et pour le concurrent qui a répondu à ces quatre questions. Ceci est appelé « un hors-concours ». Lorsqu'un concurrent a réalisé le « hors-concours », il ou elle doit quitter le siège du jeu et être remplacé s'il y a un substitut.
4. Lorsque trois concurrents de la même équipe répondent correctement, chacun à au moins une question, il y a un bonus de dix points pour l'équipe.
   a. Le quatrième concurrent qui répond correctement fait gagner dix points à l'équipe.
   b. Le cinquième concurrent qui répond correctement obtient dix points de bonus de plus.
5. A partir de la seizième question, dix points sont retranchés du score l'équipe pour chaque erreur.
6. A la troisième faute d'un concurrent, dix points sont retranchés du score de l'équipe et des points du concurrent lui-même. Ceci est appelé « un hors à la suite d'erreur » et le concurrent ne pourra plus répondre aux questions de cette reprise. Il peut être remplacé.
7. A la cinquième erreur de l'équipe (et pour chaque subséquente), dix points seront retranchés des points de l'équipe.
8. Les points des questions subsidiaires qui viennent après le temps limite du jeu ne font pas partie des points individuels ou des points de l'équipe

DESCRIPTION DES FONCTIONS DE L'ENTRAÎNEUR

ENTRAÎNEMENT

1. Planifier et assister aux pratiques
2. Assurer le personnel à la pratique et aux jeux
3. Arranger les voyages aux invitations d'autres districts et encadrer une équipe
4. Planifier et participez à des voyages pour des tournois dans d'autres districts.
5. Entrer en contact avec les concurrents chaque semaine en utilisant les notes (peut-être un email) et les appels téléphoniques
6. Démontrer esprit de sportivité à tous les tournois de Challenge Biblique
7. Démontrer et faciliter l'intérêt pour le mot de Dieu
8. Programmez des fêtes de jeux Challenge Biblique au moins deux fois pendant l'année.
9. Recruter des nouveaux concurrents et des nouveaux entraîneurs
10. Planifier un jeu concours Biblique de démonstration avec les pasteurs locaux
11. Encadrer les entraîneurs adjoints
12. Organiser et faites des méditations hebdomadaires (pendant la pratique ou peut-être pendant l'Ecole de Dimanche)

Note : il y a des méditations hebdomadaires dans le livre jaune qui peuvent être adapté pour un groupe d'Etude de Biblique ou une étude de 13 semaines.

13. Garder les records statistiques des Challenges Bibliques
14. Avoir un budget pour le jeu Challenge Biblique si c'est fourni par la JNI locale
15. Commander le matériel
16. Garder un programme organisé de jeu Challenge Biblique et tenez les parents des concurrents toujours informés
17. Maintenir les pasteurs des églises locales à jours sur les jeux Challenges Bibliques. Encourager les annonces, assurez-vous que les événements font parties du calendrier de l'église et de la JNI et être en relation avec les pasteurs de façon régulière.
18. Produire un bulletin pour tenir tout le monde informé, particulièrement les parents.
19. Assister aux activités en dehors du jeu concours Biblique et dans lesquelles vos concurrents sont impliqués. Par exemple, un concert d'un groupe musical ou un jeu à l'école
20. Intégrer vous au reste du groupe des jeunes. Être impliqué dans d'autres activités des jeunes et travaillez avec le président de la JNI ou le pasteur des jeunes. Ils se sentiront plus confortables avec toi quand cela se produit.

LES RESPONSABILITÉS DE L'ENTRAÎNEUR ADJOINT

1. Assister aux pratiques et assister aux activités du jeu - être un responsable du jeu ou la personne qui marque les points.
2. Encadrer pour les invitations du district et les tournois hors du district

3. Appeler les concurrents pendant la semaine pour les encourager à étudier et à voir comment les choses se passent
4. Vérifier la récitation des versets à mémoriser des concurrents pendant la pratique
5. Assumer les responsabilités de l'entraîneur pendant son absence
6. Aider à faire de méditations
7. Aides dans la formation de l'équipe - donner les avis sur comment vont les concurrents et en faire part à l'entraîneur

COMMENT MOTIVER

Chaque individu a un ordre du jour personnel, la "vraie raison" pour laquelle il ou elle veut être dans l'équipe. Cet ordre du jour personnel est la clé pour motiver chaque personne. Il a été dit que la seule vraie motivation est la motivation personnelle. Si c'est vrai, alors notre responsabilité est d'enlever les barrières qui démotivent un individu. Quelques facteurs qui peuvent limiter la motivation d'un concurrent sont, la crainte de l'échec, ne pas réussir, le manque d'exaltation, le manque de défis et ne pas voir ce qu'ils sont capables de réaliser à travers le jeu Challenge Biblique.

Un concurrent peut devenir moins motivé parce qu'il ne se rend pas compte de ce qu'il est capable d'accomplir. Quand un concurrent vie le succès ou bien voit ce qu'ils pourraient accomplir, ils deviennent très passionnés. Notre but devrait être de les aider à avoir de grands rêves ou le désir de faire mieux.

Les concurrents aiment être impliqués dans les choses qui leur fournissent un sens de succès. S'ils ne perçoivent pas qu'ils ont réussis, alors ils les cinq ne fourniront pas le minimum d'effort exigé ou ils pourront même finalement jeter l'éponge. Ils doivent également avoir un sens de sécurité et de sûreté dans le groupe. S'ils ne se sentent pas en sécurité ou accepté,

beaucoup de concurrents ne risqueront pas l'échec.

La plus grande chose qui rend le Challenge Biblique différent de n'importe quelle autre étude de Biblique est le facteur de concurrence. Ce facteur est également une clé pour motiver la plupart des concurrents. La plupart des gens aiment gagner et iront souvent créer des longueurs pour gagner aussi longtemps qu'il y'a un bon environnement. La plupart des concurrents sont naturellement motivés par la concurrence, mais il leur manque la sûreté de l'échec, et la vision de se pousser.

Voir et savoir qu'il y a plus à réaliser peut être juste le défi requis pour motiver. Aider vos concurrents à voir ce qu'ils peuvent accomplir s'ils travaillent assez durement. Faites les voir des très bonnes équipes, des cérémonies de récompense des bons concurrents. Discutez de ce que cela prendra pour accomplir ce qu'ils ont vu. Cela peut prendre un moment pour les convaincre qu'ils peuvent accomplir la même chose.

Aidez-les à créer des buts personnels et des buts de groupe. Rendez certains débuts facilement réalisables et d'autres qui exigent des grands efforts pour être réalisé. La plupart des concurrents doivent également voir comment ils ont réussis pour qu'ils osent essayer d'accomplir plus. Chacun de nous est normalement son plus dur critique. Saisissez chaque occasion pour mentionner les succès, quelque soit leur petitesse. Regarder partout pour trouver des choses pour complimenter chaque concurrent.

La motivation vraie est interne, mais les facteurs externes peuvent jouer un rôle important dans la motivation. Considérez ces idées en motivant.

Etablissez un bon exemple - votre enthousiasme se transfèrera sur eux

Etablissez des buts appropriés - créez des

buts multiples y compris certains qui les défie-
ront.

Donner un bon nombre de feedback - Félici-
tation d'abord, amélioration par la suite.

Aidez les concurrents à mesurer le succès
par rapport à eux même et non par rapport aux
autres.

Fournissez les primes pour atteindre des
buts.

Conservez les points et les récompenses
personnels

Faire les voyages aux tournois

Donnez aux concurrents l'occasion d'être
responsable de jeu concours Biblique quand
ils atteignent un certain but comme sortir
après avoir répondu à beaucoup de questions
ou après avoir étudier une certaine quantité du
matériel.

Faire une reconnaissance publique dans
l'église.

Une autre manière efficace d'aider à motiver
est de créer une certaine remise de récompenses annuelle. Sentez vous libres de fabriquer
quelques unes spéciales vous même. Assurez-
vous que les concurrents savent exactement
comment les gagner et essayer de tenir infor-
mer sur leur progrès si la récompense est pour
telle ou telle.

ASTUCES D'ÉTUDE

ASTUCES D'ÉTUDE : MÉMORISATION

Versets à Mémoriser

Si vos concurrents projettent apprendre tous
les versets à mémoriser de cette année, vous
voudrez bien prêter une attention particulière
à la liste du pré-saut à la fin du livre 1. Le but
d'avoir une liste de pré-saut est de leur montrer où l'endroit le plus "sûr" à sauter le plus tôt
de chaque verset à mémoriser se trouve, et les
aider à apprendre à compléter le verset avec le
plus petit nombre de premiers mots possibles.
Utilisez ceci pour perfectionner leurs talents de
sauter sur des versets à mémoriser.

Méthode "15"

1. Lisez le verset un certains nombre de fois.
2. Demandez qu'ils le disent sans regarder.
   S'ils sont bloqués, vérifiez le verset, et puis
   continuez.
3. Quand ils peuvent dire tout le verset sans
   regarder, ils sont prêts à commencer à apprendre par cœur. (Vous aviez pensé c'était
   terminé, n'est-ce pas ?)
4. Faites leur dire tout le verset aussi rapidement que possible, cinq fois, sans erreur.
   S'ils font une erreur, recommencez.
5. Lisez encore le verset pour s'assurer qu'ils le
   disent bien. Si non, reprendre.
6. Faites leur dire le verset cinq fois de plus
   sans erreur. Puis cinq fois encore.(ce qui fait
   15.) S'ils font une erreur à n'importe quel
   moment, reprenez avec ce groupe de cinq.
7. Faites le prochain verset de la même
   manière, puis revenez au premier verset
   appris par cœur pour vous assurer qu'ils le
   connaissent encore ?
8. Continuez le processus jusqu'à ce qu'ils
   aient tout mémorisé.

Ecrire les questions

C'est un fait prouvé que plus que vous
traitez un sujet, plus vous l'apprenez et mieux

vous vous en rappelez. C'est une grande idée de demander à vos concurrents d'écrire leurs propres questions car en étudiant le matériel. Assurez-vous qu'ils ont une solide connaissance du matériel avant qu'ils ne commencent à écrire des questions. Une fois qu'ils le font , ils constateront que la pratique de formuler des questions et des réponses testera vraiment leur connaissance du matériel. Une fois qu'ils apprennent cette méthode, vous trouverez même qu'ils n'ont pas besoin d'écrire réellement les questions et les réponses sur une feuille; il serait peut-être suffisant de simplement formuler des questions mentalement et de répondre dans leurs pensées. Ces questions écrites pourraient) être utilisées pendant les séances pratiques et comparées aux questions dans ce livre.

Méthode Des Phrases

1. Lisez le verset soigneusement, en assurez-vousqu'ils comprennent sa signification.
2. Brisez le verset en phrase (les signes de ponctuation le font très bien) et dire chaque phrase plusieurs fois, mettant l'accent sur les mots difficile à retenir.
3. Lisez encore tout le verset, en se concentrant sur les parties difficiles.
4. Citez le verset 5 ou 6 fois, ou jusqu'à ce qu'ils puissent le dire facilement sans erreur.
5. Révisez le verset environ 10 fois le même jour qu'ils l'apprennent.
6. Reviser le verset au moins une fois par jour pendant trois ou quatre jours après qu'ils l'aient appris.

Plan 3-5-7

Supposez que vous venez juste d'étudier actes 8. Demander maintenant aux concourants de réviser le chapitre qui vient trois chapitres avant ce chapitre-chapitre 5. Ensuite révisez le chapitre qui vient cinq chapitres avant - chapitre 3. Ensuite révisez le chapitre qui vient sept chapitres avant votre chapitre initial - chapitre 1. D'où le nom, Plan 3-5-7.Quand le nombre total des chapitres devient assez élévé, il devra devenir le Plan 3-5-7-9.

Fiches

Une grande manière d'aider les concurrents à apprendre les versets à mémoriser (ou tout le matériel) est de créer un catalogue des versets qu'ils (ou que vous voulez) veulent mémoriser. Écrivez ou dactylographier chaque verset d'un côté d'une fiche et mettre sa référence sur le dos.   Les programmes informatiques ont rendu ceci une tâche quelque peu simple, particulièrement avec la capacité d'acheter le Louis Second pour cet ordinateur. (il est important qu'ils fassent cette étape eux-mêmes (sans se soucier de la méthode) ; essayez de ne pas avoir leurs parents ou vous comme même comme entraîneur pour faire ceci pour eux. Les cartes leurs seront beaucoup plus significatives-et aussi, ils se rappelleront du verset nettement mieux-s'ils prennent le temps de traiter mentalement chaque verset en préparant le catalogue.) Une fois qu'ils ont tous les versets sur des cartes, ils sont maintenant prêts à commencer. Ils voudront probablement mémoriser les versets dans l'ordre qu'ils apparaissent dans la Bible. Demandez leur d'utilser n'importe laquelle des méthodes de mémorisation déjà mentionnées pour apprendre réellement le verset. Le grand avantage de cette méthode est de pouvoir séparer ces versets avec lesquels ils ont des difficultés d'étudier. Ils seront aussi capable de réviser les versets en regardant la référence ou de réviser la référence en regardant les versets eux mêmes.

ASTUCES ÉTUDE :COMPRÉHENSION

Méthode De Soulignement

Demandez aux concourants de lire le chapitre assez de fois qu'ils en connaissent la majeure partie, commençant au début du chapitre et soulignant chaque fait dans le chapitre qu'ils ne sont pas sûrs de pouvoir se rappeler sans étudier davantage. Ensuite, en commençant par le premier verset, demandez leur d'étudier toutes les expressions soulignées. Pour compléter totalement cette méthode d'étude, demandez leur de continuer à travailler sur toutes ces expressions jusqu'à ce qu'ils connaissent chacune d'elles assez bien pour pouvoir se rappeler des détails dans un concours biblique.

ASTUCES D'ETUDE :LECTURE

CD/ Méthode de Cassette/MP3/Podcast

L'étude devient plus facile quand l'on peut non seulement voir les mots mais aussi bien les entendre. Vous pouvez acheter un enregistrement audio déja fait du livre pour aider vos concurrents à lire et à mémoriser. Vous pourrez considérer faire votre propre enregistrement à l'aide d'un CD vierge enregistrable, (vous aurez besoin d'un ordinateur avec un microphone et un logiciel d'enrégistrement approprié) ou un enregistreur à cassettes et enregistrer votre propre voix en lisant chaque chapitre pour des raisons l'études.(Rappelez-vous qu'il est illégal de tirer des copies des enregistrements de la Bible déja faits, ou de distribuer ou vendre des copies de votre propre enregistrement de voix des passages de Bibliques sans permission.) Ceci peut prendre assez de temps, mais vous trouvez cela d'une grande valeur à la longue. Rappelez-vous de lire clairement et fort. Vous pourrez vouloir identifier chaque chapitre et/ou verset avec sa référence quand vous arrivez dessus.

Il y a plusieurs manières d'utiliser un enregistrement de ce genre dans votre étude. Voici quelques exemples :

Lecture Directe-Lire le long dans la partie de la Bible ou dans le texte de lecture, ceci dans le cas où ils peuvent écouter soigneusement l'enregistrement tout en lisant. De cette façon, non seulement ils verront les mots à la page, mais ils les entendront aussi bien. Cette combinaison les aidera à se rappeler matériel mieux du matériel. Une variation est d'essayer de réciter le matériel avec l'enregistrement.

La Lecture Pantomime-Mettez en marche le lecteur CD/Radio Cassete/MP3.Pendant que les versets sont lus, pantomime (faites une mise en scène à voix haute) tout qui se produit. Exagérer ! Faites des choses amusantes, des choses folles pour faire une mise en scène du texte. S'ils ne sont pas trop conscients d'eux mêmes, faites un premier essaie, vous serez très étonné de voir qu'à quel point cette méthode les aide à se rappeler du matériel.

Méthode De Lecture Directe

Demandez leur tout simplement de lire tout le chapitre attentivement et pensivement. Plus ils lisent quelque chose, mieux ils la connaîtront. Aussi, faites leur lire les textes parallèles ou les commentaires s'ils ont un certain genre de Bible avec des références. Faites attention d'utiliser seulement Louis Segond pour le travail de mémorisation, d'autres versions peuvent être utiles en essayant de comprendre ce que l'auteur essaye de véhiculer.

Méthode De Répétition

1. Lisez le verset 1 (du chapitre qu'ils étudient) trois fois.
2. Lisez le verset 2 trois fois, le verset 3 trois fois, le verset 4 trois fois, et le verset 5 trois fois.
3. Lisez maintenant les versets 1 à 5 tous ensemble d'un trait.
4. Lisez les versets 6, 7, 8, 9, 10 trois fois chacun.
5. Lisez maintenant les verset 6 à 10 tous ensemble d'un trait.

6. Maintenant allez retournez au verset 1 et lisez d'un trait jusau'au verset10.

7. Lisez les versets 11 à 15, trois fois chacun ;ensuite lisez les ensemble d'un trait ;ensuite retournez au verset 1 et lisez jusqu'au verset 15.

8. Lisez les versets 16 à 20 trois fois chacun ; puis 16 à 20 une fois tous ensemble ; puis 1 à 20.

9. Continuez à faire ceci jusqu'à ce qu'ils finissent le chapitre.

La Méthode de Paraphraser

Vous êtes-vous déjà une fois arrêter et penser sur le fait que si vous écriviez certains des textes Bibliques que vous êtes entrain d'étudier ;ils vous sembleraient beaucoup différent de ce que vous lisez ?

Avant que vous suggériez cette méthode à vos concurrents, ils auront besoin d'environ trois ou quatre bouts de feuilles de cahier. Au dessus de la première page ils devraient écrire le nombre du chapitre qu'ils liront. Demandez qu'ils lisent tout le chapitre à plusieurs reprises. Maintenant, le but est pour qu'ils re-écrivent le chapitre, verset par verset, en leurs propres mots.

Ils peuvent le rendre sérieux ou amusant, créatif ou normal-de la manière dont ils parlent habituellement. Ils devraient paraphraser (expliquer comment accomplir paraphraser) au moins 10 versets d'un chapitre juste pour voir s'ils aiment cette méthode. Ils ne doivent même pas l'employer chaque fois. Ils devraient l'essayer de temps à autre pour avoir de la variété dans leur façon d'étudier.

ASTUCES D'ÉTUDE :PRÉ-SAUTER

Écriture Des Questions

Afin de mettre vos concurrents au point pour leurs capacités pour le pré-saut, ce n'est pas aussi important pour eux écrivent des centaines de questions comme il l'est pour eux d'apprendre comment écrire des questions. Vous les ferez en réalité passer de la phase d'écrire des questions et des réponses à la phase de simplement les former mentalement. La clé du bon pré-saut n'est pas simplement de gagner le saut, mais d'être capable de compléter correctement la question à partir du point où l'on a sauter. Apprendre à identifier les questions et les réponses dans leur esprit sera un énorme avantage en commençant le pré-saut.

Dans le verset moyen, il y a quatre ou cinq questions possibles de jeu. Quoique plusieurs questions puissent couvrir la même information, la manière dont un concurrent pré-saute sur chaque question est différente. Ainsi, il est utile de pouvoir observer un verset et voir les différentes questions qui peuvent en découler. Pour écrire une question, demandez leur de commencer en trouvant la réponse dans le verset et ensuite décider comment poser la question sur ce verset. En commençant par le premier verset, faites les regarder chaque expression, chaque nom, chaque verbe d'action, chaque adjectif, et chaque adverbe, pour voir si l'un de ces mots pourraient être une réponse à une question. Ensuite, demandez qu'ils écrivent la question.

Repèrer Le Mot clé

Le Repèrage du mot clé est pour aider un concurrent à pouvoir sauter plus rapidement. Il est très difficile d'améliorer leur temps de réaction de saut sans apprendre à repérer les mots clés.

Qu'est-ce qu'un un mot clé ?Le mot clé est le mot qui vient à cet endroit de la question où, pour la première fois, on peut dire ce que le reste de la question est. En d'autres termes, s'ils entendent une question et le responsable du jeu cesse de lire juste avant le mot clé, ils ne sauront pas pour certain ce qu'est le reste de la question. Il peut y avoir seulement quelques possibilités, et ils peuvent intellectuellement (ou par chance !) deviner, mais ils ne pourront pas être certain. Cependant, s'ils devaient entendre un mot de plus-le mot clé-ils sauraient la bonne question sans aucun doute.

Votre travail en tant qu'entraîneur est d'aider les concurrents à apprendre à localiser ce mot clé de sorte qu'ils puissent sauter à cet endroit là. Dans un jeu, cela signifie une prise de décision rapide sous pression. Pour démarrer, cependant, faites-les pratiquer avec quelques questions et permettez qu'ils prennent tout leur temps pour décider quel est le mot clé.

Voici un point important à se rappeler: l e mot clé ne sera pas toujours le même pour tout le monde ! Plus ils connaissent le chapitre mieux, plus ils seront capables de sauter vite. En ce moment le mot clé des questions pourrait être le dernier mot ;mais vers la fin de l'année, le mot clé sur certaines des mêmes questions pourrait probablement être le troisième ou le quatrième mot. Le mot clé change au fur et à mesure que leur connaissance du matériel s'améliore.

Anticiper le mot clé

L'anticipation c'est prévoir exactement que le prochain mot de la question sera le mot clé. Pourquoi prévoir, vous demandez ? Si un concurrent peut indiquer que le prochain mot d'une question sera le mot clé, alors il peut sauter dès que le responsable du jeu commence à le prononcer, mais c'est tard si quelqu'un n'a pas le temps ... .Le concurrent peut alors identifier le mot clé en observant la bouche du responsable du jeu comme une indice au reste du mot. Ceci signifie qu'en réalité, ils sauteront avant qu'ils ne sachent ce que sera la question ! S'ils

peuvent apprendre à anticiper de façon exact, ils gagneront évidemment beaucoup plus de sauts qu'un concurrent qui n'anticipe pas.

Rappelez-vous cependant, qu'anticiper c'est prendre un risque précis ; ils voudront bien être sûrs qu'ils connaissent assez bien le matériel avant de prendre le risque de sauter ! Sauter avant est un obstacle important pour la plupart des concurrents à surmontent, mais quand ils le font, ils trouveront le tournoi beaucoup plus facile.

Enregistrement du Saut

Pour pratiquer leur sauts et pour améliorer l'anticipation du mot clé, vous pouvez vouloir essayer cette méthode. Pour utiliser cette méthode ils auront besoin des appareils d'enrégistrement d'un ordinateur et d'un graveur CD/DVD/MP3, ou d'un simple magnétophone à cassettes. Pour se préparer à l'étude, enregistrez certaines questions et certaines réponses dans le CD/DVD/MP3 ou la cassette (peut-être leurs parents les aideraient à faire ceci ;ouais, bien !). Mettre en marche le CD/DVD/MP3 ou la cassette et faites les "sauter" (physiquement ou mentalement), et arrêter l'enregistrement au point où ils sautent. Maintenant, demandez leur terminer la question et de donner la bonne réponse. Pour faire une vérification personnelle, rejouer la cassette et écouter alors la bonne question et la bonne réponse. Ils constateront qu'au fure et à mesure que leur connaissance du matériel augmente, leurs capacités de pré-sauter plus tôt s'améliorent également.

ASTUCES D'ÉTUDE :RÉVISION GÉNÉRALE

Après avoir étudié un quart des chapitres, prenez un temps de repos pour une révision générale de tous les chapitres qu'ils ont couverts. examinez-les dans chacun des secteurs suivants :

1. Demandez leur de lire encore chaque chapitre en entier. S'il y a du temps, ils peuvent même vouloir employer une méthode de répétition (lire le chapitre 1, ensuite lire les chapitres 1 et 2, ensuite les chapitres 1, 2, et 3, etc.)

2. Demandez leur de faire, soit un plan de chaque chapitre, ou une liste des événements qui se trouvent dans chaque chapitre.

3. Demandez leur de réviser toutes les expressions soulignées qu'ils ont pensées ne pas pouvoir se rappeler dans un jeu. Examinez les pour voir qu'à quel point ils se rappellent toujours ces versets. S'ils ont oublié l'une des phrases, passer encore plus du temps en les étudiant.

4. Travailler avec la liste des versets à mémoriser pour le pré-saut , et examinez leur capacité de compléter chaque verset et de donner la référence.

Répéter cette révision générale après avoir fait une moitié, puis les trois-quarts, enfin tous des chapitres. Dans chaque cas, révisez tous les chapitres qu'ils ont couverts.

ASTUCES D'ÉTUDE :UTILISER UNE CONCORDANCE

Avez-vous déja constaté comment certains concurrent semblent toujours pouvoir sauter bien avant que les votres le fassent? Et comment vous n'avez presque pas encore prononcé un mot et ils peuvent dire exactement de quel verset il s'agit? Il est fort probable que ces concurrents utilisaient une concordance.

Qu'est-ce qu'une concordance ? Une concordance est un type d'index-vous connaissez, ces listes à la fin des livres qui vous indiquent où un certain sujet est mentionné. Une concordance biblique vous dira où et combien de fois n'importe quel mot est employé dans les Saintes Ecritures. (Seriez-vous étonné de savoir que le mot "?" est employé (?) fois dans toute la Bible ? !) Il y a plusieurs types de concordances : Bible entière, Ancien Testament, Nouveau Testament, et des concordances de chaque livre

Comment pouvez-vous utiliser une concordance pour aider vos concurrents dans leur étude ?Chaque année, youthquiz.com rend disponibles une concordance des concurrents qui couvre seulement le matériel couvert pendant cette année de jeu. Cette ressource vous indiquera où et combien de fois chaque mot est employé dans ce livre. Il y'a aussi une liste "de mots uniques" qui est d'une importance capitale aux concurrents. Ce sont des mots qui sont employés une seule fois dans le matériel.

Être familiers avec ces mots peut être d'un valeur inestimable aux concurrents. Un concurrent sachant qu'un mot particulier est employé une seule fois dans tout le matériel de toute une année, dirigera plus rapidement vers le bon passage en répondant à une question. Une fois qu'ils ont eu une concordance, trouvez la liste des mots uniques, ou consultez toute la liste de mots et remarquez ceux qui sont employés une seule fois. Demandez-leur de marquer ces mots avec une certaine couleur de marqueur ou peut-être avec un crayon de couleur bleue. Ensuite demandez-leur de prendre leur texte Biblique ou leur Bible et de localiser chacun de ces mots en "bleus". Maintenant, quand ils lisent et étudient les Saintes Ecritures, ils pourront remarquer quand ils trouvent un mot "bleu". Beaucoup de concurrents utilisent la même approche avec des mots qui sont employé deux ou trois fois dans tout le matériel, les marquant avec une couleur différente, telle que rouge et vert.

Maintenant, dès qu'ils entendent l'un de ces

mots uniques, ils devraient pouvoir l'identifier comme un mot clé, se rappeler de la référence, et y iront rapidement pour poser la question et la réponse mentalement. Vous trouverez que connaître ces mots augmentera considérablement les capacités de pr"-sauter de vos concurrent.(Vous pouvez aussi adapter ce système comme celà leur conviendra).

Quelque soit la façon d'utiliser la concordance que vous décidez pour vos concurrents, soyez sûrs qu'ils ont une bonne compréhension du matériel, aussi bien que des différents mots. La concordance devrait compléter un bon plan d'étude-ne les emmenez pas à compter sur ça pour résoudre tous leurs problèmes d'étude.

Connaître la Bible de cette façon les aidera également dans l'avenir. Cela pourra les aider à retrouver un verset dont ils ont besoin pour parler à quelqu'un qui cherche Dieu. L'Esprit Saint apportera ce verset qu'ils ont appris il y a des années à la mémoire au moment opportun.

ASTUCES D'ÉTUDE :DE LA VARIÉTÉ DANS VOTRE ÉTUDE

Tout à travers ce livre les concurrents trouveront beaucoup de méthodes d'études différentes pour l'usage aux moments d'études personnelles. Il est fort probable qu'une méthode en elle seule ne soit bonne pour tout le monde. Ce qui fonctionne mieux pour un peut ne pas fonctionner bien pour les coéquipiers. Un autre fait d'égale importance, cependant, est que leur connaissance et leur souvenir du matériel s'amélioreront s'ils changent de méthodes d'étude qu'ils emploient. Faites les utiliser une nouvelle méthode de temps à autre afin qu'ils ne soient pas lassés et frustrés en utilisant la même technique à plusieurs reprises.

LA CLE DE L'ALERTE (PRE-ANNONCE)

Rappelez-vous que toutes les questions seront "préannonces" dans une situation de tournoi réelle. Afin de préparer vos concur-

rents pour cette pratique (et au cas où votre équipe déciderait d'utiliser ces questions pour la pratique), nous avons bien aussi inclus les codes d'Alerte dans ce livre. Le code devant la question indique le type de question dont il est s'agit ; les codes sont expliqués dans la "Clé de l'Alerte" qui se trouve tout le long de ce livre.

CLE DE D'ALERTE
(Code = Type de Question)

G = Général
X = Contexte
D = D'après (Selon)
S = Situation
D = Dans quels livre et chapitre (pas utilisés dans Luc)

Mémoire :

C = Citation ;
V = Achevez ce verset(s) (ces) (aucune référence) ;
R = Achevez des versets (ces) et donnez la référence

GALATES 1

G   Qui n'a été envoyé ni de la part des hommes ni par un homme?
A.   Paul (Ga. 1.1)

A   Selon Galates, chapitre 1, verset 1, qui est un apôtre ?
A.   Paul (Ga. 1.1)

G   Par qui Paul a-t-il été envoyé ?
A.   Jésus-Christ et Dieu le Père (Ga. 1.1)

G   Qui a ressuscité Jésus-Christ d'entre les morts ?
A.   Dieu le Père (Ga. 1.1)

X   Question en deux parties : Par qui Paul n'a-t-il pas été envoyé? Et par qui a-t-il été envoyé ?
A.   (1) L'homme (2) Jésus-Christ et Dieu le Père (Ga. 1.1)

X   A qui s'adresse la lettre aux Galates ?
A.   Aux églises en Galatie (Ga. 1.2)

A   Selon Galates, chapitre 1, verset 2, qui est avec Paul?
A.   Tous les frères (Ga. 1.2)

A   Solon Galates, chapitre 1, verset 3, qu'est-ce qui est donné de la part de Dieu notre Père et du Seigneur Jésus-Christ ?
A.   La grâce et la paix (Ga. 1.3)

A   Selon Galates, chapitre 1, verset 3, à qui sont données la grâce et la paix de la part de Dieu notre Père et du Seigneur Jésus-Christ ?

A.   Aux églises en Galatie (Ga. 1.3)

G   Pourquoi le Seigneur Jésus-Christ s'est-il donné ?
A.   Pour nos péchés (Ga. 1.4)

A   Selon Galates, chapitre 1, verset 5, qu'est-ce qui est attribué à Dieu ?
A.   La gloire au siècle des siècles (Ga. 1.5)

G   Qui sont ceux qui se détournent si promptement de celui qui les a appelés par la grâce de Christ?
A.   Les Galates (Ga. 1.6)

A   Selon Galates, chapitre 1, verset 6, qu'est-ce qui étonne Paul ?
A.   Que les Galates se détournent si promptement de celui qui les a appelés par la grâce de Christ pour passer à un autre évangile. (Ga. 1.6)

I   Dans quel livre et quel chapitre peut-on lire le verset suivant : « Je m'étonne que vous vous détourniez si promptement de celui qui vous a appelés par la grâce de Christ, pour passer à un autre Évangile. »
A.   Galates 1 (Ga. 1.6)

G   Qu'est-ce que vous faites si promptement ?
A.   Vous vous détournez de celui qui vous a appelés par la grâce de Christ (Ga. 1.6)

G   Que font les gens, de toute évidence ?
A.   Ils vous (les Galates) troublent et ils veulent renverser l'Évangile de Christ (Ga. 1.7)

G   Qu'est-ce que certaines personnes essayent de renverser ?
A.   L'Évangile de Christ (Ga. 1.7)

G   Que se passerait-il si un ange du ciel annonçait un autre évangile que celui que nous avons prêché ?
A.   Qu'il soit anathème (Ga. 1.8)

G   Pour quelle raison pourrions-nous être anathèmes ?
A.   Si nous annoncions un autre évangile que celui qui a été prêché (aux Galates) (Ga. 1.8)

G   Et si quelqu'un vous annonce un autre évangile que celui que vous avez reçu ?
A.   Qu'il soit anathème (Ga. 1.9)

G   Pour quelle raison Paul cesserait-il d'être un serviteur de Christ?
A.   S'il plaisait encore aux hommes (Ga. 1.10)

Q   Citez Galates, chapitre 1, verset 10.
A.   « Et maintenant, est-ce la faveur des hommes que je désire, ou celle de Dieu ? Est-ce que je cherche à plaire aux hommes ? Si je plaisais encore aux hommes, je ne serais pas serviteur de Christ. » (Ga. 1.10)

A   Selon Galates, chapitre 1, verset 11, qu'est-ce que Paul déclare ?
A.   Que l'évangile qu'il a annoncé n'est pas de l'homme (Ga. 1.11)

V   Terminez ce verset : « Je vous déclare, . . . »
A.   « . . . frères, que l'Évangile qui a été annoncé par moi n'est pas de l'homme » (Ga. 1.11).

G   Qu'est-ce que Paul n'a pas reçu d'un homme ?
A.   L' Évangile qu'il a prêché (Ga. 1.12)

G   Qui a reçu l'Évangile qu'il a prêche par une révélation de Jésus-Christ?
A.   Paul (Ga. 1.12)

I   Dans quel livre et quel chapitre se trouve le verset suivant : « car je ne l'ai ni reçu ni appris d'un homme, mais par une révélation de Jésus Christ? »
A.   Galates 1 (Ga. 1.12)

A   Selon Galates, chapitre 1, verset 13, qu'est-ce que vous avez su ?
A.   La conduit de Paul dans le judaïsme, comment il persécutait à outrance et ravageait l'église de Dieu. (Ga. 1.13)

G   Comment Paul persécutait-il l'église de Dieu ?
A.   À outrance (Ga. 1.13)

G   Paul est plus avancé que qui dans le judaïsme ?
A.   Beaucoup de ceux de son âge (Ga. 1.14)

A   Selon Galates, chapitre 1, verset 14, quelle était la situation de Paul ?
A.   Il était plus avancé dans le judaïsme que beaucoup de ceux de son âge (Ga. 1.14)

G   Qui Dieu a-t-il mis à part dès le sein de sa mère ?
A.   Paul (Ga. 1.15)

A   Selon Galates, chapitre 1, verset 15, comment Dieu a-t-il appelé Paul?
A.   Par sa grâce (Ga. 1.15)

G   Pourquoi a-t-il plu à Dieu de révéler son Fils en Paul?
A.   Afin que Paul l'annonce parmi les païens (Ga. 1.15, 16)

G   Qui Paul devait-il annoncer parmi les païens?
A.   Le Fils de Dieu (Ga. 1.16)

G   Quand Paul est-il parti pour l'Arabie ?
A.   Immédiatement (après que Dieu l'a appelé et qu'il a révélé son Fils en lui) (Ga. 1.17)

A   Selon Galates, chapitre 1, verset 17, qui Paul n'a-t-il pas consulté ?
A.   Ceux qui étaient apôtres avant lui (Ga. 1.17)

G   Combien de temps Paul est-il resté avec Pierre ?
A.   Quinze jours (Ga. 1.18)

A   Selon Galates, chapitre 1, verset 18, quand Paul s'est-il rendu à Jérusalem?
A.   Trois ans plus tard (Ga. 1.18)

X   Quel est l'équivalent de Céphas en grec ?
A.   Pierre (Ga. 1.18)

A   Selon Galates, chapitre 1, verset 19, qui Paul a-t-il vu ?
A.   Jacques, le frère du Seigneur (Ga. 1.19)

G   Qui Paul n'a-t-il pas vu quand il est monté à Jérusalem pour rencontrer Pierre ?
A.   Aucun des autres apôtres (si ce n'est Jacques, le frère du Seigneur) (Ga. 1.19)

I   Dans quel livre et quel chapitre se trouve le verset suivant : « Mais je ne vis aucun autre des apôtres, si ce n'est Jacques, le frère du Seigneur. » ?
A.   Galates 1 (Ga. 1.19)

G   Qui assure devant Dieu que dans ce qu'il écrit il ne ment point ?
A.   Paul (Ga. 1.20)

G   Quand Paul s'est-il rendu en Syrie et en Cicilie ?
A.   Ensuite (après avoir été à Jérusalem) (Ga. 1.21)

I   Dans quel livre et quel chapitre se trouve le verset suivant : « J'allai ensuite dans les contrées de la Syrie et de la Cilicie. » ?
A.   Galates 1 (Ga. 1.21)

G   Pour qui Paul était-il un inconnu ?

A.   Les églises de Judée qui sont en Christ (Ga. 1.22)

G   Qui a entendu dire ceci : « Celui qui autrefois nous persécutait annonce maintenant la foi qu'il s'efforçait alors de détruire. » ?
A.   Les églises de Judée qui sont en Christ (Ga. 1.23)

A   Selon Galates, chapitre 1, verset 23, qu'ont-elles entendu dire ?
A.   Celui qui autrefois nous persécutait annonce maintenant la foi qu'il s'efforçait alors de détruire. (Ga. 1.23)

A   Selon Galates, chapitre 1, verset 24, qui les églises glorifiaient-elles ?
A.   Dieu (Ga. 1.24)

G   À quel sujet les églises de Judée qui sont en Christ glorifiaient-elles Dieu ?
A.   Paul (Ga. 1.24)

GALATES 2

G   Où Paul est-il monté à nouveau quatorze ans après ?
A.   Jérusalem (Ga. 2.1)

A   Selon Galates, chapitre 2, verset 1, quand Paul est-il monté à nouveau à Jérusalem?
A.   Quatorze ans après (Ga. 2.1)

A   Selon Galates, chapitre 2, verset 2, qu'est-ce que Paul leur a exposé ?
A.   L'Évangile qu'il prêche parmi les païens (Ga. 2.2)

G   Pourquoi Paul est-il monté à nouveau à Jérusalem quatorze ans après ?
A.   En réponse à une révélation (Ga. 2.2)

A   Selon Galates, chapitre 2, verset 3, qui était avec Paul?
A.   Tite (Ga. 2.3)

A   Selon Galates, chapitre 2, verset 4, quelle est la cause de cette situation ?
A.   Parce que certains faux frères s'étaient furtivement introduits et glissés parmi eux pour épier la liberté qu'ils avaient en Jésus-Christ, avec l'intention de les asservir. (Ga. 2.4)

X   Complétez la phrase suivante : « Cette situation s'est produite parce que… »
A.   …des faux frères s'étaient furtivement introduits et glissés parmi nous, pour épier la liberté que nous avons en Jésus Christ, avec l'intention de nous asservir (Ga 2.4)

A   Selon Galates, chapitre 2, verset 5, qu'est-ce qui devait être maintenu parmi vous ?
A.   La vérité de l'Évangile (Ga. 2.5)

G   Pourquoi n'avons nous pas cédé aux faux frères un seul instant?
A.   Afin que la vérité de l'Évangile soit maintenue parmi les Galates (Ga. 2.5)

A   Selon Galates, chapitre 2, verset 6, qu'est-ce que Dieu ne fait pas ?
A.   Il ne fait point acception de personne (Ga. 2.6)

G   À quoi ceux qui sont les plus considérés n'ont-ils rien imposé ?
A.   Au message de Paul (Ga. 2.6)

G   À qui Pierre devait-il prêcher l'Évangile ?
A.   Aux Juifs (Ga. 2.7)

I   Dans quel livre et quel chapitre se trouve le verset suivant : « voyant que l'Évangile m'avait été confié pour les incirconcis, comme à Pierre pour les circoncis » ?
A.   Galates 2 (Ga. 2.7)

A   Selon Galates, chapitre 2, verset 8, qui était l'apôtre des païens ?
A.   Paul (Ga. 2.8)

G   Qui a fait de Paul un apôtre des païens ?
A.   Dieu (Ga. 2.8)

I   Dans quel livre et quel chapitre se trouve le verset suivant : « afin que nous allassions, nous vers les païens, et eux vers les circoncis. » ?
A.   Galates 2 (Ga. 2.9)

G   A quel moment Jacques, Pierre et Jean donnèrent-ils à Paul et Barnabas la main d'association ?
A.   Quand ils reconnurent la grâce qui avait été accordée à Paul (Ga. 2.9)

G   Qui a reconnu la grâce accordée à Paul ?
A.   Jacques, Pierre et Jean (Ga. 2.9)

A   Selon Galates, chapitre 2, verset 10, qu'ont-il recommandé ?
A.   Que (Paul et Barnabas) se souviennent des pauvres (Ga. 2.10)

G   Qui a recommandé que Paul et Barnabas se souviennent des pauvres ?
A.   Jacques, Pierre et Jean (Ga. 2.10)

A   Qui vint à Antioche ?
A.   Pierre (Ga. 2.11)

G   Pourquoi Paul a-t-il résisté à Pierre ?
A.   Parce qu'il était répréhensible (Ga. 2.11)

X   Où Paul s'est-il opposé à Pierre ?
A.   Antioche (Ga. 2.11)

G   Qui était répréhensible ?
A.   Pierre (Ga. 2.11)

G   Qui avait envoyé les quelques personnes à Antioche ?
A.   Jacques (Ga. 2.12)

G   Qui Pierre craignait-il ?
A.   Les circoncis (Ga. 2.12)

G   Par quoi Barnabas a-t-il été entraîné ?

A.   Par l'hypocrisie de Pierre et des autres Juifs (Ga. 2.13)

G   Qui a été entraîné ?
A.   Barnabas (Ga. 2.13)

A   Selon Galates, chapitre 2, verset 14, qu'est-ce que Paul a vu ?
A.   Que (Pierre, les autres Juifs et Barnabas) ne marchaient pas droit selon la vérité de l'Évangile (Ga. 2.14)

G   A la manière de qui Pierre vit-il ?
A.   A la manière des païens (Ga. 2.14)

A   Selon Galates, chapitre 2, verset 15, qui sont ceux qui « ne sont pas pécheurs d'entre les païens » ?
A.   Nous qui « sommes Juifs de naissance ». (Ga. 2.15)

G   Qui sait qu'un homme n'est pas justifié par les œuvres de la loi ?
A.   Nous qui sommes Juifs de naissance et non les « pécheurs païens » (Ga. 2.15-16)

Q   Citez Galates, chapitre 2, verset 16.
 A.   « Néanmoins, sachant que ce n'est pas par les œuvres de la loi que l'homme est justifié, mais par la foi en Jésus Christ, nous aussi nous avons cru en Jésus Christ, afin d'être justifiés par la foi en Christ et non par les œuvres de la loi, parce que nulle chair ne sera justifiée par les œuvres de la loi. » (Ga. 2.16)

G   Qui sera justifié par les œuvres de la loi ?
A.   Nulle chair (Ga. 2.16)

G   En qui avons-nous cru, nous aussi ?
A.   Christ-Jésus (Ga. 2.16)

G   Par quoi nulle chaire n'est-elle justifiée ?
A.   Par les œuvres de la loi (Ga. 2.16)

X   Qu'est-ce que Christ n'est pas ?

A.   Un ministre du péché (Ga. 2.17)

I   Dans quel livre et quel chapitre se trouve le verset suivant : « Mais, tandis que nous cherchons à être justifié par Christ, si nous étions aussi nous-mêmes trouvés pécheurs, Christ serait-il un ministre du péché? Loin de là!"
A.   Galates 2 (Ga. 2.17)

G   Que se passerait-il si Paul reconstruisait ce qu'il a détruit ?
A.   Il se constituerait en transgresseur (Ga. 2.18)

G   Pour quelle raison Paul pourrait-il être qualifié de transgresseur ?
A.   S'il rebâtit ce qu'il a détruit (Ga. 2.18)

G   Pourquoi Paul est-il mort à la loi par la loi ?
A.   Afin de vivre pour Dieu (Ga. 2.19)

R   Terminez le verset suivant et donnez la référence: « J'ai été crucifié avec . . . »
A.   « …Christ; et si je vis, ce n'est plus moi qui vis, c'est Christ qui vit en moi; si je vis maintenant dans la chair, je vis dans la foi au Fils de Dieu, qui m'a aimé et qui s'est livré lui-même pour moi. » (Ga. 2.20)

A   Selon Galates, chapitre 2, verset 20, qu'a fait le Fils de Dieu ?
A.   Il m'a aimé et il s'est livré lui-même pour moi (Ga. 2.20)

G   Par quoi Paul vit-il dans la chair ?
A.   Par la foi au Fils de Dieu (Ga. 2.20)

G   Qui aimait Paul et a donné sa vie pour Paul ?
A.   Le Fils de Dieu (Ga. 2.20)

V   Terminez ce verset :   « Je ne rejette pas… »
A.   « …. la grâce de Dieu; car si la justice

s'obtient par la loi, Christ est donc mort en vain. » (Ga. 2.21)

G   Que se passerait-il si la justice s'obtenait par la loi ?
A.   Christ serait mort pour rien (Ga. 2.21)

G   Qu'est-ce que Paul ne rejette pas ?
A.   La grâce de Dieu (Ga. 2.21)

GALATES 3

G   Comment Jésus-Christ a-t-il été peint à vos yeux?
A.   Comme crucifié (Ga. 3.1)

A   Selon Galates, chapitre 3, verset 2, qu'est-ce que Paul veut apprendre de vous ?
A.   « Est-ce par les œuvres de la loi que vous avez reçu l'Esprit, ou par la prédication de la foi? » (Ga. 3.2)

X   Comment les Galates ont-ils reçu l'Esprit ?
A.   En croyant ce qu'ils ont entendu (Ga. 3.2)

I   Dans quel livre et quel chapitre se trouve le verset suivant : « Après avoir commencé par l'Esprit, voulez-vous maintenant finir par la chair? »
A.   Galates 3 (G. 3.3)

G   Par quoi essayez-vous d'atteindre votre objectif ?
A.   Par la chair (Ga. 3.3)

I   Dans quel livre et quel chapitre se trouve le verset suivant : « Avez-vous tant souffert en vain? Si toutefois c'est en vain. »
A.   Galates 3 (Ga. 3.4)

A   Selon Galates, chapitre 3, verset 5, qui opère des miracles parmi vous ?
A.   Dieu (Ga. 3.5)

G   Qu'est-ce que Dieu opère parmi vous?
A.   Des miracles (G. 3.5)

X   Complétez en substance ce qui suit : « Abraham a cru à Dieu, et . . . »
A.   « . . . cela lui fut imputé à justice ». (Ga. 3.6)

G   À quoi la foi d'Abraham en Dieu l'a-t-il mené ?
A.   À la justice (Ga. 3.6)

A   Selon Galates, chapitre 3, verset 6, en qui Abraham croyait-il?
A.   En Dieu (Ga. 3.6)

A   Selon Galates, chapitre 3, verset 7, qu'est-ce que vous devez reconnaître ?
A.   Que ceux qui ont la foi sont fils d'Abraham (Ga. 3.7)

G   Qui est le père de ceux qui ont la foi ?
A.   Abraham (Ga. 3.7)

G   Qu'est-ce qui a prévu que Dieu justifierait les païens par la foi ?
A.   L'Ecriture (Ga. 3.8)

G   En qui toutes les nations seront-elles bénies ?
A.   Abraham (Ga. 3.8)

A   Selon Galates, chapitre 3, verset 8, qui sera béni en Abraham?
A.   Toutes les nations (Ga. 3.8)

A   Selon Galates, chapitre 3, verset 9, quel est le qualificatif d'Abraham?
A.   Le croyant (Ga. 3.9)

G   Quel est le sort de celui qui n'observe pas tout ce qui est écrit dans le livre de la loi ?
A.   Il est maudit (Ga. 3.10)

A   Selon Galates, chapitre 3, verset 10, qui est maudit?

A. Quiconque n'observe pas tout ce qui est écrit dans le livre de la loi (Ga. 3.10)

Q Citez Galates, chapitre 3, verset 11.
A. « Et que nul ne soit justifié devant Dieu par la loi, cela est évident, puisqu'il est dit : Le juste vivra par la foi. » (Ga. 3.11)

A Selon Galates, chapitre 3, verset 11, qui vivra par la foi?
A. Le juste (Ga. 3.11)

G Pourquoi nul n'est justifié devant Dieu par la loi ?
A. Parce que « le juste vivra par la foi ». (Ga. 3.11)

G De quoi la loi ne procède-t-elle pas ?
A. De la foi (Ga. 3.12)

A Selon Galates, chapitre 3, verset 12, qui vivra par ces choses?
A. Celui qui mettra ces choses en pratique. (Ga. 3.12)

R Terminez ce verset et donnez la référence: «Christ nous a rachetés de la malédiction de la loi ».
A. « …étant devenu malédiction pour nous car il est écrit: Maudit est quiconque est pendu au bois ». (Ga. 3.13)

A Selon Galates, chapitre 3, verset 13, de quoi Christ nous a-t-Il rachetés ?
A. De la malédiction de la loi (Ga. 3.13)

G Qui nous a rachetés de la malédiction de la loi en devenant malédiction pour nous ?
A. Christ (Ga. 3.13)

G Comment Christ nous a-t-Il rachetés de la malédiction de la loi?
A. En devenant malédiction pour nous (Ga. 3.13)

V Complétez avec le verset 14 : « Christ nous a rachetés… ».

A. « …afin que la bénédiction d'Abraham eût pour les païens son accomplissement en Jésus Christ, et que nous reçussions par la foi l'Esprit qui avait été promis. » (Ga. 3.14)

G Par quoi devons-nous recevoir l'Esprit qui avait été promis ?
A. Par la foi (Ga. 3.14)

G Qu'est-ce que Paul tire de la vie quotidienne ?
A. Un exemple (Ga. 3.15)

G Qui peut annuler ou ajouter à une disposition de bonne foi (prise par un homme) ?
A. Personne (Ga. 3.15)

X Question en deux parties : Quelle est la signification de « et aux postérités » ? Et que signifie « et à ta postérité »?
A. (1) Plusieurs personnes ; (2) Une seule personne, c'est-à-dire, Christ. (Ga. 3.16)

A Selon Galates, chapitre 3, verset 16, a qui les promesses ont-elles été faites ?
A. À Abraham et à sa postérité. (Ga. 3.16)

G Que signifie « et à ta postérité »?
A. Une personne, c'est-à-dire, Christ. (Ga. 3.16)

G Quand la loi est-elle survenue ?
A. 430 ans plus tard (Ga. 3.17)

A Selon Galates, chapitre 3, verset 17, que veut dire Paul ?
A. Ceci : La loi, survenue 430 ans plus tard, n'annule pas la disposition que Dieu a confirmée antérieurement et ne rend pas la promesse vaine. (Ga. 3.17)

G Par quoi Dieu a-t-Il fait à Abraham ce don de sa grâce ?
A. Par la promesse (Ga. 3.18)

I   Dans quel livre et quel chapitre se trouve le verset suivant : « Car si l'héritage venait de la loi, il ne viendrait plus de la promesse. »
A.   Galates 3 (Ga. 3.18)

G   Qu'est-ce qui a été promulgué par des anges au moyen d'un médiateur ?
A.   La loi. (Ga. 3.19)

G   Par qui la loi a-t-elle été promulguée ?
A.   Par des anges (Ga. 3.19)

A   Selon Galates, chapitre 3, verset 20, qui est un seul?
A.   Dieu (Ga. 3.20)

G   La loi est-elle donc contre les promesses de Dieu?
A.   Loin de là! (Ga. 3.21)

G   Pour quelle raison la justice viendrait réellement de la loi ?
A.   S'il eût été donné une loi qui pût procurer la vie. (Ga. 3.21)

A   Selon Galates, chapitre 3, verset 22, qu'est-ce qui est donné par la foi en Jésus-Christ?
A.   Ce qui avait été promis (Ga. 3.22)

I   Dans quel livre et quel chapitre se trouve le verset suivant : « Mais l'Écriture a tout renfermé sous le péché »
A.   Galates 3 (Ga. 3.22)

A   Selon Galates, chapitre 3, verset 23, qu'est-ce qui est venu ?
A.   La foi (Ga. 3.23)

G   Quand étions-nous enfermés sous la garde de la loi ?
A.   Avant l'arrivée de la foi. (Ga. 3.23)

R   Citez les deux versets qui complètent le verset suivant et donnez les références : « Avant que la foi vînt… »

A.   « …nous étions enfermés sous la garde de la loi, en vue de la foi qui devait être révélée. Ainsi la loi a été comme un pédagogue pour nous conduire à Christ, afin que nous fussions justifiés par la foi. La foi étant venue, nous ne sommes plus sous ce pédagogue. » (Ga. 3.23-25)

G   Pourquoi la loi a-t-elle été comme un pédagogue ?
A.   « …pour nous conduire à Christ, afin que nous fussions justifiés par la foi. » (Ga. 3.24)

A   Selon Galates, chapitre 3, verset 24, par quoi devrions-nous être justifiés ?
A.   Par la foi. (Ga. 3.24)

I   Dans quel livre et quel chapitre se trouve le verset suivant : « La foi étant venue, nous ne sommes plus sous ce pédagogue. » ?
A.   Galates 3 (Ga. 3.25)

G   Sous quoi ne sommes-nous plus maintenant que la loi est venue ?
A.   Sous le pédagogue (sous la supervision de la loi). (Ga. 3.25)

G   Par quoi êtes-vous tous fils de Dieu en Jésus-Christ ?
A.   Par la foi. (Ga. 3.26)

G   Qui a revêtu Christ ?
A.   Vous tous, qui avez été baptisés en Christ. (Ga. 3.27)

G   Pourquoi n'y a-t-il ni Juif ni Grec, ni esclave ni libre, ni homme ni femme ?
A.   Car nous sommes tous un en Christ-Jésus (Ga. 3.28)

A   Selon Galates, chapitre 3, verset 28, en qui êtes vous?
A.   Christ-Jésus (Ga. 3.28)

R   Terminez ce verset et donnez la référence : « Et si vous êtes à Christ, … ».

A.   « …vous êtes donc la postérité d'Abraham, héritiers selon la promesse ». (Ga. 3.29)

A.   Selon Galates, chapitre 3, verset 29, que se passe-t-il si vous êtes à Christ?
A.   « …vous êtes donc la postérité d'Abraham, héritiers selon la promesse." (Ga. 3.29)

G   De qui êtes-vous la postérité si vous êtes à Christ ?
A.   Abraham (Ga. 3.29)

GALATES 4

A   Selon Galates, chapitre 4, verset 1, que dit Paul ?
A.   Aussi longtemps que l'héritier est enfant, il ne diffère en rien d'un esclave, quoiqu'il soit le maître de tout. (Ga. 4.1)

G   Quand l'héritier n'est-il en rien différent d'un esclave ?
A.   Aussi longtemps qu'il est un enfant. (Ga. 4.1)

G   Qui est sous des tuteurs et des administrateurs jusqu'au temps marqué par le père ?
A.   L'héritier (aussi longtemps qu'il est un enfant). (Ga. 4.2)

G   Sous quel esclavage étions-nous lorsque nous étions enfants ?
A.   Sous l'esclavage des rudiments du monde. (Ga. 4.3)

I   Dans quel livre et quel chapitre se trouve le verset suivant : « …mais, lorsque les temps ont été accomplis, Dieu a envoyé son Fils, né d'une femme, né sous la loi » ?
A.   Galates 4 (Ga. 4.4)

A   Selon Galates, chapitre 4, verset 4, qui Dieu a-t-Il envoyé ?
A.   Son Fils (Ga. 4.4)

A   Selon Galates, chapitre 4, verset 4, qui est né d'une femme ?
A.   Le Fils de Dieu (Ga. 4.4)

A   Selon Galates, chapitre 4, verset 5, que pouvons-nous recevoir ?
A.   L'adoption (Ga. 4.5)

G   Pourquoi Dieu a-t-il envoyé Son Fils quand les temps ont été accomplis ?
A.   Afin de racheter ceux qui étaient sous la loi, afin que nous reçussions l'adoption (Ga. 4.4-5)

G   Qui Dieu a-t-Il envoyé pour racheter ceux qui étaient sous la loi ?
A.   Le Fils de Dieu (Ga. 4.4-5)

G   Pourquoi Dieu a-t-Il envoyé l'Esprit de son Fils dans nos cœurs ?
A.   Parce que vous êtes Fils. (Ga. 4.6)

V   Terminez ce verset : « Parce que vous êtes Fils, Dieu . . . ».
A.   « . . . a envoyé dans nos cœurs l'Esprit de son Fils, lequel crie: Abba! Père!" (Ga. 4.6)

Q   Citez Galates, chapitre 4, verset 7.
A.   « Ainsi tu n'es plus esclave, mais fils; et si tu es fils, tu es aussi héritier par la grâce de Dieu. » (Ga. 4.7)

A   Selon Galates, chapitre 4, verset 7, qu'est-ce que vous êtes aussi ?
A.   Héritiers par la grâce (Ga. 4.7)

A   Selon Galates, chapitre 4, verset 8, qui serviez-vous ?
A.   Des dieux qui ne le sont pas par leur nature. (Ga. 4.8)

G   Quand serviez-vous des dieux qui ne le sont pas par nature ?
A.   Autrefois, quand vous ne connaissiez pas Dieu. (Ga. 4.8)

G   A quoi retournez-vos ?

A.   À ces faibles et pauvres rudiments. (Ga. 4.9)

G   Quand retournez-vous à ces faibles et pauvres rudiments?

A.   À présent que vous avez connu Dieu — ou plutôt que vous avez été connus de Dieu. (Ga. 4.9)

X   Réponse en quatre parties : Qu'observent ces Galates connus de Dieu ?

A.   (1) Les jours ; (2) Les mois ; (3) Le temps ; (4) Les années. (Ga. 4.10)

G   Qui craint d'avoir inutilement travaillé pour vous ?

A.   Paul (Ga. 4.11)

I   Dans quel livre et quel chapitre se trouve le verset suivant : « Je crains d'avoir inutilement travaillé pour vous. »

A.   Galates 4 (Ga. 4.11)

G   Qui est comme vous ?

A.   Paul (Ga. 4.12)

A   Selon Galates, chapitre 4, verset 13, que savez-vous ?

A.   Que ce fut à cause d'une infirmité de la chair que Paul vous a pour la première fois annoncé l'Évangile. (Ga. 4.13)

G   Pour quelle raison Paul vous a-t-il pour la première fois annoncé l'évangile ?

A.   A cause d'infirmité dans la chair. (Ga. 4.13)

G   Qu'est-ce qui vous a mis à l'épreuve ?

A.   La maladie de Paul. (Ga. 4.14)

G   À qui n'avez-vous témoigné ni mépris ni dégout ?

A.   À Paul (Ga. 4.14)

A   Selon Galates, chapitre 4, verset 14, comment avez-vous reçu Paul?

A.   Comme un ange de Dieu, comme s'il était Jésus-Christ Lui-même. (Ga. 4.14)

G   Qu'auriez-vous arraché pour les donner à Paul si cela eût été possible ?

A.   Vos yeux (Ga. 4.15)

I   Dans quel livre et quel chapitre se trouve le verset suivant : « Suis-je devenu votre ennemi en vous disant la vérité? »

A.   Galates 4 (Ga. 4.16)

X   Comment Paul est-il devenu l'ennemi des Galates ?

A.   En disant la vérité.   (Ga. 4.16)

A   Selon Galates, chapitre 4, verset 17, que veulent-ils ?

A.   Ils veulent vous détacher de nous. (Ga. 4.17)

X   En Galates 4.17, qu'est-ce qui n'est pas pur?

A.   Le zèle que certaines personnes ont pour les Galates. (Ga. 4.17)

G   Qui veut vous détacher de nous ?

A.   Ces personnes (qui par nature ne sont pas des dieux). (Ga. 4.17)

G   Qu'est-ce qui est beau en tout temps ?

A.   Avoir du zèle pour ce qui est bien. (Ga. 4.18)

G   Jusqu'à quand Paul éprouvera-t-il de nouveau les douleurs de l'enfantement ?

A.   Jusqu'à ce que Christ soit formé dans les Galates. (Ga. 4.19)

A   Selon Galates, chapitre 4, verset 19, qu'est-ce Paul éprouve à nouveau ?

A.   Les douleurs de l'enfantement. (Ga. 4.19)

G   Que souhaite faire Paul à cause de son inquiétude à votre sujet ?

A.   Il voudrait être auprès de vous et changer

de langage. (Ga. 4.20)

I Dans quel livre et quel chapitre se trouve le verset suivant : « Dites-moi, vous qui voulez être sous la loi, n'entendez-vous point la loi? »
A. Galates 4 (Ga. 4.21)

A Selon Galates, chapitre 4, verset 22, combien de fils Abraham a-t-il eus?
A. Deux fils. (Ga. 4.22)

G De qui Abraham a-t-il eut deux fils ?
A. Un de la femme esclave et un de la femme libre. (Ga. 4.22)

G En vertu de quoi est né le fils d'Abraham et de la femme libre ?
A. En vertu de la promesse. (Ga. 4.23)

A Selon Galates, chapitre 4, verset 24, comment sont ces choses ?
A. Ces choses sont allégoriques. (Ga. 4.24)

G Pourquoi ces choses sont elles allégoriques ?
A. Car ces femmes sont deux alliances. (Ga. 4.24)

G Quelle est celle qui représente le mont Sinaï en Arabie ?
A. Agar. (Ga. 4.25)

A Selon Galates, chapitre 4, verset 25, que représente Agar ?
A. Le mont Sinaï en Arabie. (Ga. 4.25)

A Selon Galates, chapitre 4, verset 26, qu'est-ce qui est libre ?
A. La Jérusalem d'en haut. (Ga. 4.26)

G Comment est qualifiée la Jérusalem d'en haut ?
A. Elle est libre et c'est notre mère. (Ga. 4.26)

A Selon Galates, chapitre 4, verset 27, qu'est-ce qui est écrit ?
A. « Réjouis-toi, stérile, toi qui n'enfantes point! Éclate et pousse des cris, toi qui n'as pas éprouvé les douleurs de l'enfantement! Car les enfants de la délaissée seront plus nombreux que les enfants de celle qui était mariée. » (Ga. 4.27)

G Pourquoi la stérile devrait-elle se réjouir ?
A. Car les enfants de la délaissée seront plus nombreux que les enfants de celle qui était mariée. (Ga. 4.27)

G Comme qui êtes-vous les enfants de la promesse?
A. Isaac (Ga. 4.28)

A Selon Galates, chapitre 4, verset 28, qu'êtes-vous?
A. Des enfants de la promesse (comme Isaac). (Ga. 4.28)

I Dans quel livre et quel chapitre se trouve le verset suivant : « Pour vous, frères, comme Isaac, vous êtes enfants de la promesse » ?
A. Galates 4 (Ga. 4.28)

G Qui le fils né selon la chair persécutait-il ?
A. Le fils né selon l'Esprit. (Ga. 4.29)

G Qui persécutait le fils né selon l'Esprit ?
A. Le fils né selon la chair. (Ga. 4.29)

G Qui n'héritera pas avec le fils de la femme libre ?
A. Le fils de la femme esclave. (Ga. 4.30)

A Selon Galates, chapitre 4, verset 30, qui dois-tu chasser ?
A. L'esclave et son fils. (Ga. 4.30)

A Selon Galates, chapitre 4, verset 31, de qui ne sommes-nous pas les enfants ?
A. La femme esclave. (Ga. 4.31)

GALATES 5

G   Pourquoi Christ nous a-t-Il affranchis ?
A.   Pour la liberté (Ga. 5.1)

G   Sous quel joug ne devriez-vous pas vous laisser soumettre ?
A.   Le joug de la servitude. (Ga. 5.1)

A   Selon Galates, chapitre 5, verset 1, qu'à fait Christ ?
A.   Il nous a affranchis. (Ga. 5.1)

R   Terminez ce verset et donnez la référence : « C'est pour la liberté que… »
A.   « …Christ nous a affranchis. Demeurez donc fermes, et ne vous laissez pas mettre de nou-veau sous le joug de la servitude. » (Ga. 5.1)

G   Qui vous dit que si vous vous faites circon-cire Christ ne vous servira de rien?
A.   Paul. (Ga. 5.2)

G   A quoi vous servira Christ si vous vous faites circoncire ?
A.   Il ne vous servira de rien. (Ga. 5.2)

I   Dans quel livre et quel chapitre se trouve le verset suivant : « Et je proteste encore une fois à tout homme qui se fait circoncire, qu'il est tenu de pratiquer la loi tout entière. » ?
A.   Galates 5 (Ga. 5.3)

G   Qui déclare a tout home qui se fait circon-cire qu'il est tenu de pratiquer la loi toute entière?
A.   Paul. (Ga. 5.3)

G   Qui est déchu de la grâce?
A.   Vous tous qui cherchez la justification dans la loi. (Ga. 5.4)

G   De quoi êtes-vous déchus, vous qui cherchez la justification dans la loi?
A.   De la grâce. (Ga. 5.4)

A   Selon Galates, chapitre 5, verset 5, que faisons-nous par la foi ?
A.   « …nous attendons, par l'Esprit, l'espérance de la justice. » (Ga. 5.5)

G   Par qui attendons-nous l'espérance de la justice?
A.   Par l'Esprit. (Ga. 5.5)

X   En Galates chapitre 5, par quoi la foi agit-elle ?
A.   Par la charité (l'amour). (Ga. 5.6)

G   En qui ni la circoncision ni l'incirconcision n'ont de valeur?
A.   Christ-Jésus. (Ga. 5.6)

V   Terminez ce verset : « Car en Jésus-Christ… ».
A.   « …ni la circoncision ni l'incirconcision n'a de valeur, mais la foi qui est agissante par la charité. » (Ga. 5.6)

G   Comment couriez-vous ?
A.   Vous couriez bien. (Ga. 5.7)

I   Dans quel livre et quel chapitre se trouve le verset suivant : « Vous couriez bien: qui vous a arrêtés, pour vous empêcher d'obéir à la vérité? » ?
A.   Galates 5 (Ga. 5.7)

A   Selon Galates chapitre 5, verset 8, qu'est-ce qui ne vient pas de celui qui vous appelle ?
A.   Cette influence. (Ga. 5.8)

G   Qu'est-ce qui fait lever toute la pâte ?
A.   Un peu de levain. (Ga. 5.9)

G   Qui a confiance en vous dans le Seigneur que vous ne penserez pas autrement ?
A.   Paul (Ga. 5.10)

G   Selon qui Paul a-t-il confiance que nous ne penserez pas autrement ?
A.   Le Seigneur. (Ga. 5.10)

G   Qui portera la peine ?
A.   Celui qui vous trouble (Ga. 5.10)

G   Qu'est-ce qui semble avoir disparu ?
A.   Le scandale de la croix. (Ga. 5.11)

G   Qui Paul souhaite-t-il voir retranchés ?
A.   Ceux qui mettent du trouble parmi vous. (Ga. 5.12)

A   Selon Galates, chapitre 5, verset 13, comment devriez-vous vous rendre serviteurs les uns des autres ?
A.   Par la charité. (Ga. 5.13)

R   Terminez ce verset et donnez la référence : « Frères, vous avez été appelés à… »
A.   « …la liberté, seulement ne faites pas de cette liberté un prétexte de vivre selon la chair; mais rendez-vous, par la charité, serviteurs les uns des autres. » (Ga. 5.13)

Q   Citez Galates, chapitre 5, verse t14.
A.   « Car toute la loi est accomplie dans une seule parole, dans celle-ci: Tu aimeras ton prochain comme toi-même. » (Ga. 5.14)

A   Selon Galates, chapitre 5, verset 14, qui aimeras-tu comme toi-même ?
A.   Ton prochain. (Ga. 5.14)

G   Qu'est-ce qui s'accomplit en une seule parole ?
A.   Toute la loi (« Tu aimeras ton prochain comme toi-même »). (Ga. 5.14)

G   Que se passera-t-il si vous vous mordez et vous vous dévorez les uns les autres ?
A.   Prenez garde que vous ne soyez détruits les uns par les autres. (Ga. 5.15)

G   Quelle est la condition pour ne pas accomplir les désirs de la chair ?
A.   Marcher selon l'Esprit. (Ga. 5.16)

A   Selon Galates, chapitre 5, verset 16, comment devriez-vous marcher ?
A.   Selon l'Esprit. (Ga. 5.16)

V   Terminez ce verset : « Je dis donc… ».
A.   « Marchez selon l'Esprit, et vous n'accomplirez pas les désirs de la chair. » (Ga. 5.16)

G   Qui a des désirs contraires à ceux de l'Esprit ?
A.   La chair. (Ga. 5.17)

G   Que désire l'Esprit ?
A.   Ce qui est contraire aux désirs de la chair. (Ga. 5.17)

R   Terminez ces versets et donnez la référence : « Car la chair a des désirs… ».
A.   « …contraires à ceux de l'Esprit, et l'Esprit en a de contraires à ceux de la chair; ils sont opposés entre eux, afin que vous ne fassiez point ce que vous voudriez. » (Ga. 5.17-18)

G   Quand n'êtes-vous plu sous la loi ?
A.   Si vous êtes conduits par l'Esprit. (Ga. 5.18)

X   Citez les œuvres de la chair.
A.   L'impudicité, l'impureté, la dissolution, l'idolâtrie, la magie, les inimitiés, les querelles, les jalousies, les animosités, les disputes, les divisions, les sectes, l'envie, l'ivrognerie, les excès de table, et les choses semblables. (Ga. 5.19-21)

G   Quel est l'avertissement de Paul?
A.   Ceux qui commettent de telles choses n'hériteront point le royaume de Dieu. (Ga. 5.21)

G   De quoi n'hériteront pas ceux qui commettent de telles choses ?
A.   Le royaume de Dieu. (Ga. 5.21)

G   Qu'est-ce que le fruit de l'Esprit?
A.   « …c'est l'amour, la joie, la paix, la patience, la bonté, la bénignité, la fidélité, la douceur, la tempérance… »

(Ga. 5.22-23)

Q   Citez Galates, chapitre 5, versets 22-23.
A.   « Mais le fruit de l'Esprit, c'est l'amour, la joie, la paix, la patience, la bonté, la bénignité, la fidélité, la douceur, la tempérance; la loi n'est pas contre ces choses. » (Ga. 5.22-23)

A   Selon Galates, chapitre 5, verset 23, à quoi la loi ne s'oppose-t-elle pas ?
A.   Elle n'est pas contre ces choses (le fruit de l'Esprit). (Ga. 5.23)

G   Qui a crucifié la chair avec ses passions et ses désirs ?
A.   Ceux qui sont à Jésus-Christ. (Ga. 5.24)

R   Terminez ce verset et donnez la référence : « Ceux qui sont à Jésus-Christ… ».
A.   « …ont crucifié la chair avec ses passions et ses désirs. » (Ga. 5.24)

V   Terminez ce verset : « Si nous vivons par… ».
A.   « …l'Esprit, marchons aussi selon l'Esprit. » (Ga. 5.25)

A   Selon Galates chapitre 5, verset 25, commet devrions-nous marcher ?
A.   Selon l'Esprit. (Ga. 5.25)

G   Pourquoi devrions-nous marcher selon l'Esprit ?
A.   Parce que nous vivons par l'Esprit. (Ga. 5.25)

G   Qui ne devrions-nous pas provoquer ?
A.   Les uns les autres. (Ga. 5.26)

I   Dans quel livre et quel chapitre se trouve le verset suivant : « Ne cherchons pas une vaine gloire, en nous provoquant les uns les autres, en nous portant envie les uns aux autres. » ?
A.   Galates 5 (Ga. 5.26)

GALATES 6

A   Selon Galates, chapitre 6, verset 1, pourquoi dois-tu prendre garde à toi-même ?
A.   De peur que tu ne sois aussi tenté. (Ga. 6.1)

G   Qui devriez-vous redresser avec un esprit de douceur, vous qui êtes spirituels ?
A.   Un homme surpris en quelque faute. (Ga. 6.1)

Q   Citez Galates, chapitre 6, verset 1.
A.   « Frères, si un homme vient à être surpris en quelque faute, vous qui êtes spirituels, redressez-le avec un esprit de douceur. Prends garde à toi-même, de peur que tu ne sois aussi tenté. » (Ga. 6.1)

R   Terminez ce verset et donnez la référence : « Portez les fardeaux les uns des autres… »
A.   « … et vous accomplirez ainsi la loi de Christ ». (Ga. 6.2)

A   Selon Galates, chapitre 6, verset 2, que devriez-vous porter ?
A.   Les fardeaux les uns des autres. (Ga. 6.2)

G   De qui devriez-vous porter les fardeaux ?
A.   Les uns des autres. (Ga. 6.2)

G   Que se passe-t-il si quelqu'un pense être quelque chose, quoiqu'il ne soit rien?
A.   Il s'abuse lui-même. (Ga. 6.3)

G   Quelles œuvres chacun devrait-il examiner ?
A.   Ses propres œuvres. (Ga. 6.4)

I   Dans quel livre et quel chapitre se trouve le verset suivant : « Que chacun examine ses propres œuvres » ?
A.   Galates 6 (Ga. 6.4)

G   Qui portera son propre fardeau?
A.   Chacun. (Ga. 6.5)

G   Que devrait donner celui à qui l'on enseigne la parole à celui qui l'enseigne?
A.   Tous ses biens. (Ga. 6.6)

G   À qui celui à qui l'on enseigne la parole doit-il donner tous ses biens?
A.   À celui qui l'enseigne. (Ga. 6.6)

A   Selon Galates, chapitre 6, verset 7, que devriez-vous faire ?
A.   Ne pas vous tromper. (Ga. 6.7)

G   On ne se moque pas de qui?
A.   De Dieu. (Ga. 6.7)

V   Terminez ce verset et citez le verset suivant : «Ne vous y trompez pas : on ne se moque pas de…»
A.   « …Dieu. Ce qu'un homme aura semé, il le moissonnera aussi. Celui qui sème pour sa chair moissonnera de la chair la corruption; mais celui qui sème pour l'Esprit moissonnera de l'Esprit la vie éternelle. » (Ga. 6.7-8)

G   De quoi moissonnera la corruption celui qui sème pour sa chair?
A.   De la chair. (Ga. 6.8)

G   Pourquoi ne devrions-nous pas nous lasser de faire le bien ?
A.   Parce que nous moissonnerons en temps convenable si nous ne nous relâchons pas. (Ga. 6.9)

G   Quand moissonnerons-nous si nous ne nous relâchons pas ?
A.   En temps convenable. (Ga. 6.9)

R   Terminez ce verset et donnez la référence : « Ne nous lassons pas… ».
A.   « …de faire le bien ; car nous moissonnerons en temps convenable, si nous ne nous relâchons pas. » (Ga. 6.9)

V   Terminez ce verset : « Ainsi donc, pendant que nous en avons l'occasion… ».

A.   « …pratiquons le bien envers tous, et surtout envers les frères en la foi. » (Ga. 6.10)

G   Que devrions-nous faire pendant que nous en avons l'occasion?
A.   Pratiquer le bien envers tous et surtout envers les frères en la foi. (Ga. 6.10)

A   Selon Galates chapitre 6, verset 11, qu'est-ce Paul écrit ?
A.   De grandes lettres. (Ga. 6.11)

I   Dans quel livre et quel chapitre se trouve le verset suivant : « Voyez avec quelles grandes lettres je vous ai écrit de ma propre main. »
A.   Galates 6 (Ga. 6.11)

G   Comment Paul vous écrit-il ?
A.   De sa propre main. (Ga. 6.11)

G   Qui sont ceux qui vous contraignent à vous faire circoncire ?
A.   Tous ceux qui veulent se rendre agréables selon la chair. (Ga. 6.12)

G   Que n'observent pas eux-mêmes ceux qui sont circoncis ?
A.   La loi. (Ga. 6.13)

G   De quoi veulent se glorifier ceux qui sont circoncis ?
A.   De la chair des Galates. (Ga. 6.13)

G   Quelle est la seule chose dont Paul peut se glorifier ?
A.   De la croix de notre Seigneur Jésus-Christ. (Ga. 6.14)

G   Par quoi le monde a-t-il été crucifié pour Paul?
A.   Par la croix de notre Seigneur Jésus-Christ. (Ga. 6.14)

I   Dans quel livre et quel chapitre se trouve le

verset suivant : « Car ce n'est rien que d'être circoncis ou incirconcis; ce qui est quelque chose, c'est d'être une nouvelle créature. » ?
A.	Galates 6 (Ga. 6.15)

G	Que signifie être circoncis ou incirconcis ?
A.	Rien. (Ga. 6.15)

X	Complétez, en essence, le verset suivant : « Paix et miséricorde sur tous ceux qui . . ».
A.	« . . . suivront cette règle et sur l'Israël de Dieu. » (Ga. 6.16)

G	Où Paul porte-t-il les marques de Jésus?
A.	Sur con corps. (Ga. 6.17)

G	Que ne devrait-on plus faire à Paul?
A.	De la peine. (Ga. 6.17)

I	Dans quel livre et quel chapitre se trouve le verset suivant : « Que personne désormais ne me fasse de la peine, car je porte sur mon corps les marques de Jésus. »
A.	Galates (Ga. 6.18)

ÉPHÉSIENS 1

X	À qui s'adresse la lettre aux Ephésiens ?
A.	Aux saints qui sont à Ephèse et aux fidèles en Jésus-Christ. (Ép. 1.1)

A	Selon Éphésiens, chapitre 1, verset 1, de qui Paul est-il l'apôtre ?
A.	De Jésus-Christ. (Ép. 1.1)

A	Selon Éphésiens, chapitre 1, verset 2, de qui viennent la grâce et la paix ?
A.	Dieu notre Père et le Seigneur Jésus-Christ. (Ép. 1.2)

A	Selon Éphésiens, chapitre 1, verset 3, à qui sont adressées les louanges?
A.	À Dieu le Père de notre Seigneur Jésus-Christ. (Ép. 1.3)

G	Qui nous a bénis de toutes sortes de bénédictions spirituelles dans les lieux célestes en Christ?
A.	Dieu le Père de notre Seigneur Jésus-Christ. (Ép. 1.3)

V	Terminez ce verset : « Béni soit Dieu... »
A.	« ...le Père de notre Seigneur Jésus-Christ, qui nous a bénis de toutes sortes de bénédictions spirituelles dans les lieux célestes en Christ ». (Ép. 1.3)

G	Devant qui devons-nous être saints et irrépréhensibles ?
A.	Devant lui (Dieu). (Ép. 1.4)

G	Par quoi Dieu nous a prédestinés à être ses enfants d'adoption par Jésus-Christ?
A.	Par son amour. (Ép. 1.4-5)

Q	Citez Éphésiens, chapitre 1, versets 4-6.
A.	« En lui Dieu nous a élus avant la fondation du monde, pour que nous soyons saints et irrépréhensibles devant lui, nous ayant prédestinés dans son amour à être ses enfants d'adoption par Jésus Christ, selon le bon plaisir de sa volonté, à la louange de la gloire de sa grâce qu'il nous a accordée en son bien-aimé. » (Ep. 1.4-6)

G	Selon quoi Dieu nous a-t-Il prédestinés à être ses enfants d'adoption par Jésus-Christ?
A.	Selon le bon plaisir de sa volonté. (Ép. 1.5)

G	Qu'est-ce que Dieu nous a accordé en son bien-aimé ?
A.	La gloire de sa grâce. (Ép. 1.6)

G	Par quoi avons-nous la rédemption?
A.	Par son (Christ) sang. (Ép. 1.7)

R	Terminez ces versets et donnez la référence : « En lui nous avons la rédemption... ».
A.	« ...par son sang, la rémission des péchés, selon la richesse de sa grâce, que Dieu a répandue abondamment sur nous par toute espèce de sagesse

et d'intelligence. » (Ép. 1.7-8)

G   Comment Dieu a-t-il répandu abondamment sa grâce en nous ?
A.   Par toute espèce de sagesse et d'intelligence. (Ép. 1.8)

I   Dans quel livre et quel chapitre se trouve le verset suivant : « nous faisant connaître le mystère de sa volonté, selon le bienveillant dessein qu'il avait formé en lui-même »
A.   Éphésiens 1 (Ép. 1.9)

A   Selon Éphésiens, chapitre 1, verset 9, quel était le dessein de Dieu en Christ?
A.   Nous faire connaître le mystère de sa volonté. (Ép. 1.9)

G   En qui Dieu réunit-il toutes les choses, celles qui sont dans les cieux et celles qui sont sur la terre?
A.   En Christ. (Ép. 1.10)

A   Selon Ephésiens, chapitre 1, verset 11, qu'est-ce que nous étions en lui?
A. Prédestinés. (Ep. 1.11)

G   Pourquoi sommes-nous devenus héritiers ?
A.   « ...afin que nous servions à la louange de sa gloire, nous qui d'avance avons espéré en Christ. » (Ép. 1.12)

A   Selon Éphésiens, chapitre 1, verset 12, qui servira à la louange de sa gloire ?
A.   Nous qui d'avance avons espéré en Christ. (Ép. 1.12)

A   Selon Éphésiens, chapitre 1, verset 13, qu'avez-vous entendu ?
A.   « ...la parole de la vérité, l'Évangile de votre salut. » (Ép. 1.13)

G   En qui avez-vous été scellés après avoir entendu la parole de vérité ?
A.   En Christ (Ép. 1.13)

G   Qui est un gage de notre héritage, pour la rédemption de ceux que Dieu s'est acquis ?
A.   Le Saint-Esprit qui avait été promis. (Ép. 1.13-14)

V   Terminez de verset : « En lui vous aussi, après avoir entendu... ».
A.   « ...la parole de la vérité, l'Évangile de votre salut, en lui vous avez cru et vous avez été scellés du Saint Esprit qui avait été promis, lequel est un gage de notre héritage, pour la rédemption de ceux que Dieu s'est acquis, à la louange de sa gloire. » (Ép. 1.13-14)

A   Selon Éphésiens, chapitre 1, verset 15, en qui est votre foi ?
A.   En le Seigneur Jésus. (Ép. 1.15)

G   Qui ne cesse de rendre grâce pour vous, faisant mention de vous dans ses prières?
A.   Paul (Ép. 1.16)

G   Qui peut vous donner un esprit de sagesse et de révélation ?
A.   Le Dieu de notre Seigneur Jésus-Christ [OU le Père de gloire]. (Ép. 1.17)

A   Selon Éphésiens chapitre 1, verset 18, pourquoi Paul prie-t-il également ?
A.   Pour « qu'il illumine les yeux de votre cœur, pour que vous sachiez quelle est l'espérance qui s'attache à son appel, quelle est la richesse de la gloire de son héritage qu'il réserve aux saints » (Ép. 1.18)

G   Quelle illumination Paul demande-t-il ?
A.   L'illumination des yeux de votre cœur (le cœur des Éphésiens). (Ép. 1.18)

X   En Éphésiens chapitre 1, versets 18 et 19, pourquoi Paul prie-t-il?
A.   Pour « qu'il illumine les yeux de votre cœur, pour que vous sachiez quelle est l'espérance qui s'attache à son appel, quelle est la richesse de la gloire de son héritage qu'il réserve aux saints et

quelle est envers nous qui croyons l'infinie grandeur de sa puissance, se manifestant avec efficacité par la vertu de sa force. » (Ép. 1.18-19)

A   Selon Éphésiens chapitre 1, verset 19, qu'est-ce qui est envers nous qui croyons ?
A.   L'infinie grandeur de sa puissance. (Ép. 1:19)

G   Qu'est-ce qui se manifeste avec efficacité par la vertu de sa force ?
A.   L'infinie grandeur de sa puissance. (Ép. 1:19)

G   Qu'est-ce que Dieu a déployé en Christ?
A.   L'infinie grandeur de sa puissance. (Ép. 1.19-20)

A   Selon Éphésiens chapitre 1, verset 20, qui Dieu a-t-il ressuscité des morts ?
A.   Christ. (Ép. 1.19-20)

G   Quand Dieu a-t-il déployé l'infinie grandeur de sa puissance en Christ?
A.   Quand il l'a ressuscité des morts et l'a fait assoir à sa droite dans les lieux célestes. (Ép. 1.19-20)

X   Au-dessus de quoi Dieu a-t-il fait assoir Christ à sa droite dans les lieux célestes?
A.   « …au-dessus de toute domination, de toute autorité, de toute puissance, de toute dignité, et de tout nom qui se peut nommer, non seulement dans le siècle présent, mais encore dans le siècle à venir. » (Ép. 1.21)

G   Qui a mis tout sous les pieds de Christ ?
A.   Dieu. (Ép. 1.22)

I   Dans quel livre et quel chapitre se trouve le verset suivant : « Il a tout mis sous ses pieds, et il l'a donné pour chef suprême à l'Église »
A.   Éphésiens 1 (Ép. 1.22)

X   Qu'est-ce qui est le corps de Christ ?

A   L'Église. (Ép. 1.22-23)

G   Qu'est-ce qui est la plénitude de celui qui remplit tout en tous ?
A.   L'Église, qui est son corps. (Ép. 1.22-23)

ÉPHÉSIENS 2

I   Dans quel livre et quel chapitre se trouve le verset suivant : « Vous étiez morts par vos offenses et par vos péchés » ?
A.   Éphésiens 2 (Ép. 2.1)

G   Comment étiez-vous à cause de vos offenses et de vos péchés ?
A.   Morts. (Ép. 2.1)

G   Que commettiez-vous quand vous marchiez autrefois selon le train de ce monde et selon le prince de la puissance de l'air ?
A.   Des offenses et des péchés. (Ép. 2.1-2)

G   Quel est l'esprit qui agit dans les fils de la rébellion ?
A.   Le prince de la puissance de l'air. (Ép. 2.2)

A   Selon Éphésiens, chapitre 2, verset 3, qu'étions-nous par nature?
A.   Des enfants de colère. (Ép. 2.3)

A   Selon Éphésiens, chapitre 2, verset 3, qui était du nombre des fils de la rébellion ?
A.   Nous tous aussi. (Ép. 22-3)

G   Pourquoi Dieu nous a-t-il rendus à la vie en Christ?
A.   A cause du grand amour dont il nous a aimés. (Ép. 24-5)

V   Terminez ce verset : « Mais Dieu qui est riche en miséricorde… ».
A.   « …à cause du grand amour dont il nous a aimés, nous qui étions morts par nos offenses, nous

a rendus à la vie avec Christ (c'est par grâce que vous êtes sauvés) » (Ép. 24-5)

A   Selon Éphésiens, chapitre 2, verset 5, qu'est-ce qui causait notre mort?
A.   Nos offenses. (Ép. 25)

G   Qu'est-ce que Dieu a fait pour nous qui étions morts par nos offenses ?
A.   Il nous a rendus à la vie avec Christ. (Ép. 2.5)

G   Qui nous a rendus à la vie avec Christ?
A.   Dieu. (Ép. 2.6)

G   Quand Dieu montrera-t-il l'infinie richesse de sa grâce?
A.   Dans les siècles à venir. (Ép. 2.7)

A   Selon Éphésiens chapitre 2, verset 8, par quoi avez-vous été sauvés ?
A.   Par la grâce. (Ép. 2.8)

G   Par quel moyen avez-vous été sauvés par la grâce?
A.   Au moyen de la foi. (Ép. 2.8)

Q   Citez Éphésiens, chapitre 2, versets 8-9.
A.   « Car c'est par la grâce que vous êtes sauvés, par le moyen de la foi. Et cela ne vient pas de vous, c'est le don de Dieu. Ce n'est point par les œuvres, afin que personne ne se glorifie. » (Ép. 2.8-9)

G   Pourquoi n'avez-vous pas été sauvés par les œuvres?
A.   Afin que personne ne se glorifie. (Ép. 2.9)

G   Pour quel but avons-nous été créés en Jésus-Christ ?
A.   Pour (réaliser) de bonnes œuvres. (Ép. 2.10)

G   Quand Dieu a-t-il préparé de bonne œuvres pour nous afin que nous les pratiquions?
A.   À l'avance. (Ép. 2.10)

R   Terminez ce verset (et donnez la référence) : « Car nous sommes son ouvrage… ».
A.   « …ayant été créés en Jésus Christ pour de bonnes œuvres, que Dieu a préparées d'avance, afin que nous les pratiquions. » (Ép. 2.10)

X   Qui sont ceux qui appelaient les païens dans la chair « incirconcis »?
A.   Ceux que l'on appelle circoncis. (Ép. 2.11)

G   Par qui vous qui étiez autrefois païens dans la chair étiez-vous appelés « incirconcis »?
A.   Ceux que l'on appelle circoncis. (Ép. 2.11)

A   Selon Éphésiens, chapitre 2, verset 12, de qui étiez-vous séparés ?
A.   De Christ. (Ép. 2.12)

G   Qu'étiez-vous par rapport aux alliances de la promesse ?
A.   Étrangers. (Ép. 2.12)

G   Par quoi avez-vous été rapprochés, vous qui étiez jadis éloignés ?
A.   Par le sang de Christ. (Ép. 2.13)

G   En qui, vous qui étiez jadis éloignés, avez-vous été rapprochés ?
A.   En Jésus-Christ. (Ép. 2.13)

V   Terminez ce verset : « Mais maintenant en Jésus-Christ… ».
A.   « …vous qui étiez jadis éloignés, vous avez été rapprochés par le sang de Christ. » (Ép. 2.13)

G   Qu'est-ce que Christ a renversé ?
A.   Le mur de séparation, l'inimitié. (Ép. 2.14)

G   Qu'est-ce que Christ a anéanti par sa chair ?
A.   La loi des ordonnances dans ses prescriptions. (Ép. 2.15)

A   Selon Éphésiens chapitre 2, verset 16, par quoi Christ les a-t-il réconcilié l'un et l'autre avec Dieu ?
A.   Par la croix. (Ép. 2.16)

G   Qu'est-ce que Christ a détruit par la croix ?
A.   L'inimitié. (Ép. 2.16)

I   Dans quel livre et quel chapitre se trouve le verset suivant : « Il est venu annoncer la paix à vous qui étiez loin, et la paix à ceux qui étaient près » ?
A.   Éphésiens 2 (Ép. 2.17)

X   Réponses en deux parties : À qui Christ est-il venu annoncer la paix ?
A.   (1) Vous qui étiez loin (2) À ceux qui étaient prés. (Ép. 2.17)

G   Par qui avons-nous accès auprès du Père dans un même Esprit ?
A.   Par Christ. (Ép. 2.18)

G   De qui êtes-vous les concitoyens ?
A.   Les saints, les gens de la maison de Dieu. (Ép. 2.19)

A   Selon Éphésiens chapitre 2, verset 19, qu'est-ce que vous n'êtes plus ?
A.   Des étrangers, des gens du dehors. (Ép. 2.19)

R   Terminez ce verset (et donnez la référence) : « Ainsi donc, vous n'êtes plus… ».
A.   « …des étrangers, ni des gens du dehors; mais vous êtes concitoyens des saints, gens de la maison de Dieu. Vous avez été édifiés sur le fondement des apôtres et des prophètes, Jésus Christ lui-même étant la pierre angulaire. » (Ép. 2.19-20)

A   Selon Éphésiens, chapitre 2, verset 20, qu'est-ce que Jésus-Christ est lui-même?
A.   La pierre angulaire. (Ép. 2.20)

G   Qui est la pierre angulaire ?
A.   Jésus-Christ lui-même. (Ép. 2.20)

G   En qui l'édifice est-il bien coordonné ?
A.   En lui (Jésus-Christ). (Ép. 2.21)

G   Qu'est-ce qui s'élève pour être un temple saint dans le Seigneur ?
A.   Tout l'édifice. (Ép. 2.21)

G   En qui êtes-vous édifiés pour être une habitation de Dieu ?
A.   En l'Esprit. (Ép. 2.22)

ÉPHÉSIENS 3

G   Pour qui Paul est-il le prisonnier de Jésus-Christ?
A.   Pour vous les païens. (Ép. 3.1)

G   Qu'avez-vous appris?
A.   La dispensation de la grâce de Dieu qui a été donnée à Paul pour vous. (Ép. 3.2)

G   Qu'est-ce qui a été donné à Paul par la révélation?
A.   Le mystère. (Ép. 3.3)

G   Que pouvez-vous vous représenter en lisant ces quelques mots?
A.   L'intelligence que Paul a du mystère de Christ. (Ép. 3.4)

G   De quoi Paul a-t-il une compréhension (intelligence) ?
A.   Du mystère de Christ. (Ép. 3.4)

A   Selon Éphésiens, chapitre 3, verset 5, par qui a-t-il été maintenant révélé ?
A.   Par l'Esprit. (Ép. 3.5)

G   À qui le mystère de Christ n'a-t-il pas été manifesté ?
A.   Aux fils des hommes dans les autres générations. (Ép. 3.5)

G   Qui sont ceux qui forment un même corps?
A.   Les païens et Israël. (Ép. 3.6)

G   En quoi les païens sont-ils cohéritiers avec Israël?
A.   Selon la promesse en Jésus-Christ. (Ép. 3.6)

G   Qui a été fait ministre de l'Évangile par le don de la grâce de Dieu?
A.   Paul. (Ép. 3.7)

G   Par quoi le don de la grâce de Dieu a-t-il été accordé à Paul?
A.   Par l'efficacité de sa puissance. (Ép. 3.7)

I   Dans quel livre et quel chapitre se trouve le verset suivant : « A moi, qui suis le moindre de tous les saint » ?
A.   Éphésiens 3 (Ép. 3.8)

G   De qui Paul est-il le moindre ?
A.   Il est le moindre de tous les saints. (Ép. 3.8)

G   Qui est le moindre de tous les saints ?
A.   Paul. (Ép. 3.8)

G   Quelle grâce a été accordée à Paul en Ép. 3.9?
A.   « mettre en lumière quelle est la dispensation du mystère caché de tout temps en Dieu qui a créé toutes choses. » (Ép. 3.9)

A   Selon Éphésiens, chapitre 3, verset 9, qui a créé toutes choses?
A.   Dieu. (Ép. 3.9)

I   Dans quel livre et quel chapitre se trouve le verset suivant : « afin que les dominations et les autorités dans les lieux célestes connaissent aujourd'hui par l'Église la sagesse infiniment variée de Dieu » ?
A.   Éphésiens 3 (Ép. 3.10)

G   En qui Dieu a-t-il mis à exécution son éternel dessein ?

A.   Par Jésus-Christ notre Seigneur. (Ép. 3.11)

G   En qui avons-nous la liberté de nous approcher de Dieu avec confiance?
A.   Jésus-Christ notre Seigneur (Ép. 3.12)

G   Comment pouvons-nous approcher Dieu?
A.   Librement et avec confiance. (Ép. 3.12)

G   Que sont pour vous les tribulations de Paul?
A.   Elles sont votre gloire. (Ép. 3.13)

A   Selon Éphésiens, chapitre 3, verset 14, que fait Paul ?
A.   Il fléchit le genou devant le Père. (Ép. 3.14)

G   Qui fléchit le genou devant le Père?
A.   Paul. (Ép. 3.14)

G   Qui tire son nom du Père ?
A.   Toute famille dans les cieux et sur la terre. (Ép. 3.15)

I   Dans quel livre et quel chapitre se trouvent les versets suivants : « afin qu'il vous donne, selon la richesse de sa gloire, d'être puissamment fortifiés par son Esprit dans l'homme intérieur, en sorte que Christ habite dans vos cœurs par la foi… »
A.   Éphésiens 3 (Ép. 3.16-17)

G   Qui prie qu'il vous donne, selon la richesse de sa gloire, d'être puissamment fortifiés par son Esprit dans l'homme intérieur?
A.   Paul. (Ép. 3.16)

A   Selon Éphésiens, chapitre 3, verset 17, que fait Christ ?
A.   Il habite dans vos cœurs (par la foi). (Ép. 3.17)

A   Selon Éphésiens, chapitre 3, verset 18, que pourriez-vous comprendre ?
A.   « la largeur, la longueur, la profondeur et la

hauteur de l'amour de Christ » (Ép. 3.18)

G   Quelle est la prière de Paul pour vous ?
A.   Que vous puissiez comprendre avec tous les saints quelle est la largeur, la longueur, la profondeur et la hauteur de l'amour de Christ. (Ép. 3.18)

A   Selon Éphésiens chapitre 3, verset 19, qu'est-ce que l'amour de Christ surpasse?
A.   Toute connaissance. (Ép. 3.19)

X   En Éphésiens chapitre 3, verset 20, qu'est-ce que Dieu est capable de faire ?
A.   Infiniment au-delà de tout ce que nous demandons ou pensons. (Ép. 3.20)

V   Terminez ce verset : « Or, à celui qui peut faire… »
A.   « …par la puissance qui agit en nous, infiniment au delà de tout ce que nous demandons ou pensons, à lui soit la gloire dans l'Église et en Jésus Christ, dans toutes les générations, aux siècles des siècles! Amen! » (Ép. 3.20-21)

G   À qui va la gloire dans l'Église et en Jésus-Christ dans toutes les générations?
A.   À Dieu (ou au Père— à celui qui peut faire…. infiniment au delà de tout ce que nous demandons ou pensons) (Ép. 3.21)

ÉPHÉSIENS 4

G   À quel titre Paul vous exhorte-t-il à marcher d'une manière digne de la vocation qui vous a été adressée ?
A.   En tant que prisonnier du Seigneur. (Ép. 4.1)

G   Paul vous exhorte à marcher d'une manière digne de quoi?
A.   De la vocation qui vous a été adressée. (Ép. 4.1)

A   Selon Éphésiens, chapitre 4, verset 2, que devriez-vous faire ?
A.   Vous supporter les uns les autres avec charité. (Ép. 4.2)

G   Avec quoi devez-vous vous supporter les uns les autres?
A.   Avec charité. (Ép. 4.2)

R   Terminez ce verset et donnez la référence : « En toute humilité et douceur… ».
A.   « ….avec patience, vous supportant les uns les autres avec charité. » (Ép. 4.2)

Q   Citez Éphésiens, chapitre 4, verset 3.
A.   « …vous efforçant de conserver l'unité de l'esprit par le lien de la paix » (Ép. 4.3)

I   Dans quel livre et quel chapitre se trouve le verset suivant : « …vous efforçant de conserver l'unité de l'esprit par le lien de la paix » ?
A.   Éphésiens 4 (Ép. 4.3)

G   Par quoi avez-vous été appelés à une seule espérance ?
A.   Vous avez été appelés à une seule espérance par votre vocation. (Ép. 4.4)

X   Dans la section intitulée « Unité dans le Corps de Christ », qu'est-ce qui fait un?
A.   « Il y a un seul corps et un seul Esprit, comme aussi vous avez été appelés à une seule espérance par votre vocation; il y a un seul Seigneur, une seule foi, un seul baptême, un seul Dieu et Père de tous, qui est au-dessus de tous, et parmi tous, et en tous.» (Ép. 4.4-6)

A   Selon Éphésiens, chapitre 4, verset 6, qui est au-dessus de tous, et parmi tous, et en tous?
A.   Un seul Dieu et Père de tous. (Ép. 4.6)

G   Qu'est-ce que Christ a donné à chacun de nous ?
A.   La grâce. (Ép. 4.7)

A   Selon Éphésiens, chapitre 4, verset 7, a qui

la grâce a-t-elle été donnée ?
A.   A chacun de nous. (Ép. 4.7)

I   Dans quel livre et quel chapitre se trouve le verset suivant : « C'est pourquoi il est dit: Étant monté en haut, il a emmené des captifs, et il a fait des dons aux hommes. » ?
A.   Éphésiens 4 (Ép. 4.8)

A   Selon Éphésiens, chapitre 4, verset 8, qu'a-t-il apporté aux hommes?
A.   Des dons. (Ép. 4.8)

G   Dans quelles régions est-il aussi descendu ?
A.   Dans les régions inférieures de la terre. (Ép. 4.9)

G   Qui est celui qui est monté au dessus de tous les cieux?
A. Celui qui est descendu [OU Christ]. (Ép. 4.10)

G   Qui a donné les uns comme apôtres, les autres comme prophètes, les autres comme évangélistes, les autres comme pasteurs et docteurs ?
A.   Christ (Celui qui est descendu). (Ép. 4.11)

A   Selon Éphésiens, chapitre 4, verset 11, qu'est-ce que Christ a donné?
A.   Les uns comme apôtres, les autres comme prophètes, les autres comme évangélistes, les autres comme pasteurs et docteurs. (Ép. 4.11)

V   Terminez ce verset : « Et il a donné les uns...».
A.   «...les uns comme apôtres, les autres comme prophètes, les autres comme évangélistes, les autres comme pasteurs et docteurs, pour le perfectionnement des saints en vue de l'oeuvre du ministère et de l'édification du corps de Christ, jusqu'à ce que nous soyons tous parvenus à l'unité de la foi et de la connaissance du Fils de Dieu, à l'état d'homme fait, à la mesure de la stature parfaite de Christ. » (Ép. 4.11-13)

A   Selon Éphésiens, chapitre 4, verset 12,

qu'est-ce qui doit être édifié ?
A.   Le corps de Christ. (Ép. 4.12)

G   Jusqu'à quand le corps de Christ doit-il être édifié ?
A.   Jusqu'à ce que nous soyons tous parvenus à l'unité de la foi et de la connaissance du Fils de Dieu, à l'état d'homme fait, à la mesure parfaite de Christ. (Ép. 4.12-13)

G   Par quoi ne serons-nous plus emportés à tout vent de doctrine?
A.   Par la tromperie des hommes, par leur ruse dans les moyens de séduction. (Ép. 4.14)

A   Selon Éphésiens, chapitre 4, verset 15, qui est le chef ?
A.   Christ (Ép. 4.15)

A   Selon Éphésiens, chapitre 4, verset 15, en qui croîtrons-nous à tous égards?
A.   En celui qui est le, Christ. (Ép. 4.15)

G   De qui le corps tire-t-il son accroissement et s'édifie-t-il lui-même dans la charité ?
A.   Christ (Ép. 4.16)

A   Selon Éphésiens, chapitre 4, verset 17, que dit Paul ?
A.   Vous ne devez plus marcher comme les païens, qui marchent selon la vanité de leurs pensées. (Ép. 4.17)

X   Qui sont ceux qui marchent selon la vanité de leurs pensées ?
A.   Les païens. (Ép. 4.17)

G   Pourquoi les païens ont-ils l'intelligence obscurcie et sont-ils étrangers à la vie de Dieu ?
A.   À cause de l'ignorance qui est en eux, à cause de l'endurcissement de leur cœur. (Ép. 4.18)

G   À quoi se sont livrés les païens ?
A.   À la dissolution. (Ép. 4.19)

G	Qu'est-ce que les païens ont perdu ?
A.	Tout sentiment. (Ép. 4.19)

A	Selon Éphésiens, chapitre 4, verset 19, que commettent-ils ?
A.	Toute espèce d'impureté jointe à la cupidité. (Ép. 4.19)

A	Selon Éphésiens, chapitre 4, verset 20, que n'avez-vous pas fait ?
A.	Vous n'avez pas appris Christ ainsi. (Ép. 4.20)

G	En qui avez-vous été instruits conformément à la vérité qui est en Jésus?
A.	Christ (Ép. 4.20-21)

A	Selon Éphésiens, chapitre 4, verset 21, en qui est la vérité ?
A.	Jésus. (Ép. 4.21)

G	Conformément à quoi avez-vous été instruits en Christ?
A.	Conformément à la vérité qui est en Jésus. (Ép. 4.21)

X	Réponse en trois parties : à quoi les Éphésiens ont-ils été instruits ?
A.	(1) à se dépouiller du vieil homme qui se corrompt par les convoitises trompeuse ; (2) à être renouvelés dans l'esprit de leur intelligence ; (3) à revêtir l'homme nouveau, créé selon Dieu dans une justice et une sainteté que produit la vérité. (Ép. 4.22–24)

I	Dans quel livre et quel chapitre se trouvent les versets suivants : « c'est en lui que vous avez été instruits à vous dépouiller, eu égard à votre vie passée, du vieil homme qui se corrompt par les convoitises trompeuses » ?
A.	Éphésiens 4 (Ép. 4.22)

G	Par rapport à quoi avez-vous été instruits à vous dépouiller du vieil homme ?
A.	Par rapport à votre vie passée. (Ép. 4.22)

G	À quoi avez-vous été instruits dans votre intelligence?
A.	À être renouvelés. (Ép. 4:23)

G	Que vous a-t-on appris à revêtir ?
A.	L'homme nouveau, créé selon Dieu dans une justice et une sainteté que produit la vérité. (Ép. 4.22, 24)

G	Qu'est-ce qui a été créé selon Dieu dans une justice et une sainteté que produit la vérité?
A.	L'homme nouveau. (Ép. 4.24)

G	Pourquoi chacun de vous doit-il renoncer au mensonge et parler selon la vérité à son prochain?
A.	Car nous sommes membres les uns des autres. (Ép. 4.25)

G	De qui sommes-nous membres?
A.	Les uns des autres. (Ép. 4.25)

A	Selon Éphésiens, chapitre 4, verset 26, par quoi ne devriez-vous pas pécher?
A.	Par la colère. (Ép. 4.26)

G	Qu'est-ce qui ne devrait pas se coucher sur votre colère?
A.	Le soleil. (Ép. 4.26)

Q	Citez Éphésiens, chapitre 4, versets 26-27.
A.	« Si vous vous mettez en colère, ne péchez point; que le soleil ne se couche pas sur votre colère, et ne donnez pas accès au diable. » (Ép. 4.26-27)

G	À qui ne devez-vous pas donner accès ?
A.	Au diable. (Ép. 4.27)

G	Qui ne doit plus dérober ?
A.	Celui qui dérobait. (Ép. 4.28)

A	Selon Éphésiens, chapitre 4, verset 28, qui devrait travailler?
A.	Celui qui dérobait. (Ép. 4.28)

A   Selon Éphésiens, chapitre 4, verset 29, à qui la grâce est-elle communiquée par la bonne parole?
A.   A ceux qui l'entendent. (Ép. 4.29)

G   Qu'est-ce qui ne devrait pas sortir de votre bouche ?
A.   Les mauvaises paroles. (Ép. 4.29)

R   Terminez ce verset et donnez la référence : « Qu'il ne sorte de votre bouche aucune parole mauvaise…. »
A.   « …mais, s'il y a lieu, quelque bonne parole, qui serve à l'édification et communique une grâce à ceux qui l'entendent. » (Ép. 4.29)

G   Par qui avez-vous été scellés pour le jour de la rédemption?
A.   Par le Saint-Esprit de Dieu. (Ép. 4.30)

G   Qu'est-ce qui devrait disparaître du milieu de vous?
A.   Toute amertume, toute animosité, toute colère, toute clameur, toute calomnie, et toute espèce de méchanceté. (Ép. 4.31)

A   Selon Éphésiens, chapitre 4, verset 32, qui vous a pardonné?
A.   Dieu. (Ép. 4.32)

G   Avec qui devriez-vous être bons et compatissants ?
A.   Les uns envers les autres. (Ép. 4.32)

V   Terminez ce verset : « Soyez bons les uns envers les autres… »
A.   « …compatissants, vous pardonnant réciproquement, comme Dieu vous a pardonné en Christ. » (Ép. 4.32)

ÉPHÉSIENS 5

A   Selon Éphésiens, chapitre 5, verset 1, que devez-vous devenir ?
A.   Des imitateurs de Dieu. (Ép. 5.1)

G   Comme qui devez-vous être des imitateurs de Dieu ?
A.   Comme des enfants bien-aimés. (Ép. 5.1)

R   Complétez ce verset (et donnez la référence): « Devenez des imitateurs de Dieu…».
A.   «…comme des enfants bien-aimés; et marchez dans la charité, à l'exemple de Christ, qui nous a aimés, et qui s'est livré lui-même à Dieu pour nous comme une offrande et un sacrifice de bonne odeur.» (Ép. 5.1-2)

G   Comment devriez-vous marcher dans la charité ?
A.   « À l'exemple de Christ, qui nous a aimés, et qui s'est livré lui-même à Dieu pour nous comme une offrande et un sacrifice de bonne odeur. » (Ép. 5.2)

A   Selon Éphésiens, chapitre 5, verset 3, a qui ne conviennent pas l'impudicité, l'impureté et la cupidité ?
A.   À des saints. (Ép. 5.3)

G   Pourquoi ne devrait-il y avoir aucune impudicité, aucune espèce d'impureté ou de cupidité parmi vous?
A.   Parce que ces choses ne conviennent pas à des saints. (Ép. 5.3)

G   Qu'est-ce qui est contraire à la bienséance ?
A.   Les paroles déshonnêtes, les propos insensés, les plaisanteries. (Ép. 5.4)

A   Selon Éphésiens, chapitre 5, verset 4, que devrait-on plutôt entendre?
A.   Des actions de grâce. (Ép. 5.4)

A   Selon Éphésiens, chapitre 5, verset 5, que devez-vous savoir ?
A.   Aucun impudique, ou impur, ou cupide, c'est-à-dire, idolâtre, n'a d'héritage dans le royaume de Christ et de Dieu. (Ép. 5.5)

G   Qu'est-ce que l'idolâtre n'a pas dans le royaume de Christ et de Dieu?

A.   Il n'a aucun héritage. (Ép. 5.5)

A   Selon Éphésiens, chapitre 5, verset 6, par quoi ne devriez-vous pas vous laisser séduire?
A.   Par les vains discours. (Ép. 5.6)

I   Dans quel livre et quel chapitre se trouve le verset suivant : « Que personne ne vous séduise par de vains discours; car c'est à cause de ces choses que la colère de Dieu vient sur les fils de la rébellion. »
A.   Éphésiens 5 (Ép. 5.6)

A   Selon Éphésiens, chapitre 5, verset 7, que ne devriez-vous pas faire ?
A.   Prendre part avec eux (les fils de la rébellion). (Ép. 5.7)

A   Selon Éphésiens, chapitre 5, verset 8, comme qui devriez-vous marcher?
A.   Comme des enfants de lumière. (Ép. 5.8)

G   Qu'est-ce qui consiste en toute sorte de bonté, de justice et de vérité ?
A.   Le fruit de la lumière. (Ép. 5.9)

A   Selon Éphésiens, chapitre 5, verset 10, que devriez-vous examiner?
A.   Ce qui est agréable au Seigneur. (Ép. 5.10)

A   Selon Éphésiens chapitre 5, verset 11, que devriez-vous plutôt faire?
A.   Condamner les œuvres infructueuses des ténèbres. (Ép. 5.11)

G   Que ne devriez-vous pas faire par rapport aux œuvres infructueuses des ténèbres?
A.   Y prendre part. (Ép. 5.11)

G   Qui fait en secret ce qui est honteux ?
A.   Les fils de la rébellion. (Ép. 5.12)

A   Selon Éphésiens, chapitre 5, verset 13, qu'est-ce qui est manifesté par la lumière?
A.   Tout ce qui est condamné. (Ép. 5.13)

G   Pourquoi tout ce qui est condamné est manifesté par la lumière ?
A.   Car tout ce qui est manifesté est lumière. (Ép. 5.13-14)

X   Complétez, en essence, le verset suivant : « Réveille-toi, toi qui dors, relève-toi d'entre les morts… ».
A.   « ..et Christ t'éclairera. » (Ép. 5.14)

G   Que fait la lumière ?
A.   Elle manifeste toute chose. (Ép. 5.14)

A   Selon Éphésiens, chapitre 5, verset 15, comment ne devriez-vous pas vous conduire?
A.   Comme des insensés. (Ép. 5.15)

G   Pourquoi devriez-vous racheter le temps ?
A.   Car les jours sont mauvais. (Ép. 5.16)

A   Selon Éphésiens, chapitre 5, verset 17, que devriez-vous comprendre?
A.   Quelle est la volonté du Seigneur. (Ép. 5.17)

G   Que ne devriez-vous pas faire ?
A.   Vous enivrer de vin. (Ép. 5.18)

G   De quoi devriez-vous être remplis?
A.   De l'Esprit. (Ép. 5.18)

A   Selon Éphésiens chapitre 5, verset 19, comment devriez-vous vous entretenir ?
A.   Par des psaumes, par des hymnes, et par des cantiques spirituels. (Ép. 5.19)

G   Avec qui devez-vous vous entretenir par des psaumes, des hymnes et des cantiques spirituels?
A.   Les uns avec les autres. (Ép. 5.19)

G   Quand devriez-vous rendre grâce pour toutes choses à Dieu le Père ?
A.   Continuellement. (Ép. 5.20)

G   Au nom de qui devriez-vous rendre grâce

pour toutes choses à Dieu le Père ?
A.   Au nom de notre Seigneur Jésus-Christ. (Ép. 5.20)

Q   Citez Éphésiens, chapitre 5, verset 21.
A.   « Vous soumettant les uns aux autres dans la crainte de Christ » (Ép. 5.21)

G   À qui devriez-vous vous soumettre dans la crainte de Christ?
A.   Les uns aux autres. (Ép. 5.21)

A   Selon Éphésiens, chapitre 5, verset 22, comment les femmes devraient-elles être soumises à leur mari?
A.   Comme au Seigneur. (Ép. 5.22)

G   Quelles sont celles qui devraient être soumises à leurs maris?
A.   Les femmes. (Ép. 5.22)

X   Réponse en deux parties : Qui est le chef de la femme et qui est le chef de l'église ?
A.   (1) Le mari. (2) Christ (Ép. 5.23)

G   Qui est le chef de la femme comme Christ est le chef de l'église?
A.   Le mari. (Ép. 5.23)

A   Selon Éphésiens, chapitre 5, verset 23, que représente l'église ?
A.   Le corps de Christ. (Ép. 5.23)

A   Selon Éphésiens, chapitre 5, verset 24, qui est soumise à Christ?
A.   L'église. (Ép. 5.24)

G   A qui l'église se soumet-elle?
A.   À Christ (Ép. 5.24)

R   Terminez ces versets (et donnez la référence) : « Or, de même que l'Eglise est soumise… ».
A.   « …les femmes aussi doivent l'être à leurs maris en toutes choses. Maris, aimez vos femmes, comme Christ a aimé l'Église, et s'est livré lui-même

pour elle » (Ép. 5.24-25)

G   Qui Christ a-t-il livré pour l'église ?
A.   Lui-même. (Ép. 5.25)

A   Selon Éphésiens, chapitre 5, verset 25, qui Christ a-t-il aimé?
A.   L'église. (Ép. 5.25)

G   Qu'est-ce que Christ a purifié par le baptême de l'eau afin de la sanctifier par la parole?
A.   L'église. (Ép. 5.26)

G   Avec quoi Christ a-t-il purifié l'église par la parole?
A.   Avec le baptême de l'eau. (Ép. 5.26)

G   Qu'est-ce qui doit paraître devant Christ sans tache, ni ride, ni rien de semblable, mais sainte et irrépréhensible?
A.   L'église. (Ép. 5.27)

A   Selon Éphésiens, chapitre 5, verset 28, qui s'aime lui-même?
A.   Celui qui aime sa femme. (Ép. 5.28)

G   Qui sont ceux qui doivent aimer leurs femmes comme leurs propres corps?
A.   Les maris. (Ép. 5.28)

G   Qui aime celui qui aime sa femme?
A.   Lui-même. (Ép. 5.28)

G   Qu'est-ce que personne n'a jamais haï?
A.   Sa propre chair. (Ép. 5.29)

A   Selon Éphésiens, chapitre 5, verset 30, de quoi sommes-nous membres?
A.   Du corps de Christ. (Ép. 5.30)

I   Dans quel livre et quel chapitre se trouve le verset suivant : « C'est pourquoi l'homme quittera son père et sa mère, et s'attachera à sa femme, et les deux deviendront une seule chair. » ?
A.   Éphésiens 5 (Ép. 5.31)

G   Qui deviendra une seule chair ?
A.   Les deux (l'homme et la femme). (Ép. 5.31)

A   Selon Éphésiens, chapitre 5, verset 33, qui chacun de vous devrait-il aimer comme lui-même?
A.   Sa femme. (Ép. 5.32)

G   Qui parle de Christ et de l'église?
A.   Paul. (Ép. 5.32)

I   Dans quel livre et quel chapitre se trouve le verset suivant : « Du reste, que chacun de vous aime sa femme comme lui-même, et que la femme respecte son mari. » ?
A.   Éphésiens 5 (Ép. 5.33)

A   Selon Éphésiens, chapitre 5, verset 33, qui chacun de vous devrait-il aimer comme lui-même?
A.   Sa femme. (Ép. 5.32)

G   Qui doit respecter son mari?
A.   La femme. (Ép. 5.33)

ÉPHÉSIENS 6

V   Terminez ce verset : « Enfants, obéissez à vos parents… ».
A.   « …selon le Seigneur, car cela est juste. » (Ép. 6.1)

G   Qui sont ceux qui devraient obéir à leur parents selon le Seigneur ?
A.   Les enfants. (Ép. 6.1)

G   Pourquoi les enfants devraient-ils obéir à leurs parents selon le Seigneur ?
A.   Parce que cela est juste. (Ép. 6.1)

A   Selon Éphésiens, chapitre 6, verset 2, qui devrais-tu honorer ?
A.   Ton père et ta mère. (Ép. 6.2)

G   Quel est le premier commandement avec une promesse?

A.   « Honore ton père et ta mère ». (Ép. 6.2)

X   Réponse en deux parties : Pourquoi dois-tu ho-norer ton père et ta mère?
A.   (1) Afin que tu sois heureux. (2) Afin que tu vives longtemps sur la terre. (Ép. 6.2-3)

Q   Citez Éphésiens, chapitre 5, versets 2-3.
A.   « Honore ton père et ta mère (c'est le premier commandement avec une promesse), afin que tu sois heureux et que tu vives longtemps sur la terre.» (Ép. 6.2-3)

G   Que pourrais-tu avoir sur la terre?
A.   Une longue vie. (Ép. 6.3)

A   Selon Éphésiens, chapitre 6, verset 4, que devraient faire les pères?
A.   Élever les enfants en les corrigeant et en les instruisant selon le Seigneur. (Ép. 6.4)

G   Qui sont ceux qui ne devraient pas irriter les enfants?
A.   Les pères. (Ép. 6.4)

R   Terminez ce verset (et donnez la référence) : « Et vous, pères, n'irritez pas… »
A.   « …vos enfants, mais élevez-les en les corrigeant et en les instruisant selon le Seigneur. » (Ép. 6.4)

A   Selon Éphésiens, chapitre 6, verset 5, comment les esclaves devraient-ils obéir à leurs maîtres selon la chair?
A.   Avec crainte et tremblement, dans la simplicité de leur cœur, comme à Christ. (Ép. 6.5)

G   Qu'est-ce que les esclaves devraient faire avec crainte et tremblement?
A.   Obéir à leurs maîtres selon la chaire comme à Christ (Ép. 6.5)

I   Dans quel livre et quel chapitre se trouve le verset suivant : « non pas seulement sous leurs

yeux, comme pour plaire aux hommes, mais comme des serviteurs de Christ, qui font de bon cœur la volonté de Dieu. » ?
A.   Éphésiens 6 (Ép. 6.6)

G   Comment les esclaves devraient-ils servir?
A.   Avec empressement, comme servant le Seigneur et non des hommes. (Ép. 6.7)

V   Terminez ce verset : « Servez-les avec empressement… ».
A.   « …comme servant le Seigneur et non des hommes ». (Ép. 6.7)

G   Pourquoi les esclaves devraient-ils servir avec empressement comme servant le Seigneur et non des hommes ?
A.   Parce qu'ils savent que chacun, soit esclave, soit libre, recevra du Seigneur selon ce qu'il aura fait de bien. (Ép. 6.8)

A   Selon Éphésiens, chapitre 6, verset 8, que savez-vous?
A.   Que chacun, soit esclave, soit libre, recevra du Seigneur selon ce qu'il aura fait de bien. (Ép. 6.8)

A   Selon Éphésiens, chapitre 6, verset 9, que savent les maîtres?
A.   Que leur maître et le maître de leurs esclaves est dans les cieux, et que devant lui il n'y a point d'acception de personnes. (Ép. 6.9)

G   Où se trouve celui qui est leur maître et le vôtre?
A.   Dans les cieux. (Ép. 6.9)

X   Question en deux parties : En qui devriez-vous vous fortifier et par quoi?
A.   (1) Dans le Seigneur. (2) Par sa force toute puissante. (Ép. 6.10)

A   Selon Éphésiens, chapitre 6, verset 10, comment devriez-vous vous fortifier?
A.   Dans le Seigneur et par sa force toute puissante. (Ép. 6.10)

G   Que devriez-vous faire dans le Seigneur et par sa force toute puissante ?
A.   Vous fortifier. (Ép. 6.10)

R   Terminez ce verset (et donnez la référence) : « Au reste, fortifiez-vous… ».
A.   « …dans le Seigneur et par sa force toute puissante. » (Ép. 6.10)

A   Selon Éphésiens, chapitre 6, verset 11, que devriez-vous revêtir?
A.   Les armes de Dieu.   (Ép. 6.11)

G   Contre quoi ne luttons-nous pas?
A.   Contre la chair et le sang.   (Ép. 6.12)

G   Contre quoi luttons-nous?
A.   Contre les dominations, contre les autorités, contre les princes de ce monde de ténèbres, contre les esprits méchants dans les lieux célestes (et non contre la chair et le sang). (Ép. 6.12)

G   Quand pourrez-vous tenir ferme?
A.   Dans le mauvais jour. (Ép. 6.13)

Q   Citez Éphésiens, chapitre 6, verset 13.
A.   « C'est pourquoi, prenez toutes les armes de Dieu, afin de pouvoir résister dans le mauvais jour, et tenir ferme après avoir tout surmonté. » (Ép. 6.13)

A   Selon Éphésiens, chapitre 6, verset 14, que devriez-vous faire pour tenir ferme?
A.   Avoir à vos reins la vérité pour ceinture; revêtir la cuirasse de la justice. (Ép. 6.14)

G   Que devriez-vous mettre pour chaussures à vos pieds?
A.   Le zèle que donne l'Évangile de paix. (Ép. 6.15)

G   Quel bouclier devriez-vous prendre?
A.   Le bouclier de la foi. (Ép. 6.16)

G   Avec quoi pourrez-vous éteindre les traits

enflammés du malin?
A.   Avec le bouclier de la foi. (Ép. 6.16)

A   Selon Éphésiens, chapitre 6, verset 17, que devriez-vous prendre aussi?
A.   Le casque du salut et l'épée de l'Esprit. (Ép. 6.17)

I   Dans quel livre et quel chapitre se trouve le verset suivant : « prenez aussi le casque du salut, et l'épée de l'Esprit, qui est la parole de Dieu. »
A.   Éphésiens 6 (Ép. 6.17)

G   Par qui devriez-vous faire toutes sortes de prières et de supplications ?
A.   Par l'Esprit. (Ép. 6.18)

G   Quand devriez-vous prier pour tous les saints?
A.   En tout temps. (Ép. 6.18)

A   Selon Éphésiens, chapitre 6, verset 18, par qui devriez-vous prier?
A.   Par l'Esprit. (Ép. 6.18)

A   Selon Éphésiens, chapitre 6, verset 19, pour quelle raison devriez-vous également prier pour Paul?
A.   Afin qu'il lui soit donné, quand il ouvre la bouche, de faire connaître hardiment et librement le mystère de l'Évangile (Ép. 6.19)

G   Pour quelle raison devriez-vous également prier pour Paul?
A.   Afin qu'il lui soit donné, quand il ouvre la bouche, de faire connaître hardiment et librement le mystère de l'Évangile (Ép. 6.19)

G   Pour que but Paul est-il un ambassadeur dans les chaînes?
A.   Pour (le mystère de) l'Évangile. (Ép. 6.19-20)

G   De quoi Paul devrait-il parler avec assurance?

A.   Du mystère de l'Évangile. (Ép. 6.20)

A   Selon Éphésiens, chapitre 6, verset 21, de quoi Tychique vous informera-t-il?
A.   De tout. (Ép. 6.21)

G   Qui vous dira tout?
A.   Tychique. (Ép. 6.21)

G   Pourquoi Tychique vous dira-t-il tout ?
A.   Afin que vous aussi, vous sachiez ce qui le concerne, ce qu'il fait. (Ép. 6.21)

G   Qui vous envoie Tychique?
A.   Paul (Ép. 6.22)

G   De qui sont la paix et la charité avec foi?
A.   De Dieu le Père et du Seigneur Jésus Christ! (Ép. 6.23)

I   Dans quel livre et quel chapitre se trouve le verset suivant : « Que la paix et la charité avec la foi soient donnés aux frères de la part de Dieu le Père et du Seigneur Jésus Christ! » ?
A.   Éphésiens 6 (Ép. 6.23)

A   Selon Éphésiens, chapitre 6, verset 24, à qui soit la grâce?
A.   Avec tous ceux qui aiment notre Seigneur Jésus Christ d'un amour inaltérable. (Ép. 6.24)

PHILIPPIENS 1

X   À qui s'adresse la lettre aux Philippiens ?
A.   À tous les saints en Jésus Christ qui sont à Philippes, aux évêques et aux diacres. (Ph. 1.1)

A   Selon Philippiens, chapitre 1, verset 2, de qui viennent la grâce et la paix?
A.   Dieu notre Père et du Seigneur Jésus Christ ! (Ph. 1.2)

A   Selon Philippiens, chapitre 1, verset 3, de quoi Paul rend-il grâce à Dieu?

A.   De tout le souvenir qu'il garde des Philippiens. (Ph. 1.3)

G   En quoi Paul manifeste-t-il sa joie?
A.   Dans toutes ses prières pour vous. (Ph. 1.4-5)

G   Pourquoi Paul manifeste-t-il sa joie dans toutes ses prières ?
A.   À cause de la part des Philippiens dans l' Évangile depuis le premier jour jusqu'à maintenant. (Ph. 1.4-5)

A   Selon Philippiens, chapitre 1, verset 6, de quoi Paul est-il persuadé?
A.   Que celui qui a commencé en les Philippiens cette bonne œuvre la rendra parfaite pour le jour de Jésus Christ. (Ph. 1.6)

G   Pour quand celui qui a commencé en vous cette bonne œuvre la rendra-t-il parfaite?
A.   Pour le jour de Jésus-Christ. (Ph. 1.6)

V   Terminez ce verset : « Je suis persuadé que… »
A.   « …celui qui a commencé en vous cette bonne œuvre la rendra parfaite pour le jour de Jésus Christ. »
(Ph. 1.6)

G   Qui vous porte dans son cœur ?
A.   Paul. (Ph. 1.7)

I   Dans quel livre et quel chapitre se trouve le verset suivant : « Il est juste que je pense ainsi de vous tous, parce que je vous porte dans mon cœur »
A.   Philippiens 1 (Ph. 1.7)

G   Qui est témoin que Paul vous chérit tous avec la tendresse de Christ?
A.   Dieu. (Ph. 1.8)

G   Qui vous chérit tous avec la tendresse de Jésus-Christ?
A.   Paul (Ph. 1.8)

G   Quelle est la prière de Paul pour votre amour?
A.   Qu'il augmente de plus en plus en connaissance et en pleine intelligence. (Ph. 1.9)

Q   Citez Philippiens, chapitre 1, versets 9-11.
A.   « Et ce que je demande dans mes prières, c'est que votre amour augmente de plus en plus en connaissance et en pleine intelligence, pour le discernement des choses les meilleures, afin que vous soyez purs et irréprochables pour le jour de Christ, remplis du fruit de justice qui est par Jésus Christ, à la gloire et à la louange de Dieu. » (Ph. 1.9-11)

G   Pour quel jour devez-vous être purs et irréprochables?
A.   Pour le jour de Christ. (Ph. 1.10)

G   Par qui est donné le fruit de justice?
A.   Par Jésus-Christ. (Ph. 1.11)

G   Qu'est-ce qui a contribué aux progrès de l'Évangile?
A.   Ce qui est arrivé à Paul (Ph. 1.12)

G   Qu'est-ce que nul n'ignore dans le prétoire et partout ailleurs?
A.   Que c'est pour Christ que Paul est dans les liens. (Ph. 1.13)

I   Dans quel livre et quel chapitre se trouve le verset suivant : « et la plupart des frères dans le Seigneur, encouragés par mes liens, ont plus d'assurance pour annoncer sans crainte la parole. » ?
A.   Philippiens 1 (Ph. 1.14)

G   Que font les frères du Seigneurs encouragés par les liens de Paul ?
A.   Ils annoncent la parole de Dieu. (Ph. 1.14)

G   Que font certains par envie et par esprit de dispute?
A.   Ils prêchent Christ. (Ph. 1.15)

A   Selon Philippiens, chapitre 1, verset 15, qu'est-ce qui est vrai ?

A.   Que quelques uns prêchent Christ par envie et par esprit de dispute, mais d'autres le prêchent avec esprit de bienveillance. (Ph. 1.15)

A   Selon Philippiens, chapitre 1, verset 16, pourquoi Paul est-il établi?

A.   Pour la défense de l'Évangile. (Ph. 1.16)

G   Pourquoi ceux-ci agissent par amour ?

A.   Parce qu'ils savent que Paul a été établi pour la défense de l'Évangile (Ph. 1.16)

G   Pourquoi les premiers prêchent-ils Christ animés d'un esprit de dispute ?

A.   Ils pensent susciter quelque tribulation à Paul dans ses liens (Ph. 1.17)

G   Quand pensent-ils susciter quelque tribulation à Paul ?

A.   Pendant qu'il est dans ses liens (P 1:17)

G   Qui s'en réjouira encore ?

A.   Paul (Ph. 1.18)

I   Dans quel livre et quel chapitre se trouve le verset suivant : « je m'en réjouis, et je m'en réjouirai encore. » ?

A.   Philippiens 1 (Ph. 1.18)

G   Pourquoi Paul continuera-t-il à se réjouir ?

A.   Car il sait que cela tournera à son salut, grâce à vos prières et à l'assistance de l'Esprit de Jésus-Christ (Ph. 1.19)

A   Selon Philippiens, chapitre 1, verset 19, que sait Paul ?

A.   Que cela tournera à son salut, grâce à vos prières et à l'assistance de l'Esprit de Jésus-Christ (Ph. 1:19)

X   Complétez, en essence, le verset suivant: « selon ma ferme attente et mon espérance… »

A.   « …que je n'aurai honte de rien, mais que,

maintenant comme toujours, Christ sera glorifié dans mon corps avec une pleine assurance, soit par ma vie, soit par ma mort » (Ph. 1.20)

A   Selon Philippiens, chapitre 1, verset 21, qu'est-ce que Christ est pour Paul ?

A.   Sa vie (Ph. 1.21)

R   Terminez ce verset et donnez la référence : « car Christ est ma vie… ».

A.   « …et la mort m'est un gain. » (Ph. 1.21)

A   Selon Philippiens, chapitre 1, verset 22, qu'est-ce que Paul ne saurait dire ?

A.   Ce qu'il doit préférer (Ph. 1.22)

G   Qu'est-ce qui est utile pour l'œuvre de Paul ?

A.   Qu'il vive dans la chair (Ph. 1.22)

G   Qu'est-ce qui est de beaucoup meilleur ?

A.   Être avec Christ (Ph. 1.23)

G   Avec qui Paul désire-t-il être ?

A.   Christ (Ph. 1.23)

A   Selon Philippiens, chapitre 1, verset 23, qu'est-ce qui est de beaucoup le meilleur ?

A.   S'en aller et être avec Christ (Ph. 1.23)

A   Selon Philippiens, chapitre 1, verset 24, qu'est-ce qui est plus nécessaire ?

A.   Que Paul demeure dans la chair (Ph. 1.24)

I   Dans quel livre et quel chapitre se trouve le verset suivant : « mais à cause de vous il est plus nécessaire que je demeure dans la chair. » ?

A.   Philippiens 1 (Ph. 1.24)

G   De quoi Paul est-il persuadé ?

A.   À cause de vous (les Philippiens) il est plus nécessaire que je demeure dans la chair (Ph. 1.24-25)

G   Pourquoi Paul demeurera et restera avec

vous ?

A.   Pour votre avancement et pour votre joie dans la foi (Ph. 1.25)

A   Selon Philippiens, chapitre 1, verset 25, de quoi Paul est-il persuadé ?
A.   Qu'il demeurera et qu'il restera avec vous tous (Ph. 1.25)

G   Qu'est-ce que vous pourriez avoir en Paul ?
A.   Un abondant sujet de vous glorifier en Jésus Christ (Ph. 1.26)

G   Comment Paul saura-t-il que vous demeurez fermes dans un même esprit ?
A.   Si vous vous conduisez d'une manière digne de l'Évangile de Christ (Ph. 1.27)

A   Selon Philippiens, chapitre 1, verset 27, comment devriez-vous vous conduire ?
A.   D'une manière digne de l'Évangile de Christ (Ph. 1.27)

A   Selon Philippiens, chapitre 1, verset 28, par qui serez-vous sauvés ?
A.   Dieu (Ph. 1.28)

G   Qu'est-ce qui est une preuve pour les adversaires ?
A.   Ils seront perdus, mais vous (les Philippiens) vous serez sauvés (et cela de la part de Dieu) (Ph. 1.28)

X   Réponse en deux parties : De quoi vous a-t-il été fait grâce par rapport à Christ ?
A.   (1) De croire en lui (2) De souffrir pour lui (Ph. 1.29)

G   De quoi vous a-t-il été fait grâce par rapport à Christ ?
A.   Non seulement de croire en lui, mais aussi de souffrir pour lui (Ph. 1.29)

A   Selon Philippiens, chapitre 1, verset 30, quel combat soutenez-vous ?

A.   Le même combat que vous m'avez vu soutenir, et que vous apprenez maintenant que je soutiens (Ph. 1.30)

PHILIPPIENS 2

X   En quoi y a-t-il quelque consolation ?
A.   En Christ (Ph. 2.1)

G   Que se passera-t-il s'il y a quelque consolation en Christ, s'il y a quelque soulagement dans la charité, s'il y a quelque union d'esprit, s'il y a quelque compassion et quelque miséricorde ?
A.   La joie de Paul sera parfaite (Ph. 2.1-2)

A   Selon Philippiens, chapitre 2, verset 2, que devriez-vous avoir ?
A.   Un même amour, une même âme, une même pensée (Ph. 2.2)

A   Comment sera la joie de Paul ?
A.   Parfaite (Ph. 2.2)

V   Terminez ce verset : « Ne faites rien par esprit de parti… ».
A.   « … ou par vaine gloire, mais que l'humilité vous fasse regarder les autres comme étant au-dessus de vous-mêmes. » (Ph. 2.3)

G   Qu'est-ce qui vous fera regarder les autres comme étant au-dessus de vous mêmes ?
A.   L'humilité (Ph. 2.3)

A   Selon Philippiens, chapitre 2, verset 3, par quoi ne devriez-vous rien faire ?
A.   Par esprit de parti et par vaine gloire (Ph. 2.3)

Q   Citez Philippiens, chapitre 2, verset 4.
A.   « Que chacun de vous, au lieu de considérer ses propres intérêts, considère aussi ceux des autres. » (Ph. 2.4)

A   Selon Philippiens, chapitre 2, verset 4, que devrait faire chacun de vous ?

A.	Considérer les intérêts des autres au lieu de considérer ses propres intérêts (Ph. 2.4)

G	De qui chacun de vous devrait-il considérer les intérêts ?
A.	Les intérêts des autres (Ph. 2.4)

G	Quels devraient être vos sentiments ?
A.	Les sentiments qui étaient en Jésus-Christ (Ph. 2.5)

R	Terminez ces versets et donnez la référence : « Ayez en vous les sentiments… ».
A.	« …qui étaient en Jésus Christ, lequel, existant en forme de Dieu, n'a point regardé comme une proie à arracher d'être égal avec Dieu, mais s'est dépouillé lui-même, en prenant une forme de serviteur, en devenant semblable aux hommes ; et ayant paru comme un simple homme » (Ph. 2.5-7)

G	Qui existe en forme de Dieu ?
A.	Christ Jésus (Ph. 2.5-6)

G	Qu'est-ce que Christ n'a pas considéré comme une proie à arracher ?
A.	D'être l'égal de Dieu (Ph. 2.6)

I	Dans quel livre et quel chapitre se trouve le verset suivant : « lequel, existant en forme de Dieu, n'a point regardé comme une proie à arracher d'être égal avec Dieu » ?
A.	Philippiens 2 (Ph. 2.6)

A	Selon Philippiens, chapitre 2, verset 7, quelle forme a-t-il pris ?
A.	La forme d'un serviteur (Ph. 2.7)

G	Qui a paru comme un simple homme ?
A.	Jésus-Christ (Ph. 2.7)

G	À quel point Jésus-Christ s'est-il rendu obéissant ?
A.	Jusqu'à la mort (même la mort de la croix) (Ph. 2.8)

V	Terminez ce verset (et donnez la référence) : « Il s'est humilié lui-même… »
A.	« …se rendant obéissant jusqu'à la mort, même jusqu'à la mort de la croix. » (Ph. 2.8)

A	Selon Philippiens, chapitre 2, verset 9, qu'est-ce que Dieu lui a donné ?
A.	Le nom qui est au-dessus de tout nom (Ph. 2.9)

G	Qui Dieu a-t-il souverainement élevé ?
A.	Jésus-Christ (Ph. 2.9)

Q	Citez Philippiens, chapitre 2, versets 9-11.
A.	« C'est pourquoi aussi Dieu l'a souverainement élevé, et lui a donné le nom qui est au-dessus de tout nom, afin qu'au nom de Jésus tout genou fléchisse dans les cieux, sur la terre et sous la terre, et que toute langue confesse que Jésus Christ est Seigneur, à la gloire de Dieu le Père. » (Ph. 2.9-11)

G	Au nom de qui tout genou devrait-il fléchir ?
A.	Au nom de Jésus (Ph. 2.10)

G	Qu'est-ce qui devrait confesser que Jésus-Christ est Seigneur ?
A.	Toute langue (Ph. 2.11)

A	Selon Philippiens, chapitre 2, verset 12, quand devez-vous travailler à votre salut ?
A.	Non seulement en présence de Paul, mais encore plus maintenant qu'il est absent (Ph. 2.12)

G	À quoi devriez-vous travailler avec crainte et tremblements ?
A.	À votre salut (Ph. 2.12)

X	Complétez, en essence, le verset suivant : « Car c'est Dieu qui… ».
A.	« …produit en vous le vouloir et le faire selon son bon plaisir » (Ph. 2.13)

G	Qui produit en vous le vouloir et le faire selon son bon plaisir ?

A.   Dieu (Ph. 2.13)

A   Selon Philippiens, chapitre 2, verset 13, qui œuvre en vous ?
A.   Dieu (Ph. 2.13)

R   Terminez ce verset et donnez la référence : « Car c'est Dieu qui… ».
A.   « …produit en vous le vouloir et le faire selon son bon plaisir » (Ph. 2.13)

A   Selon Philippiens, chapitre 2, verset 14, comment devriez-vous faire toute chose ?
A.   Sans murmures ni hésitations (Ph. 2.14)

V   Terminez ce verset : « Faites toutes choses sans murmures… ».
A.   « …ni hésitations. » (Ph. 2.14)

G   Pourquoi devriez-vous faire toutes choses sans murmures ni hésitations ?
A.   Afin que vous soyez irréprochables et purs, des enfants de Dieu irrépréhensibles au milieu d'une génération perverse et corrompue (Ph. 2.15)

G   Comment brillerez-vous au milieu d'une génération perverse et corrompue ?
A.   Comme des flambeaux dans le monde (Ph. 2.15)

G   Quand brillerez-vous comme des flambeaux dans le monde ?
A.   Quand vous porterez la parole de vie (Ph. 2.15-16)

A   Selon Philippiens, chapitre 2, verset 16, que portez-vous ?
A.   La parole de vie (Ph. 2.16)

G   Qui pourra se glorifier au jour de Christ de n'avoir pas couru en vain ni travaillé en vain ?
A.   Paul (Ph. 2.16)

G   Qui sert de libation pour le sacrifice et pour le service de votre foi ?

A.   Paul (Ph. 2.17)

A   Selon Philippiens, chapitre 2, verset 18, que devriez-vous faire ?
A.   Vous réjouir avec Paul (Ph. 2.18)

G   Quand Paul est-il encouragé lui-même ?
A.   Quand il apprend ce qui vous concerne (Ph. 2.19)

G   Qui espère vous envoyer bientôt Timothée ?
A.   Paul (Ph. 2.19)

G   Qui n'a personne qui partage ses sentiments ?
A.   Paul (Ph. 2.20)

G   Que fait Timothée par rapport à votre situation ?
A. Il prend à cœur votre situation (Ph. 2.20)

A   Selon Philippiens, chapitre 2, verset 21, qu'est-ce qu'ils cherchent tous ?
A.   Leurs propres intérêts (Ph. 2.21)

G   Comment Timothée s'est-il consacré au service de l'Évangile avec Paul?
A.   Comme un enfant avec son père (Ph. 2.22)

A   Selon Philippiens, chapitre 2, verset 23, qu'est-ce que Paul espère ?
A.   Envoyer Timothée (dès qu'il apercevra l'issue de l'état où il est) (Ph. 2.23)

I   Dans quel livre et quel chapitre se trouve le verset suivant : « et j'ai cette confiance dans le Seigneur que moi-même aussi j'irai bientôt. » ?
A.   Philippiens 2 (Ph. 2.24)

A   Selon Philippiens, chapitre 2, verset 24, qu'est-ce que la confiance de Paul dans le Seigneur lui permettra de faire ?
A.   D'aller lui-même bientôt (Ph. 2.24)

G	En qui Paul met-il sa confiance pour aller bientôt ?
A.	Dans le Seigneur (Ph. 2.24)

G	Qui a estimé nécessaire de vous envoyer Épaphrodite ?
A.	Paul (Ph. 2.25)

A	Selon Philippiens, chapitre 2, verset 25, qui est le frère de Paul ?
A.	Épaphrodite (Ph. 2.25)

A	Selon Philippiens, chapitre 2, verset 26, qu'aviez-vous appris ?
A.	La maladie d'Épaphrodite (Ph. 2.26)

G	Qui était en peine de ce que vous aviez appris sa maladie ?
A.	Épaphrodite (Ph. 2.26)

X	Réponse en deux parties : En Philippiens, chapitre 2, de qui Dieu a-t-il eu pitié ?
A.	(1) De Paul (2) D'Épaphrodite (Ph. 2.27)

I	Dans quel livre et quel chapitre se trouve le verset suivant : « Il a été malade, en effet, et tout près de la mort » ?
A.	Philippiens 2 (Ph. 2.27)

G	Qui est passé tout près de la mort ?
A.	Épaphrodite (Ph. 2.27)

A	Selon Philippiens, chapitre 2, verset 28, quand vous réjouirez-vous ?
A.	Quand vous rêverez Épaphrodite (Ph. 2.28)

G	Pourquoi devriez-vous honorer les hommes comme Épaphrodite ?
A.	Car c'est pour l'œuvre de Christ qu'il a été près de la mort (Ph. 2.29)

G	Pourquoi Épaphrodite a-t-il été près de la mort ?
A.	Pour l'œuvre de Christ (Ph. 2.30)

G	Qui a exposé sa vie afin de suppléer à votre absence dans le service que vous rendiez à Paul ?
A.	Épaphrodite (Ph. 2.30)

PHILIPPIENS 3

G	Qui ne se lasse point de vous écrire les mêmes choses ?
A.	Paul (Ph. 3.1)

G	Qu'est-ce qui est salutaire pour vous ?
A.	Que Paul ne se lasse point de vous écrire ces choses (Ph. 3.1)

A	Selon Philippiens, chapitre 3, verset 1, que devriez-vous faire dans le Seigneur ?
A.	Vous réjouir (Ph. 3.1)

A	Selon Philippiens, chapitre 3, verset 2, que sont ces hommes mauvais ?
A.	De faux circoncis (Ph. 3.2)

X	En Philippiens, chapitre 3, qui sont les chiens ?
A.	Les mauvais ouvriers, les faux circoncis (Ph. 3.2)

A	Selon Philippiens, chapitre 3, verset 3, qui sommes-nous ?
A.	Les circoncis (Ph. 3.3)

G	En quoi ne mettons-nous point notre confiance ?
A.	Dans la chair (Ph. 3.3)

A	Selon Philippiens, chapitre 3, verset 4, qui a bien des raisons de mettre sa confiance dans la chair ?
A.	Paul (Ph. 3.4)

G	Qui a sujet de mettre sa confiance en la chair ?
A.	Paul (Ph. 3.4)

G	Qui a été circoncis le huitième jour ?

A.   Paul (Ph. 3.5)

G   Qui est de la race d'Israël ?
A.   Paul (Ph. 3.5)

G   Comment est Paul à l'égard de la justice de la loi ?
A.   Irréprochable (Ph. 3.6)

G   Qui était persécuteur de l'Église ?
A. Paul (Ph. 3.6)

G   Comment Paul considère-t-il ces choses qui étaient pour lui des gains ?
A.   Comme des pertes, à cause de Christ (Ph. 3.7)

Q   Citez Philippiens, chapitre 3, verset 7.
A.   « Mais ces choses qui étaient pour moi des gains, je les ai regardées comme une perte, à cause de Christ. » (Ph. 3.7)

R   Terminez ce verset et donnez la référence : « Et même, je regarde toutes ces choses… ».
A.   « …comme une perte, à cause de l'excellence de la connaissance de Jésus Christ mon Seigneur, pour lequel j'ai renoncé à tout, et je les regarde comme de la boue, afin de gagner Christ. » (Ph. 3.8)

G   Qui regarde toutes choses comme de la boue à cause de l'excellence de la connaissance de Jésus-Christ ?
A.   Paul (Ph. 3.8)

G   Qu'est-ce que Paul regarde comme une perte à cause de Jésus-Christ ?
A.   Toutes choses (Ph. 3.8)

A   Selon Philippiens, chapitre 3, verset 8, qu'est-ce que Paul considère comme une perte ?
A.   Toutes choses (à cause de l'excellence de la connaissance de Jésus-Christ mon Seigneur) (Ph. 3.8)

X   Question en deux parties : Quelle justice Paul ne veut-il pas avoir ? Et quelle justice veut-il avoir ?
A.   (1) Non pas sa justice, celle qui vient de la loi (2) Mais celle qui s'obtient par la foi en Christ, la justice qui vient de Dieu par la foi (Ph. 3.9)

G   Quelle justice Paul ne veut-il pas avoir ?
A.   Il ne veut pas avoir sa justice, celle qui vient de la loi (Ph. 3.9)

G   Qui veut connaître Christ ?
A.   Paul (Ph. 3.10)

G   Qui veut connaître la puissance de la résurrection de Christ ?
A.   Paul (Ph. 3.10)

V   Terminez ce verset : « Afin de connaître Christ… ».
A.   « …et la puissance de sa résurrection, et la communion de ses souffrances, en devenant conforme à lui dans sa mort, pour parvenir, si je puis, à la résurrection d'entre les morts. » (Ph. 3.10-11)

G   Qui veut, s'il le peut, atteindre la résurrection d'entre les morts ?
A.   Paul (Ph. 3.11)

G   Qui a saisi Paul ?
A.   Jésus-Christ (Ph. 3.12)

G   Qu'est-ce Paul n'a pas encore atteint ?
A.   La perfection (Ph. 3.12)

G   Qu'est-ce que Paul tâche de saisir ?
A.   Ce pour quoi Jésus-Christ l'a saisi (Ph. 3.12)

Q   Citez Philippiens, chapitre 3, verset 12.
A.   « Ce n'est pas que j'aie déjà remporté le prix, ou que j'aie déjà atteint la perfection; mais je cours, pour tâcher de le saisir, puisque moi aussi j'ai été saisi par Jésus Christ. » (Ph. 3.12)

G   Vers quoi Paul se porte-t-il ?

A. Vers ce qui est en avant (Ph. 3.13)

G Qui oublie ce qui est en arrière ?
A. Paul (Ph. 3.13)

R Terminez ces versets et donnez la référence : « Frères, je ne pense pas… »
A. « …l'avoir saisi; mais je fais une chose: oubliant ce qui est en arrière et me portant vers ce qui est en avant, je cours vers le but, pour remporter le prix de la vocation céleste de Dieu en Jésus Christ. » (Ph. 3.13-14)

A Selon Philippiens, chapitre 3, verset 14, à quelle vocation Dieu a-t-il appelé Paul en Jésus-Christ ?
A. Une vocation céleste (P 3:14)

G Qui court vers le but pour remporter le prix ?
A. Paul (Ph. 3.14)

G Qui devrait avoir cette même pensée ?
A. Nous tous qui sommes parfaits (Ph. 3.15)

I Dans quel livre et quel chapitre se trouve le verset suivant : « Seulement, au point où nous sommes parvenus, marchons d'un même pas. » ?
A. Philippiens 3 (Ph. 3.16)

G De qui devriez-vous être les imitateurs ?
A. De ceux qui marchent selon le modèle que vous avez en nous (Ph. 3.17)

A Selon Philippiens, chapitre 3, verset 18, de quoi Paul vous a parlé ?
A. Des ennemis de la croix de Christ (Ph. 3.18)

G Qui connaîtra la perdition ?
A. Les ennemis de la croix de Christ (Ph. 3.18-19)

G Combien marchent en ennemis de la croix Christ ?

A. Plusieurs (Ph. 3.18)

G Que mettent-ils en ce qui leur fait honte ?
A. Leur gloire (Ph. 3.19)

A Selon Philippiens, chapitre 3, verset 20, qui attendons-nous comme sauveur ?
A. Le Seigneur Jésus-Christ (Ph. 3.20)

I Dans quel livre et quel chapitre se trouve le verset suivant : « Mais notre cité à nous est dans les cieux » ?
A. Philippiens 3 (Ph. 3.20)

G Qui transformera le corps de notre humiliation, en le rendant semblable au corps de sa gloire ?
A. Le Seigneur Jésus-Christ (Ph. 3.20-21)

G Par quoi le Seigneur Jésus-Christ transformera-t-il le corps de notre humiliation ?
A. Par le pouvoir qu'il a de s'assujettir toutes choses (Ph. 3.21)

A Selon Philippiens, chapitre 3, verset 21, qu'est-ce qui sera semblable au corps de sa gloire ?
A. Le corps de notre humiliation (Ph. 3.21)

PHILIPPIENS 4

G Comment devriez-vous demeurer dans le Seigneur ?
A. Fermes (Ph. 4.1)

A Selon Philippiens, chapitre 4, verset 1, en qui devez-vous demeurer fermes ?
A. Dans le Seigneur (Ph. 4.1)

G Qui Paul exhorte-t-il à être d'un même sentiment ?
A. Évodie et Syntyche (Ph. 4.2)

G Qu'est-ce Paul demande à Évodie et Syntyche ?

A.   D'être d'un même sentiment dans le Seigneur (Ph. 4.2)

X   Réponse en deux parties : Qui sont ceux dont les noms se trouvent dans le livre de la vie ?
A.   (1) Clément (2) Et les autres compagnons d'œuvre de Paul (Ph. 4.3)

G   Pourquoi les femmes ont-elles combattu aux côtés de Paul ?
A.   Pour la cause de l'Évangile (Ph. 4.3)

G   En qui devriez-vous toujours vous réjouir ?
A.   Dans le Seigneur (Ph. 4.4)

V   Terminez ce verset : « Réjouissez-vous toujours dans le Seigneur… ».
A. « …je le répète, réjouissez-vous. » (Ph. 4.4)

G   De qui votre douceur doit-elle être connue ?
A.   De tous (Ph. 4.5)

G   Qui est proche ?
A.   Le Seigneur (Ph. 4.5)

I   Dans quel livre et quel chapitre se trouve le verset suivant : « Que votre douceur soit connue de tous les hommes. Le Seigneur est proche. » ?
A.   Philippiens 4 (Ph. 4.5)

Q   Citez Philippiens, chapitre 4, verset 6-7.
A.   « Ne vous inquiétez de rien; mais en toute chose faites connaître vos besoins à Dieu par des prières et des supplications, avec des actions de grâces. Et la paix de Dieu, qui surpasse toute intelligence, gardera vos cœurs et vos pensées en Jésus-Christ. » (Ph. 4.6)

G   De quoi devriez-vous vous inquiéter ?
A.   De rien (Ph. 4.6)

G   Comment devriez-vous faire connaître vos besoins à Dieu ?
A.   Par des prières et des supplications, avec des actions de grâce (Ph. 4.6)

G   Qu'est-ce qui surpasse toute intelligence ?
A.   La paix de Dieu (Ph. 4.7)

G   En qui la paix de Dieu gardera vos cœurs et vos pensées ?
A.   En Jésus-Christ (Ph. 4.7)

X   Selon Paul quelles sont les sept choses qui doivent faire l'objet des pensées des Philippiens ?
A.   Tout ce qui est vrai, tout ce qui est honorable, tout ce qui est juste, tout ce qui est pur, tout ce qui est aimable, tout ce qui mérite l'approbation, ce qui est vertueux et digne de louange (Ph. 4.8)

G   Qu'est-ce qui doit faire l'objet de vos pensées ?
A.   Tout ce qui est vrai, tout ce qui est honorable, tout ce qui est juste, tout ce qui est pur, tout ce qui est aimable, tout ce qui mérite l'approbation, ce qui est vertueux et digne de louange (Ph. 4.8)

G   Que devriez-vous faire à propos de ce qui est vertueux et digne de louange ?
A.   En faire l'objet de vos pensées (Ph. 4.8)

R   Terminez ces verset et donnez la référence: « Au reste, frères, que tout… ».
A.   « …tout ce qui est vrai, tout ce qui est honorable, tout ce qui est juste, tout ce qui est pur, tout ce qui est aimable, tout ce qui mérite l'approbation, ce qui est vertueux et digne de louange. » (Ph. 4.8)

A   Selon Philippiens, chapitre 4, verset 10, comment est la joie de Paul dans le Seigneur ?
A.   Grande (Ph. 4.10)

G   En qui Paul éprouve-t-il une grande joie ?
A.   Dans le Seigneur (Ph. 4.10)

G   Qu'avez-vous pu enfin renouveler ?
A.   L'expression de vos sentiments pour Paul (Ph. 4.10)

G   Qui a appris à être content de l'état où il se trouve ?
A.   Paul (Ph. 4.11)

A   Selon Philippiens, chapitre 4, verset 11, qu'est-ce que Paul a appris ?
A.   À être content de l'état où il se trouve (Ph. 4.11)

A   Selon Philippiens, chapitre 4, verset 12, qu'est-ce que Paul a appris ?
A.   À être rassasié et à avoir faim, à être dans l'abondance et à être dans la disette (Ph. 4.12)

G   Quel secret Paul a-t-il appris ?
A.   Le secret de se contenter en toutes situations (à être rassasié et à avoir faim, à être dans l'abondance et à être dans la disette) (Ph. 4.12)

I   Dans quel livre et quel chapitre se trouve le verset suivant : « Je sais vivre dans l'humiliation, et je sais vivre dans l'abondance. En tout et partout j'ai appris à être rassasié et à avoir faim, à être dans l'abondance et à être dans la disette. » ?
A.   Philippiens 4 (Ph. 4.12)

V   Terminez ce verset : « Je sais vivre dans l'humiliation… ».
A.   « …et je sais vivre dans l'abondance. En tout et partout j'ai appris à être rassasié et à avoir faim, à être dans l'abondance et à être dans la disette. » (Ph. 4.12)

Q   Citez Philippiens, chapitre 4, verset 13.
A.   « Je puis tout par celui qui me fortifie. » (Ph. 4.13)

G   Que peut faire Paul par celui qui le fortifie ?
A.   Tout (Ph. 4.13)

G   Par qui Paul peut-il tout faire ?
A.   Par celui qui le fortifie (Ph. 4.13)

G   À quoi avez-vous bien fait de prendre part ?
A.   À la détresse de Paul (Ph. 4.14)

A   Selon Philippiens, chapitre 4, verset 14, qu'avez-vous bien fait ?
A.   Vous avez bien fait de prendre part à la détresse de Paul (Ph. 4.14)

G   D'où Paul était-il parti ?
A.   De la Macédoine (Ph. 4.15)

A   Selon Philippiens, chapitre 4, versets 15-16, que savent les Philippiens ?
A.   Au commencement de la prédication de l'Évangile, lorsque Paul partit de la Macédoine, aucune Église n'entra en compte avec lui pour ce qu'elle donnait et recevait ; les Philippiens furent les seuls à le faire (Ph. 4.15)

G   Quelle église entra en compte avec Paul pour ce qu'elle donnait et recevait quand Paul partit de la Macédoine ?
A.   Aucune église, à l'exception des Philippiens (Ph. 4.15)

G   Qu'avez-vous envoyé à Paul à deux reprises à Thessalonique ?
A.   De quoi pourvoir à ses besoins (Ph. 4.16)

G   Où se trouvait Paul quand vous lui avez envoyé de l'aide à deux reprises ?
A.   À Thessalonique (Ph. 4.16)

A   Que recherche Paul ?
A.   Le fruit qui abonde pour votre compte (pour le compte des Philippiens) (Ph. 4.17)

G   Qu'est-ce que Paul ne recherche pas ?
A.   Les dons (Ph. 4.17)

G   Qui cherche le fruit qui abonde pour votre compte ?
A.   Paul (Ph. 4.17)

G   Qui a reçu et est dans l'abondance ?
A.   Paul (Ph. 4.18)

G   Que sont vos dons ?

A.   Un parfum de bonne odeur, un sacrifice que Dieu accepte (Ph. 4.18)

A   Selon Philippiens, chapitre 4, verset 18, comment est Paul ?
A.   Comblé de biens (Ph. 4.18)

A   Selon Philippiens, chapitre 4, verset 19, par quoi Dieu pourvoira à tous vos besoins ?
A.   Selon sa richesse (Ph. 4.19)

G   Qui pourvoira à tous vos besoins selon sa richesse, avec gloire, en Jésus-Christ ?
A.   Dieu (Ph. 4.19)

R   Terminez ce verset et donnez la référence : « Et mon Dieu pourvoira… ».
A.   « …à tous vos besoins selon sa richesse, avec gloire, en Jésus-Christ. » (Ph. 4.19)

A   Selon Philippiens, chapitre 4, verset 21, qui vous salue ?
A.   Les frères qui sont avec Paul (Ph. 4.21)

A   Selon Philippiens, chapitre 4, verset 21, qui devez-vous saluer ?
A.   Tous les saints en Jésus-Christ (Ph. 4.21)

G   Qu'est-ce que les frères qui sont avec Paul vous envoient ?
A.   Leurs salutations (Ph. 4.21)

A   Selon Philippiens, chapitre 4, verset 22, qui vous salue ?
A.   Tous les saints, et principalement ceux de la maison de César (Ph. 4.22)

A   Selon Philippiens, chapitre 4, verset 23, que vous souhaite Paul ?
A.   Que la grâce du Seigneur Jésus Christ soit avec votre esprit ! (Ph. 4.23)

COLOSSIENS 1

A   Selon Colossiens, chapitre 1, verset 1, de quel frère parle Paul ?
A.   Timothée (Col. 1.1)

A   Selon Colossiens, chapitre 1, verset 2, qu'est-ce qui vous est donné de la part de Dieu notre Père ?
A.   La grâce et la paix (Col. 1.2)

G   Qui sont ceux qui sont en Christ à Colosses ?
A.   Les saints et fidèles frères (Col. 1.2)

G   Que faisons-nous quand nous prions pour vous ?
A.   Nous rendons grâces à Dieu, le Père de notre Seigneur Jésus-Christ (Col. 1.3)

A   Selon Colossiens, chapitre 1, verset 3, à qui rendons-nous grâce ?
A.   À Dieu, le Père de notre Seigneur Jésus Christ (Col. 1.3)

A   Selon Colossiens, chapitre 1, verset 4, de quoi avons-nous été informés ?
A.   De votre foi en Jésus Christ et de votre charité pour tous les saints (Col. 1.4)

G   Pourquoi rendons-nous grâce à Dieu quand nous prions pour vous ?
A.   Parce que nous avons été informés de votre foi en Jésus-Christ et de votre charité pour tous les saints (Col. 1.4)

G   Qu'est-ce qui découle de l'espérance qui vous est réservée dans les cieux ?
A.   Votre foi en Jésus Christ et de votre charité pour tous les saints (Col. 1.4-5)

A   Selon Colossiens, chapitre 1, verset 5, qu'est-ce que la parole de l'Évangile vous a fait connaître ?
A.   L'espérance qui vous est réservée dans les

cieux (Col. 1.5)

G	Qu'est-ce qui vous a fait connaître l'espérance qui vous est réservée dans les cieux ?
A.	La parole de la vérité, la parole de l'Évangile (Col. 1.5)

I	Dans quel livre et quel chapitre se trouve le verset suivant : « Il est au milieu de vous, et dans le monde entier ; il porte des fruits, et il va grandissant, comme c'est aussi le cas parmi vous, depuis le jour où vous avez entendu et connu la grâce de Dieu conformément à la vérité » ?
A. Colossiens 1 (1.6)

A	Selon Colossiens, chapitre 1, verset 6, qu'avez-vous connu ?
A.	La grâce de Dieu (conformément à la vérité) (Col. 1.6)

G	Où l'Évangile porte-t-il des fruits et où grandit-il ?
A.	Dans le monde entier (Col. 1.6)

G	Que fait l'Évangile depuis le jour où vous avez entendu et connu la grâce de Dieu conformément à la vérité ?
A.	Il porte des fruits et il va grandissant (Col. 1.6)

A	Selon Colossiens, chapitre 1, verset 7, qui est notre bien-aimé compagnon de service ?
A.	Épaphras (Col. 1.7)

G	De qui avez-vous reçus les instructions ?
A.	Épaphras (Col. 1.7)

G	Qu'est-ce qu'Épaphras est pour vous ?
A.	Un fidèle ministre de Christ (Col. 1.7)

G	De qui Épaphras est-il un fidèle ministre ?
A.	De Christ (Col. 1.7)

G	Qui nous a appris de quelle charité l'Esprit vous anime ?

A.	Épaphras (Col. 1.7-8)

G	Qu'est-ce qu'Épaphras nous a appris ?
A.	De quelle charité l'Esprit vous (les Colossiens) anime (Col. 1.8)

A	Selon Colossiens, chapitre 1, verset 9, que ne cessons-nous pas de faire ?
A.	Prier Dieu pour vous, et de demander que vous soyez remplis de la connaissance de sa volonté, en toute sagesse et intelligence spirituelle (Col. 1.9)

G	Depuis quand ne cessons-nous pas de prier Dieu pour vous, et de demander que vous soyez remplis de la connaissance de sa volonté ?
A.	Depuis le jour où nous en avons été informés (Col. 1.9)

A	Selon Colossiens, chapitre 1, verset 10, pourquoi prions-nous ainsi ?
A.	Pour que vous marchiez d'une manière digne du Seigneur et que vous lui soyez entièrement agréables (Col. 1.10)

X	En Colossiens, chapitre 1, comment les Colossiens sont-ils fortifiés ?
A.	À tous égards par sa puissance glorieuse (Col. 1.11)

A	Selon Colossiens, chapitre 1, verset 11, comment devriez-vous être ?
A. Persévérants et patients (Col. 1.11)

G	Qui vous a rendus capables d'avoir part à l'héritage des saints ?
A.	Le Père (Col. 1.12)

G	Qui nous a délivrés de la puissance des ténèbres ?
A.	Le Père (Col. 1.13)

A	Selon Colossiens, chapitre 1, verset 13, où le Père nous a-t-il transportés ?
A.	Dans le royaume du Fils de son amour (Col. 1.13)

A	Selon Colossiens, chapitre 1, verset 13, en qui le Père a-t-il mis son amour ?
A.	Le Fils (Col. 1.13)

R	Terminez ce verset et donnez la référence : « Qui nous a délivrés… ».
A.	« …de la puissance des ténèbres et nous a transportés dans le royaume du Fils de son amour » (Col. 1.13)

G	En qui avons-nous la rédemption ?
A.	Le Fils de son amour (Col. 1.13-14)

A	Selon Colossiens, chapitre 1, verset 14, qu'est-ce que la rédemption ?
A.	La rémission des péchés (Col. 1.14)

I	Dans quel livre et quel chapitre se trouve le verset suivant : « Il est l'image du Dieu invisible, le premier-né de toute la création. » ?
A.	Colossiens 1.15

G	Qui est l'image du Dieu invisible, le premier né de toute la création ?
A.	Christ (Le Fils de son amour) (Col. 1.15)

G	De qui Christ est-il le premier né ?
A.	De toute la création (Col. 1.15)

V	Terminez ce verset : « Car en lui ont été créés… ».
A.	« …toutes les choses qui sont dans les cieux et sur la terre, les visibles et les invisibles, trônes, dignités, dominations, autorités. Tout a été créé par lui et pour lui. » (Col. 1.16)

A	Selon Colossiens, chapitre 1, verset 16, qu'est-ce qui a été créé en lui ?
A.	Toutes les choses qui sont dans les cieux et sur la terre, les visibles et les invisibles, trônes, dignités, dominations, autorités (Col. 1.16)

G	Par qui toutes les choses ont-elles été créées ?
A.	Christ (Le Fils de son amour) (Col. 1.16)

G	Pour qui toutes les choses ont-elles été créées ?
A. Christ (Le fils de son amour) (Col.1.16)

Q	Citez Colossiens, chapitre 1, verset 17.
A.	« Il est avant toutes choses, et toutes choses subsistent en lui. » (Col. 1.17)

G	Qu'est-ce qui subsiste en Christ ?
A.	Toutes choses (Col. 1.17)

G	Qui est à la tête du corps de l'Église ?
A.	Christ (Col. 1.18)

G	Pourquoi le Fils est-il le commencement, le premier né d'entre les morts ?
A.	Afin d'être en tout le premier (Col. 1.18)

G	Qu'est-ce que Dieu a voulu mettre en Christ ?
A.	Toute plénitude (Col. 1.19)

G	En qui Dieu a-t-il voulu que toute plénitude habitât ?
A.	En Christ (Col. 1.19)

I	Dans quel livre et quel chapitre se trouve le verset suivant : « Car Dieu a voulu que toute plénitude habitât en lui » ?
A.	Colossiens 1 (Col. 1.19)

G	Par qui Dieu a-t-il voulu réconcilier tout avec lui-même ?
A.	Par Christ (Col. 1.20)

G	Par quoi a-t-il fait la paix ?
A.	Par le sang de la croix (Col. 1.20)

G	Comment étiez-vous autrefois ?
A.	Étrangers et ennemis par vos pensées et par vos mauvaises œuvres (Col. 1.21)

G	Par quoi étiez-vous étrangers et ennemis ?
A.	Par vos pensées et par vos mauvaises œuvres (Col. 1.21)

A   Selon Colossiens chapitre 1, verset 21, comment étiez-vous autrefois ?
A.   Étrangers et ennemis par vos pensées et par vos mauvaises œuvres (Col. 1.21)

G   Par quoi Dieu vous a-t-il réconciliés ?
A.   Par la mort de Christ dans le corps de sa chair (Col. 1.21)

G   Qui vous a réconciliés par la mort de Christ dans le corps de sa chair ?
A.   Dieu (Col. 1.21)

I   Dans quel livre et quel chapitre se trouvent les versets suivants : « Et vous, qui étiez autrefois étrangers et ennemis par vos pensées et par vos mauvaises œuvres, il vous a maintenant réconciliés par sa mort dans le corps de sa chair, pour vous faire paraître devant lui saints, irrépréhensibles et sans reproche » ?
A.   Colossiens 1 (Col. 1.21-22)

G   Qu'est-ce qui a été prêché à toute créature sous le ciel ?
A.   L'Évangile (Col. 1.23)

A   Selon Colossiens chapitre 1, verset 23, qu'est-ce que Paul est devenu ?
A.   Un ministre de l'Évangile (Col. 1.23)

A   Selon Colossiens, chapitre 1, verset 24, qu'est-ce que l'Église ?
A.   Son (Christ) corps (Col. 1.24)

G   Qui se réjouit dans ses souffrances pour vous ?
A.   Paul (Col. 1.24)

G   Pourquoi Paul a-t-il été fait ministre ?
A.   Selon la charge que Dieu lui a donnée auprès de vous, afin qu'il annonçât pleinement la parole de Dieu (Col. 1.25)

A   Selon Colossiens, chapitre 1, verset 25, de quoi Paul a-t-il été fait ministre ?

A.   De l'Église (Col. 1.25)

G   Qu'est-ce qui a été caché de tout temps et dans tous les âges ?
A.   Le mystère (la Parole de Dieu) (Col. 1.26)

G   Qu'est-ce qui est maintenant révélé aux saints ?
A.   Le mystère (la Parole de Dieu) (Col. 1.26)

G   À qui Dieu a-t-il voulu faire connaître quelle est la glorieuse richesse de ce mystère parmi les païens ?
A.   Aux saints (Col. 1.27)

A   Selon Colossiens, chapitre 1, verset 27, qu'est-ce que Dieu a voulu faire connaître ?
A.   La glorieuse richesse de ce mystère (à savoir: Christ en vous, l'espérance de la gloire) (Col. 1.27)

G   À quoi Paul travaille-t-il ?
A.   Afin de présenter à Dieu tout homme devenu parfait en Christ (Col. 1.28-29)

A   Selon Colossiens, chapitre 1, verset 28, pourquoi l'annonçons-nous ?
A.   Afin de présenter à Dieu tout homme devenu parfait en Christ

G   Qui combat avec sa force, qui agit puissamment en lui ?
A.   Paul (Col. 1.29)

G   Qui travaille dans cet objectif ?
A.   Paul (Col. 1.29)

COLOSSIENS 2

A   Selon Colossiens, chapitre 2, verset 1, qu'est-ce que Paul veut que vous sachiez ?
A.   Combien est grand le combat que je soutiens pour vous, et pour ceux qui sont à Laodicée, et pour tous ceux qui n'ont pas vu mon visage en la chair (Col. 2.1)

G   Pourquoi devraient-ils avoir le cœur rempli de consolation et être unis dans la charité ?
A.   Afin qu'ils (les Colossiens et Laodicéens) soient enrichis d'une pleine connaissance pour connaître le mystère de Dieu (Col. 2.2)

A   Selon Colossiens, chapitre 2, verset 2, qu'est-ce que le mystère de Dieu ?
A.   C'est Christ (Col. 2.2)

I   Dans quel livre et quel chapitre se trouvent les versets suivants : « afin qu'ils aient le cœur rempli de consolation, qu'ils soient unis dans la charité, et enrichis d'une pleine intelligence pour connaître le mystère de Dieu, savoir Christ, mystère dans lequel sont cachés tous les trésors de la sagesse et de la science. » ?
A.   Colossiens 2 (Col. 2.2)

G   Quels sont les trésors cachés en Christ ?
A.   Tous les trésors de la sagesse et de la science (Col. 2.3)

G   Par quoi ne devrait-on pas vous tromper ?
A.   Par des discours séduisants (Col. 2.4)

I   Dans quel livre et quel chapitre se trouve le verset suivant : « Je dis cela afin que personne ne vous trompe par des discours séduisants. » ?
A.   Colossiens 2 (Col. 2.4)

G   Comment se manifeste l'absence de Paul ?
A.   Il est absent de corps (Col. 2.5)

G   Qui est absent de corps ?
A.   Paul (Col. 2.5)

X   Question en deux parties : Comment se manifeste l'absence, la présence, de Paul ?
A.   (1) Il est absent de corps (2) Il est avec vous en esprit (Col. 2.5)

A   Selon Colossiens, chapitre 2, verset 6, comment avez-vous reçu Jésus-Christ ?
A.   Comme Seigneur (Col. 2.6)

R   Terminez ces versets et donnez la référence : « Ainsi donc, comme vous avez reçu…. ».
A.   « …le Seigneur Jésus Christ, marchez en lui, étant enracinés et fondés en lui, et affermis par la foi, d'après les instructions qui vous ont été données, et abondez en actions de grâces. » (Col. 2.6-7)

G   Par quoi devriez-vous être affermis d'après les instructions qui vous ont été données ?
A.   Par la foi (Col. 2.7)

G   Qu'est-ce qui s'appuie sur la tradition des hommes, sur les rudiments du monde, et non sur Christ ?
A.   La philosophie et la vaine tromperie (Col. 2.8)

V   Terminez ce verset : « Prenez garde que personne… ».
A.   « …ne fasse de vous sa proie par la philosophie et par une vaine tromperie, s'appuyant sur la tradition des hommes, sur les rudiments du monde, et non sur Christ. » (Col. 2.8)

G   En qui habite corporellement toute la plénitude de la divinité ?
A.   Christ (Col 2.9)

A   Selon Colossiens, chapitre 2, verset 10, qu'avez-vous reçu ?
A.   Vous avez tout pleinement en lui (Christ) (Col. 2.10)

G   Qui est le chef de toute domination et de toute autorité ?
A.   Christ (Col. 2.10)

G   En quoi consiste la circoncision de Christ ?
A.   Elle consiste dans le dépouillement du corps de la chair (Col. 2.11)

G   Par quoi êtes-vous vous aussi ressuscités avec Christ ?
A.   Par la foi (des Colossiens) en la puissance de Dieu (Col. 2.12)

G	En quoi avez-vous été ensevelis avec Christ ?
A.	Par le baptême (Col. 2.12)

G	Quand Dieu vous a-t-il rendus à la vie en Christ ?
A.	Quand vous étiez morts par vos offenses et par l'incirconcision de votre chair (Col. 2.13)

A	Selon Colossiens, chapitre 2, verset 13, en quoi étiez-vous morts ?
A.	Par vos offenses et par l'incirconcision de votre chair (Col. 2.13)

Q	Citez Colossiens, chapitre 2, versets 13-14.
A.	« Vous qui étiez morts par vos offenses et par l'incirconcision de votre chair, il vous a rendus à la vie avec lui, en nous faisant grâce pour toutes nos offenses ; il a effacé l'acte dont les ordonnances nous condamnaient et qui subsistait contre nous, et il l'a détruit en le clouant à la croix » (Col. 2.13-14)

G	Qu'est-ce que Dieu a effacé ?
A.	L'acte dont les ordonnances nous condamnaient (Col. 2.13-14)

A	Selon Colossiens, chapitre 2, verset 14, qu'a-t-il effacé ?
A.	L'acte dont les ordonnances nous condamnaient (Col. 2.14)

G	Par quoi Dieu a-t-il triomphé des dominations et des autorités ?
A.	Par la croix (Col. 2.15)

G	Qui peut vous juger au sujet du manger et du boire ?
A.	Personne (Col. 2.16)

A	Selon Colossiens, chapitre 2, verset 16, qu'est-ce vous ne devriez laisser personne vous faire ?
A.	Que personne donc ne vous juge au sujet du manger ou du boire, ou au sujet d'une fête, d'une nouvelle lune, ou des sabbats (Col. 2.16)

A	Selon Colossiens, chapitre 2, verset 17, qu'est-ce qui est en Christ ?
A.	Le corps (Col. 2.17)

G	En qui est le corps ?
A.	Christ (Col. 2.17)

G	Qui ne devrait pas vous ravir le prix de la course ?
A.	Aucun homme, sous une apparence d'humilité et par un culte des anges (Col. 2.18)

I	Dans quel livre et quel chapitre se trouve le verset suivant : « Qu'aucun homme, sous une apparence d'humilité et par un culte des anges, ne vous ravisse à son gré le prix de la course, tandis qu'il s'abandonne à ses visions et qu'il est enflé d'un vain orgueil par ses pensées charnelles » ?
A.	Colossiens 2 (Col. 2.18)

G	Qu'est-ce qui tire son accroissement de Dieu ?
A.	Tout le corps (Col. 2.19)

A	Selon Colossiens, chapitre 2, verset 19, d'où le corps tire-t-il son accroissement ?
A.	De Dieu (Col. 2.19)

A	Selon Colossiens, chapitre 2, verset 20, que vous impose-t-on ?
A.	Ces préceptes (Col. 2.20)

X	Réponse en trois parties : Quels sont les préceptes de ce monde ?
A.	(1) Ne prends pas (2) Ne goûte pas (3) Ne touche pas (Col. 2.20-21)

G	Comment ces préceptes deviennent-ils par l'abus ?
A.	Ils deviennent pernicieux (Col. 2.22)

G	Pourquoi ces préceptes deviennent-ils pernicieux par l'abus ?
A.	Parce qu'ils ne sont fondés que sur les ordonnances et les doctrines des hommes (Col. 2.22)

A   Selon Colossiens, chapitre 2, verset 22, sur quoi sont-ils fondés ?

A.   Sur les ordonnances et les doctrines des hommes (Col. 2.22)

G   Qu'est-ce qui n'a aucun mérite et contribue à la satisfaction de la chair ?

A.   Ces préceptes (Col. 2.23)

G   Comment sont ces préceptes qui contribuent à la satisfaction de la chair ?

A.   Ils sont sans aucun mérite (Col. 2.23)

COLOSSIENS 3

G   Avec qui avez-vous été ressuscités ?

A.   Avec Christ (Col. 3.1)

X   Complétez, en essence, le verset suivant : « Si donc vous êtes… ».

A.   « …ressuscités avec Christ, cherchez les choses d'en haut, où Christ est assis à la droite de Dieu. » (Col. 3.1)

X   Question en deux parties : À quoi devez-vous vous affectionner ? À quoi ne devez-vous pas vous affectionner ?

A.   (1) Aux choses d'en haut (2) À celles qui sont sur la terre (Col. 1.2)

A   Selon Colossiens, chapitre 3, verset 2, que devez-vous faire par rapport aux choses d'en haut ?

A.   Vous devez les affectionner (Col. 3.2)

G   À quoi devez-vous vous affectionner ?

A.   Aux choses d'en haut (Col. 3.2)

R   Terminez ce verset et donnez la référence : « Affectionnez-vous aux choses… ».

A.   « …d'en haut, et non à celles qui sont sur la terre. » (Col. 3.2)

A   Selon Colossiens, chapitre 3, verset 3, qu'est-ce qui est maintenant caché avec Christ en Dieu ?

A.   Votre vie (Col. 3.3)

G   En qui votre vie est-elle maintenant cachée en Christ ?

A.   En Dieu (Col. 3.3)

V   Terminez ces versets : « Car vous êtes morts… ».

A.   « …et votre vie est cachée avec Christ en Dieu. Quand Christ, votre vie, paraîtra, alors vous paraîtrez aussi avec lui dans la gloire. » (Col. 3.3-4)

G   Avec qui apparaîtrez-vous aussi dans la gloire ?

A.   Avec Christ (Col. 3.4)

G   Comment apparaîtrez-vous aussi avec Christ ?

A.   Dans la gloire (Col. 3.4)

A   Selon Colossiens, chapitre 3, verset 4, qui est votre vie ?

A.   Christ (Col. 3.4)

G   Qu'est-ce qui vient à cause de l'impudicité, l'impureté, les passions, les mauvais désirs, et la cupidité, qui est une idolâtrie ?

A.   La colère de Dieu (Col. 3.5-6)

A   Selon Colossiens, chapitre 3, verset 6, qu'est-ce qui vient ?

A.   La colère de Dieu (Col. 3.6)

I   Dans quel livre et quel chapitre se trouve le verset suivant : « C'est à cause de ces choses que la colère de Dieu vient sur les fils de la rébellion, parmi lesquels vous marchiez autrefois, lorsque vous viviez dans ces péchés. » ?

A.   Colossiens 3 (Col. 3.7)

A   Selon Colossiens, chapitre 3, verset 8, à quoi devez-vous maintenant renoncer ?

A.   À la colère, à l'animosité, à la méchanceté, à la calomnie, aux paroles déshonnêtes qui pourraient sortir de votre bouche (Col. 3.8)

G   À qui ne devriez-vous pas mentir ?
A.   Les uns aux autres (Col. 3.9)

G   Qui se renouvelle selon l'image de celui qui l'a créé ?
A.   L'homme nouveau (Col. 3.10)

A   Selon Colossiens, chapitre 3, verset 10, qu'avez-vous revêtu ?
A.   L'homme nouveau (Col. 3.10)

A   Selon Colossiens, chapitre 3, verset 11, qui est en tous ?
A.   Christ (Col. 3.11)

G   Qui est saint et bien aimé ?
A.   Le peuple élu de Dieu (Col. 3.12)

V   Terminez ce verset : « Ainsi donc, comme les élus de Dieu… ».
A.   « …saints et bien-aimés, revêtez-vous d'entrailles de miséricorde, de bonté, d'humilité, de douceur, de patience. » (Col. 3.12)

A   Selon Colossiens, chapitre 3, verset 13, qui vous a pardonnés ?
A.   Christ (Col. 3.13)

G   Qui devriez-vous supporter ?
A.   Les uns les autres (Col. 3.13)

Q   Citez Colossiens, chapitre 3, verset 13.
A.   « Supportez-vous les uns les autres, et, si l'un a sujet de se plaindre de l'autre, pardonnez-vous réciproquement. De même que Christ vous a pardonné, pardonnez-vous aussi. » (Col. 3.13)

G   Au-dessus de quoi devriez-vous revêtir la charité ?
A.   Par dessus toutes ces choses (Col. 3.14)

G   Que devriez-vous revêtir au dessus de toutes ces choses ?
A.   La charité (Col. 3.14)

R   Terminez ce verset et donnez la référence : « Mais par-dessus toutes ces choses… ».
A.   « …revêtez-vous de la charité, qui est le lien de la perfection. » (Col. 3.14)

V   Terminez ce verset : « Et que la paix de Christ… ».
A.   « …à laquelle vous avez été appelés pour former un seul corps, règne dans vos cœurs. Et soyez reconnaissants. » (Col. 3.15)

A   Selon Colossiens, chapitre 3, verset 15, comment devriez-vous être ?
A.   Reconnaissants (Col. 3.15)

G   Qu'est-ce qui devrait régner dans vos cœurs ?
A.   La paix de Christ (Col. 3.15)

G   Pour quoi avez-vous été appelés ?
A.   Pour former un seul corps (Col. 3.15)

G   Que devez-vous faire pour que la Parole de Christ habite parmi vous abondamment ?
A.   Instruisez-vous et exhortez-vous les uns les autres en toute sagesse, par des psaumes, par des hymnes, par des cantiques spirituels, chantant à Dieu dans vos cœurs sous l'inspiration de la grâce (Col. 3.16)

I   Dans quel livre et quel chapitre se trouve le verset suivant : « Que la parole de Christ habite parmi vous abondamment; instruisez-vous et exhortez-vous les uns les autres en toute sagesse, par des psaumes, par des hymnes, par des cantiques spirituels, chantant à Dieu dans vos cœurs sous l'inspiration de la grâce. » ?
A.   Colossiens 3 (Col. 3.16)

A   Selon Colossiens, chapitre 3, verset 17, que devriez-vous faire au nom du Seigneur Jésus ?
A.   Quoi que vous fassiez, en parole ou en œuvre (Col. 3.17)

Q   Citez Colossiens, chapitre 3, verset 17.
A   « Et quoi que vous fassiez, en parole ou en œuvre, faites tout au nom du Seigneur Jésus, en rendant par lui des actions de grâces à Dieu le Père. » (Col. 3.17)

G   Qui sont celles qui devraient se soumettre à leurs maris ?
A   Les femmes (Col. 3.18)

G   Qui sont ceux qui devraient aimer leurs femmes ?
A   Les maris (Col. 3.19)

G   Qui sont ceux qui ne devraient pas s'aigrir contre leurs femmes ?
A   Les maris (Col. 3.19)

A   Selon Colossiens, chapitre 3, verset 20, qu'est-ce qui est agréable dans le Seigneur ?
A   Que les enfants obéissent à leurs parents en toutes choses (Col. 3.20)

G   À qui les enfants devraient-ils obéir en toutes choses ?
A   À leurs parents (Col. 3.20)

A   Selon Colossiens, chapitre 3, verset 21, qu'est-ce que les pères ne devraient pas faire ?
A   Irriter leurs enfants (Col. 3.21)

G   Pourquoi les pères ne devraient-ils pas ir-riter leurs enfants ?
A   De peur qu'ils ne se découragent (Col. 3.21)

A   Selon Colossiens, chapitre 3, verset 22, quand les esclaves devraient-ils obéir à leurs maîtres selon la chair ?
A   Non pas seulement sous leurs yeux, comme pour plaire aux hommes, mais avec simplicité de cœur, dans la crainte du Seigneur (Col. 3.22)

G   Qu'est-ce que les esclaves devraient faire avec simplicité de cœur, dans la crainte du Seigneur ?

A   Obéir à leurs maîtres (Col. 3.22)

G   Comment les esclaves devraient-ils faire tout ce qu'ils font ?
A   De bon cœur (Col. 3.23)

R   Terminez ce verset et donnez la référence : « Tout ce que vous faites… ».
A   « …faites-le de bon cœur, comme pour le Seigneur et non pour des hommes. » (Col. 3.23)

G   Qu'est-ce que les esclaves recevront pour récompense ?
A   L'héritage du Seigneur (Col. 3.24)

A   Selon Colossiens, chapitre 3, verset 24, qui servez-vous ?
A   Christ, le Seigneur (Col. 3.24)

I   Dans quel livre et quel chapitre se trouve le verset suivant : « Servez Christ, le Seigneur. » ?
A   Colossiens 3 (Col. 3.24)

A   Selon Colossiens, chapitre 3, verset 25, qu'est-ce qui n'a pas lieu ?
A   Il n'y a point d'acception de personne (Col. 3.25)

G   Qui recevra selon son injustice ?
A   Celui qui agit injustement (Col. 3.25)

COLOSSIENS 4

G   Qui devrait accorder aux serviteurs ce qui est juste et équitable ?
A   Les maîtres (Col. 4.1)

A   Selon Colossiens, chapitre 4, verset 1, que savez-vous ?
A   Que vous aussi vous avez un maître dans le ciel (Col 4.1)

G   Comment devriez-vous prier ?
A   Vous devez persévérer avec actions de grâce (Col. 4.2)

V   Terminez ce verset : « Persévérez dans la prière… ».
A.   « . . . veillez-y avec actions de grâce. » (Col. 4.2)

G   Quelle porte Dieu nous ouvre-t-il ?
A.   Une porte pour la Parole (Col. 4.3)

G   Pourquoi Paul est-il dans les chaînes ?
A.   Pour le mystère de Christ (Col. 4.3)

A   Selon Colossiens, chapitre 4, verset 3, pourquoi devriez-vous prier pour nous ?
A.   Afin que Dieu nous ouvre une porte pour la Parole (Col. 4.3)

I   Dans quel livre et quel chapitre se trouve le verset suivant : « et le faire connaître comme je dois en parler. » ?
A. Colossiens 4 (Col. 4.4)

G   Comment devriez-vous vous conduire envers ceux du dehors ?
A.   Avec sagesse (Col. 4.5)

G   Avec qui devriez-vous vous conduire avec sagesse ?
A.   Avec ceux du dehors (Col. 4.5)

G   Pourquoi votre parole devrait-elle être toujours accompagnée de grâce, assaisonnée de sel ?
A.   Afin que vous sachiez comment répondre à chacun (Col. 4.6)

Q   Cite Colossiens, chapitre 4, verset 6.
A.   « Que votre parole soit toujours accompagnée de grâce, assaisonnée de sel, afin que vous sachiez comment il faut répondre à chacun. » (Col. 4.6)

G   Qui vous communiquera tout ce qui concerne Paul ?
A.   Tychique (Col. 4.7)

A   Selon Colossiens, chapitre 4, verset 7, qui est Tychique ?
A.   Un bien-aimé frère et le fidèle ministre, mon compagnon de service dans le Seigneur (Col. 4.7)

A   Selon Colossiens, chapitre 4, verset 8, que devez-vous connaître ?
A.   Notre situation (Col. 4.8)

G   Qui vous envoie Tychique ?
A.   Paul (Col. 4.8)

G   Qui est envoyé avec Onésime ?
A.   Tychique (Col. 4.9)

A   Selon Colossiens, chapitre 4, verset 9, qui est Onésime ?
A.   Le fidèle et bien-aimé frère, qui est des vôtres (Col. 4.9)

G   Que vous envoie Aristarque ?
A.   Ses salutations (ainsi que Marc) (Col. 4.10)

G   De qui Marc est-il le cousin ?
A.   Barnabas (Col. 4.10)

G   Qui est appelé Justus ?
A.   Jésus (Col. 4.11)

G   De qui Épaphras est-il le serviteur ?
A.   De Jésus-Christ (Col. 4.12)

G   Pourquoi Épaphras ne cesse-t-il pas de combattre pour vous dans ses prières ?
A.   Afin que, parfaits et pleinement persuadés, vous persistiez dans une entière soumission à la volonté de Dieu (Col. 4.12)

G   D'après Paul, qui a une grande sollicitude pour vous, pour ceux de Laodicée et pour ceux d'Hiérapolis ?
A.   Épaphras (Col. 4.13)

G   Que fait Épaphras pour vous, pour ceux de Laodicée et pour ceux d'Hiérapolis ?

A.   Il a une grande sollicitude (Col. 4.13)

A   Selon Colossiens, chapitre 4, verset 14, qui vous salue ?
A.   Luc, ainsi que Démas (Col. 4.14)

G   Qui est médecin ?
A.   Luc (Col. 4.14)

G   Qui Paul demande-t-il de saluer ?
A.   Les frères qui sont à Laodicée, et Nymphas, et l'Église qui est dans sa maison (Col. 4.15)

G   Que devriez-vous lire à votre tour ?
A.   La lettre qui vous arrivera de Laodicée (Col. 4.16)

I   Dans quel livre et quel chapitre se trouve le verset suivant : « Lorsque cette lettre aura été lue chez vous, faites en sorte qu'elle soit aussi lue dans l'Église des Laodicéens, et que vous lisiez à votre tour celle qui vous arrivera de Laodicée. » ?
A.   Colossiens 4 (Col. 4.16)

G   Que fait Paul de sa propre main ?
A.   Il vous salue (Col. 4.18)

G   De quoi devez-vous vous souvenir ?
A.   Des liens de Paul (Col. 4.18)

PHILÉMON

A   Selon Philémon, verset 1, qui est notre bien-aimé et notre compagnon d'œuvre ?
A.   Philémon (Philémon 1)

A   Selon Philémon, verset 2, qui est notre compagnon de combat ?
A.   Archippe (Philémon 2)

G   Qui est notre sœur ?
A.   Apphia (Philémon 2)

G   Qu'y a-t-il dans la maison de Philémon?
A.   Une église (Philémon 2)

A   Selon Philémon, verset 3, de qui sont données la grâce et la paix ?
A.   Dieu le Père et notre Seigneur Jésus-Christ (Philémon 3)

A   Selon Philémon, verset 4, à qui Paul rend-il continuellement grâce ?
A.   À son Dieu (Philémon 4)

G   Qui rend grâce à Dieu en faisant mention de Philémon dans ses prières ?
A.   Paul (Philémon 4)

G   Pourquoi Paul rend-il grâce à Dieu en faisant mention de Philémon dans ses prières ?
A.   Parce que je suis informé de la foi de Philémon dans le Seigneur Jésus et de sa charité pour tous les saints (Philémon 4-5)

G   En qui est la foi de Philémon ?
A.   Dans le Seigneur Jésus (Philémon 5)

A   Selon Philémon, verset 5, à qui va la charité de Philémon ?
A.   À tous les saints (Philémon 5)

R   Terminez ce verset et donnez la référence : « Je lui demande que ta participation… ».
A.   « …à la foi soit efficace pour la cause de Christ, en faisant reconnaître en nous toute espèce de bien. » (Philémon 6)

A   Selon Philémon, verset 6, pourquoi Paul prie-t-il ?
A.   Pour que ta participation (Philémon) à la foi soit efficace pour la cause de Christ (Philémon 6)

G   Quelle est la prière de Paul à l'égard de Philémon ?
A.   Que sa participation à la foi soit efficace (Philémon 6)

G   Pourquoi Paul prie-t-il que la participation de Philémon soit efficace ?

A.   Afin qu'il connaisse tout espèce de bien (Philémon 6)

G   Pourquoi Paul a-t-il éprouvé beaucoup de joie et de consolation ?
A.   Car par Philémon le cœur des saints a été tranquillisé (Philémon 7)

G   De qui Philémon a-t-il tranquillisé les cœurs ?
A.   Des saints (Philémon 7)

A   Selon Philémon, verset 7, qu'est-ce que la charité de Philémon a provoqué chez Paul ?
A.   Beaucoup de joie et de consolation (Philémon 7)

I   Dans quel livre et quel chapitre se trouve le verset suivant : « J'ai, en effet, éprouvé beaucoup de joie et de consolation au sujet de ta charité ; car par toi, frère, le cœur des saints a été tranquillisé. »
A.   Philémon (Philémon 7)

A   Selon Philémon, verset 8, quelle liberté Paul a-t-il en Christ ?
A.   De prescrire à Philémon ce qui est convenable (Philémon 8)

G   En qui Paul a-t-il toute liberté de prescrire à Philémon ce qui est convenable ?
A.   En Christ (Philémon 8)

G   Que pourrait faire Paul en Christ ?
A.   Il pourrait prendre la liberté de prescrire à Philémon ce qui convenable (Philémon 8)

G   Au nom de quoi Paul adresse-t-il une prière à Philémon ?
A.   Au nom de la charité (Philémon 9)

G   Qui est un vieillard ?
A.   Paul (Philémon 9)

A   Selon Philémon, verset 9, qu'est-ce que Paul est de plus maintenant ?

A.   Un prisonnier de Jésus-Christ (Philémon 9)

A   Selon Philémon, verset 10, qui Paul a-t-il engendré étant dans les chaînes ?
A.   Onésime (Philémon 10)

G   Qui adresse une prière à Philémon pour son enfant Onésime ?
A.   Paul (Philémon 10)

G   Pour qui Paul adresse-t-il une prière à Philémon ?
A.   Pour son enfant Onésime (Philémon 10)

X   Que signifie Onésime ?
A.   Utile (Philémon 10)

G   Qui était autrefois inutile à Philémon ?
A.   Onésime (Philémon 10-11)

G   À qui Onésime était-il autrefois inutile ?
A.   À Philémon (Philémon 11)

A   Selon Philémon, verset 11, comment était Onésime autrefois ?
A.   Inutile (Philémon 11)

A   Selon Philémon, verset 12, qui Paul renvoie-t-il à Philémon ?
A.   Celui qui est ses propres entrailles (Onésime) (Philémon 12)

G   Qui renvoie Onésime à Philémon ?
A.   Paul (Philémon 12)

G   Qui Paul renvoie-t-il à Philémon ?
A.   Onésime (qui est ses propres entrailles) (Philémon 12)

G   Qui Paul aurait-il désiré retenir ?
A.   Onésime (Philémon 13)

G   Pourquoi Paul aurait-il désiré retenir Onésime auprès de lui ?

A.	Pour qu'il lui servît à la place de Philémon, pendant qu'il est dans les chaînes pour l'Évangile (Philémon 13)

A	Selon Philémon, verset 13, pour quel but Paul est-il dans les chaînes ?
A.	Pour l'Évangile (Philémon 13)

A	Selon Philémon, verset 14, qu'est-ce que Paul n'a pas voulu faire ?
A.	Il n'a rien voulu faire sans l'avis de Philémon (Philémon 14)

G	Qu'est-ce que Paul n'a pas voulu faire sans l'avis de Philémon ?
A.	Il n'a rien voulu faire (Philémon 14)

G	Qu'est-ce que Paul ne veut pas forcer ?
A.	Le bienfait de Philémon (Philémon 14)

G	Qui a été séparé de Philémon pour un temps ?
A.	Onésime (Philémon 15)

A	Selon Philémon, verset 15, quelle est possiblement la raison de la séparation de Philémon et Onésime ?
A.	Afin que Philémon le recouvre pour l'éternité, non plus comme un esclave, mais comme supérieur à un esclave, comme un frère bien-aimé (Philémon 15-16)

G	Quelle est possiblement la raison de la séparation de Philémon et Onésime ?
A.	Afin que Philémon le recouvre pour l'éternité, non plus comme un esclave, mais comme supérieur à un esclave, comme un frère bien-aimé (Philémon 15-16)

X	Réponse en deux parties : Comment Philémon devrait-il considérer Onésime maintenant ?
A.	(1) Comme supérieur à un esclave (2) Comme un frère bien-aimé soit dans la chair, soit dans le Seigneur (Philémon 16)

A	Selon Philémon, verset 16, qui est un frère bien-aimé ?
A.	Onésime (Philémon 16)

G	Qui est un frère bien-aimé de Paul ?
A.	Onésime (Philémon 16)

I	Dans quel livre et quel chapitre se trouve le verset suivant : « Si donc tu me tiens pour ton ami, reçois-le comme moi-même. » ?
A.	Philémon (Philémon 17)

A	Selon Philémon, verset 17, que devrait faire Philémon s'il tient Paul pour son ami ?
A.	Il devrait recevoir Onésime comme il aurait reçu Paul (Philémon 17)

G	Que devrait faire Philémon s'il tient Paul pour son ami ?
A.	Il devrait recevoir Onésime comme il aurait reçu Paul (Philémon 17)

G	Qui devrait recevoir Onésime comme il aurait reçu Paul ?
A.	Philémon (Philémon 17)

G	Que devrait faire Philémon si Onésime lui a fait du tort ou s'il lui doit quelque chose ?
A.	Le mettre sur le compte de Paul (Philémon 18)

G	Qu'est-ce que Philémon devrait mettre sur le compte de Paul ?
A.	Les possibles torts ou dettes d'Onésime envers lui (Philémon 18)

A	Selon Philémon, verset 19, qui écrit de sa propre main ?
A.	Paul (Philémon 19)

G	Qui se doit à Paul ?
A.	Philémon (Philémon 19)

G	Qu'est-ce que Philémon doit à Paul ?
A.	Il se doit lui-même (Philémon 19)

G   Qui souhaite obtenir de Philémon cet avantage dans le Seigneur ?
A.   Paul (Philémon 20)

G   En qui Philémon devrait-il tranquilliser le cœur de Paul ?
A.   En Christ (Philémon 20)

A   Selon Philémon, verset 20, que souhaite Paul ?
A.   Obtenir cet avantage de Philémon dans le Seigneur (Philémon 20)

A   Selon Philémon, verset 21, sur l'obéissance de qui Paul compte-t-il ?
A.   Sur l'obéissance de Philémon (Philémon 21)

G   Sur l'obéissance de qui Paul compte-t-il ?
A.   Sur l'obéissance de Philémon (Philémon 21)

G   Que sait Paul à propos de Philémon ?
A.   Qu'il fera même au-delà de ce que Paul dit (Philémon 21)

G   Qu'est-ce que Philémon devrait préparer pour Paul ?
A.   Un logement (Philémon 22)

G   Grâce à quoi Paul espère-t-il être rendu à Philémon ?
A.   Grâce à vos prières (Philémon 22)

A   Selon Philémon, verset 22, qu'est-ce que Philémon devrait préparer pour Paul ?
A.   Un logement (Philémon 22)

I   Dans quel livre et quel chapitre se trouve le verset suivant : « En même temps, prépare-moi un logement, car j'espère vous être rendu, grâce à vos prières. » ?
A.   Philémon (Philémon 22)

A   Selon Philémon, verset 23, qui est Épaphras?
A.   Le compagnon de captivité de Paul en Jésus-Christ (Philémon 23)

G   Qui est Épaphras?
A.   Le compagnon de captivité de Paul en Jésus-Christ (Philémon 23)

G   En qui Épaphras est-il le compagnon de captivité de Paul ?
A.   En Jésus-Christ (Philémon 23)

G   Qui envoie à Philémon ses salutations ?
A.   Épaphras, Marc, Aristarque, Démas et Luc (Philémon 23-24)

G   Que font Épaphras, Marc, Aristarque, Démas et Luc ?
A.   Ils saluent Philémon (Philémon 24)

VERSETS À MÉMORISER

Galates	Gal. cont...	Eph. cont...	Phil. cont...	Colossiens
1:10	5:22-23	3:20-21	1:21	1:13
1:11	5:24	4:2	2:3	1:16
2:16	5:25	4:3	2:4	1:17
2:20	6:1	4:11-13	2:5-7	2:6-7
2:21	6:2	4:26-27	2:8	2:8
3:11	6:7-8	4:29	2:9-11	2:13-14
3:13	6:9	4:32	2:13	3:2
3:14	6:10	5:1-2	2:14	3:3-4
3:23-25	6:14	5:21	3:7	3:12
3:28	*Ephésiens*	5:24-25	3:8	3:13
3:29	1:3	6:1	3:12	3:14
4:6	1:4-6	6:2-3	3:13-14	3:15
4:7	1:7-8	6:4	4:4	3:17
5:1	1:13-14	6:7	4:6-7	3:23
5:6	2:4-5	6:10	4:8	4:2
5:13	2:8-9	6:13	4:12	4:6
5:14	2:10	*Philipiens*	4:13	*Philémon*
5:16	2:13	1:6	4:19	4-6
5:17-18	2:19-20	1:9-11		

Challenge Biblique pour la Jeunesse - Feuille de Ponctuation

Compétence No. _____

Date: _____

Équipe:	1	2	3	4	5	6	7	8	9	10	11	12	13	14	15	16	17	18	19	20	P. Add.	TOTAL
Concurrents:																						
1																						
2																						
3																						
4																						
5																						
Ponctuation équipe:																						

Total Equipe: _____

Équipe:	1	2	3	4	5	6	7	8	9	10	11	12	13	14	15	16	17	18	19	20	P. Add.	TOTAL
Concurrents:																						
1																						
2																						
3																						
4																						
5																						
Ponctuation équipe:																						

Total Equipe: _____

Annotations:

Réponse correcte:	20	Réponse correcte question bonus:	10
Réponse incorrecte:	E	Réponse incorrecte question bonus :	0

Infraction: I   Appel Rejeté: **AR**

Réfutation Rejetée: **RR**

Ponctuations qu'affectent l'individu et l'équipe:

(+20) Pour réponses correctes aux questions de compétence.

(+10) Points additionnelles quand un individu réponds 4 questions correctement sans erreur.

(-10) À la troisième erreur d'un individu. (Quitte la concurrence)

(-10) Pour la seconde infraction d'un individu.

(0) À la troisième infraction quitte la concurrence.

Ponctuations qu'affectent seulement l'équipe:

(+10) Pour chaque question bonus répondue correctement.

(+10) Pour le 3me, 4me, et 5me concurrent qui se lève et répond correctement

(-10) Pour la cinquième erreur d'un équipe, et pour chaque erreur subséquente.

(-10) Pour chaque erreur à partir de la seizième question.

(-10) Pour chaque deux infraction de l'équipe (infractions paires).

(-10) Pour le deuxième appel rejeté et pour chaque appel rejeté subséquente.

(-10) Pour chaque réfutation rejetée (avec information incorrecte).

(-10) Pour ne présenter pas la liste des concurrents avant de la concurrence.

www.ingramcontent.com/pod-product-compliance
Lightning Source LLC
Chambersburg PA
CBHW081537040426
42447CB00014B/3406